# LA RÉSISTANCE BELGE FACE AU NAZISME (1940-1944)

HERVÉ GÉRARD

# LA RÉSISTANCE BELGE FACE AU NAZISME (1940-1944)

J.-M. COLLET

Du même auteur

*Histoire de l'Aviation belge,* Bruxelles, Éd. Paul Legrain, 1978 (épuisé).
En collaboration, *Dictionnaire des Belges,* Bruxelles, Éd. Paul Legrain, 1981.
Avec Jo Gérard, *Léopold III se tait, nous parlons,* Bruxelles, Éd. J.-M. Collet, 1983 (épuisé).
Avec Jo Gérard, *Albert Ier insolite,* Bruxelles, Éd. J.-M. Collet, 1984 (épuisé).
Avec Jo Gérard et Gustave Rens, *Se battre pour la Belgique,* Bruxelles, Éd. J.-M. Collet, 1984.
*Louis Henno ou la grande aventure de la peinture belge,* Bruxelles, Les Éditeurs d'Art associés, 1984.
En collaboration, *Les plus beaux châteaux de Belgique,* Bruxelles, Éd. Reader's Digest, 1984.
*Histoire de la Bourgeoisie belge,* Bruxelles, Éd. J.-M. Collet, 1985.
Avec Jo Gérard, *Pas de Belgique sans Baudouin Ier,* Bruxelles, Éd. J.-M. Collet, 1985 (épuisé).
*Une mission très secrète. Paul Henry de la Lindi,* (coll. « Vécu par des Belges »), Bruxelles, Éd. J.-M. Collet, 1985.
Avec Jo Gérard, *Les princesses de Laeken,* Bruxelles, Les Amis du Livre, 1987.
En collaboration, *La Belgique vue par les peintres naïfs,* Bruxelles, Éd. Laconti, 1987.
En collaboration, *La Belgique Rétro (1890-1914),* Bruxelles, Éd. Reader's Digest, 1988.
*Les As de l'aviation belge,* 2e édition, Braine-l'Alleud, Éd. J.-M. Collet, 1994.
En préparation, *Histoires d'Uccle.*


18, avenue de l'Industrie
B-1420 Braine-l'Alleud

D 1995/2070/169
ISBN 2-87367-030-4

Composition et mise en pages : Post Scriptum s.c. – Ottignies.
Imprimé par Kina Italia (Milan)

# PRÉFACE

Il y a quinze ans déjà, j'ai eu l'honneur et l'avantage de rédiger un avant-propos pour le livre *La Résistance en Belgique* rédigé par Hubert Galle et Yannis Thanassekos aux Éditions J.-M. Collet.

Voici un nouvel album sur la Résistance qui vient à son heure dans le cadre du cinquantième anniversaire de la Libération.

Il a le grand avantage de constituer en quelque sorte une brève synthèse de tous les ouvrages parus sur le sujet depuis la Libération.

Il est donc forcément plus complet, plus utile à la « mémoire » dont on réclame tant, avec raison, la protection, sinon le rappel.

Je rends un hommage particulier à l'auteur des textes de ce livre qui a eu pour souci principal de le mettre à la portée de tous, sans négliger les principales facettes de la Résistance, afin que chacun puisse mieux se tremper dans l'atmosphère angoissante et stressante du moment.

L'auteur va même jusqu'à donner quelques exemples (parmi des centaines évidemment) plutôt précis pour faire ressentir au lecteur la véritable ambiance de l'époque.

Je suis convaincu que bien des lecteurs, à la lecture des textes qui suivent, pourront aller, malgré les années écoulées, jusqu'à se sentir dans la peau d'un résistant.

En tout cas, c'est ce que je souhaite du fond du cœur.

Il faut se rendre à l'évidence que des résistants, en raison de ce qu'ils ont eu à subir et à vivre, n'ont qu'un seul but, c'est que leur descendance ne connaisse plus jamais « ÇA ».

Il est clair que notre action n'a rien à voir avec la haine.

Nous voulons seulement et uniquement constituer un bouton électronique de mémoire et d'avertissement.

Jean BRACK,
Vice-Président du Front de l'Indépendance,
Vice-Président de la Fédération
Internationale des Résistants,
Ancien Commandant de Bataillon
de l'Armée Belge des Partisans,
Chef d'état-major
de la 1re colonne mobile des P.A.,
Capitaine de la Résistance.

# INTRODUCTION

À l'heure où la Belgique comme ses Alliés fêtent en grande pompe le cinquantenaire de sa libération, il est bon de se souvenir que des milliers de femmes et d'hommes ont payé du tribut de leur vie le combat qu'ils entendirent mener contre la dictature et ses corollaires oppressifs et racistes.

Cet album, nous leur dédions d'autant plus volontiers que cette guerre que nous n'avons pas physiquement connue fut sans doute la plus sale – mais les guerres sont-elles parfois propres? – parce qu'elle était essentiellement idéologique et que l'idéologie ne supporte jamais sa contradiction.

Ce livre, qui sacrifie autant à l'image qu'au texte, se veut être un ensemble de témoignages subjectivement choisis pour montrer aux jeunes générations les dangers que contiennent toutes les formes de totalitarisme, fussent-ils à l'état de germes. La montée de l'extrême droite en Europe, et particulièrement en Belgique, a de quoi nous inquiéter. Les arguments qu'elle utilise rappellent les tristement célèbres discours d'un certain Léon Degrelle, chef du parti Rex, qui, à la veille de la guerre durant laquelle il sera un collaborateur zélé des nazis, prônait le racisme qui à l'époque se confondait avec un antisémitisme primaire. On a vu les résultats d'une telle doctrine.

« Plus jamais ça ! », telle devrait être la conclusion que devraient tirer de ce livre les lecteurs réellement épris de justice et de démocratie, et particulièrement les jeunes, souvent plus malléables parce qu'ignorants des exemples du passé.

Par sa configuration et la place faite à l'iconographie, cet ouvrage n'est pas, loin s'en faut, exhaustif. Nous y avons placé quelques relais, choisi l'une ou l'autre grande ou petite figure de la Résistance qui, nous semble-t-il, ont valeur d'exemples dans l'attitude qu'elles ont eue face au nazisme.

Enfin, que soit remercié ici ce grand résistant que fut Jean Brack, aujourd'hui vice-président du Front de l'Indépendance de Bruxelles, qui a accepté de rédiger la préface, ainsi que, par son biais, le Musée national de la Résistance à Anderlecht qui nous a prêté la plupart des documents iconographiques déjà reproduits il y a quinze ans dans un autre album aujourd'hui épuisé, publié par la même maison d'édition sous la signature des sociologues Hubert Galle et Yannis Thanassekos, avec une approche et un dessein différents des nôtres.

Hervé GÉRARD,
31 octobre 1994.

*Prise au piège dans le déferlement d'obus et de bombes, la population belge fuit devant l'occupant, non sans être la première victime des bombardements aériens aveugles effectués par l'aviation allemande. Nul doute que revenaient en mémoire les massacres perpétrés par l'armée prussienne en 1914, notamment à Dinant et à Andenne où plusieurs centaines de civils furent exterminés. Souvent mal accueillis en France où la population, convaincue par le fameux discours prononcé à la radio par le président du Conseil Paul Reynaud, leur tint grief de la capitulation de l'armée belge qu'elle considérait comme une trahison, de nombreux exilés totalement démunis regagnèrent le pays aussi rapidement qu'ils l'avaient quitté avec, à la clef, quatre années de souffrances, de privation de liberté, de répression et, pour certains, de déportation vers les camps d'où ils furent nombreux à ne pas revenir.*

## *UN PRÉCÉDENT: LA RÉSISTANCE EN 1914-1918*

26 août 1914 : il y a six jours que sans coup férir, les soldats du Kaiser ont pris possession de la capitale belge. Face à eux, le bourgmestre de Bruxelles, Adolphe Max. Un grand homme politique doublé d'un patriote qui deviendra un modèle pour tous ses concitoyens.

Mais le 26 août 1914 marquera sans doute sur les tablettes de l'histoire de la Résistance le premier acte de sabotage : un fil télégraphique placé par l'autorité allemande a été détruit boulevard du Nord. Il faut dire que dès les premières heures de l'occupation, le personnel belge chargé du bon fonctionnement de la télégraphie avait tout mis en œuvre pour empêcher l'armée allemande de l'utiliser à son profit, ce dont furent témoins Louis Gille, Alphonse Ooms et Paul Delandsheere qui, dans leur ouvrage *Cinquante mois d'occupation allemande,* notent à la date du 26 août 1914 :

« Deux soldats sont chargés d'amener au bureau central monsieur Roosen, directeur général.

– Montrez-nous le point d'arrivée du câble de Londres !

– Allez à La Panne, répond monsieur Roosen, c'est là qu'il se trouve et qu'il est toujours bien gardé par l'armée belge.

*Léopold III calquera son attitude sur celle de son père Albert Ier qui avait voulu rester jusqu'à la victoire finale près de ses soldats. Malheureusement pour le roi, la Belgique fut en 1940 entièrement conquise, et Léopold III demeura prisonnier à Laeken avant d'être déporté en Allemagne au lendemain du débarquement de Normandie. D'Albert Ier, cette phrase qui reste en 1994 toujours d'actualité, alors que d'aucuns se prononcent en faveur de l'amnistie : « Jamais je ne signerai une mesure de grâce en faveur de ceux qui ont sciemment trahi la patrie. »*

– Donnez-nous la liste des ouvriers du service télégraphique de Bruxelles !

– Tout cela a été détruit par ordre de l'administration belge.

Monsieur Roosen juge inutile d'ajouter que les doubles sont déposés en lieu sûr.

La colère teutonne est grande car toute la signalisation a été embrouillée avant l'abandon des bureaux par le personnel belge et seuls des techniciens de ce personnel pourraient la rétablir. En fin de compte, les Allemands parviennent à connaître les noms de deux contremaîtres habitant Schaerbeek ; ils courent à l'état civil de cette commune ; mais déjà monsieur Roosen a averti l'administration communale de Schaerbeek qui répond à l'ennemi avec une naïveté déconcertante :

– Un incendie, dont vous pouvez encore voir les traces, a détruit une partie de nos registres d'état civil, ceux entre autres qui contenaient les adresses que vous cherchez...

Les Allemands ont fini par trouver le renseignement ; mais quand ils sont arrivés au domicile des contremaîtres désirés, ceux-ci, prévenus également, étaient partis pour Anvers.

De guerre lasse, le gouvernement général a renoncé à l'espoir de remettre en service la nomenclature et la signalisation du service télégraphique : il devra se donner la peine d'établir le sien. »

Le 1er janvier 1915, le primat de Belgique, le cardinal Mercier, envoie à tout le clergé du diocèse de Malines une lettre pastorale intitulée *Patriotisme et endurance,* « qui sera lue dans toutes les chaires de vérité des églises sans omission et sans coupures, quel que soit le pouvoir qui interviendrait pour donner les ordres contraires ».

*Tandis que plane l'ombre de l'occupant, les Belges écoutent les informations de la B.B.C., vivant dans l'espoir d'une libération prochaine.*

LA "PASSETTE A BOCHES "

Nous sommes heureux grâce à la R.A.F. de vous présenter içi un schéma ainsi que les indications pour la réalisation d'un anti-brouilleur permettant dans beaucoup de cas la réception du poste de Londres avec éficacité.

Pour la construction de cet appareil il faut:

1 Un condensateur variable de 0,5 M.F.
2 Un potentiomètre de 500.000 Ohms
3 Une self de 150 à 200 spires suivant modèle indiqué ci dessous.
4 Une boite en fer blanc de préférence(ou éventuellement une boite en bois)
5 Un cadre si possible comportant 25 mètres de fil.

Voici les indications pour la construction de la self.
Prendre un crayon l'enrouler de gros papier enduit de colle,effectuer plusieurs tours afin de lui donner une certaine épaisseur.(Longueur 5 cm)-Laisser sécher-l'enlever du crayon.Vous possédez alors un mandrin comme le représente la fig.1 Pratiquez un trou à chaque extrémité,enroulez 150 à 200 tours de fil isolé de 0,3 (Fil de self d'anciens postes ou fil émaillé de transformateur)
Passer les extrémités du fil par les trous prétiqués dans le mandrin.La self est alors terminée.(Fig. 2)

Fixez le condensateur directement sur la boite en fer blanc sans l'isoler.

Fixez également. le Potentiomètre en ayant soin de l'isoler de la boite.Il faut bien entendu perforer dans la boite les trous nécessaires à la fixation de ces appareil qui se trouveront à l'intérieur de celle-çi.Seuls les boutons de commande se trouveront à l'extérieur.Fixez la self par un moyen quelconque à l'intérieur de la boite en l'isolant.

Faire les raccordements suivant schéma fig 3 à l'aide de fil à connexion. Pratiquez 3 trous permettant le passage du fil du cadre ou de l'antenne ainsi que des fils reliés aux bornes A et T du poste

La borne du curseur du potentiomètre est reliée à la borne A du poste-L'armature de la boite sera également reliée à la Terre-Prendre soin pour le condensateur de relier la borne des lames mobiles également à la terre.Si possible toutes les connexion seront soudées.

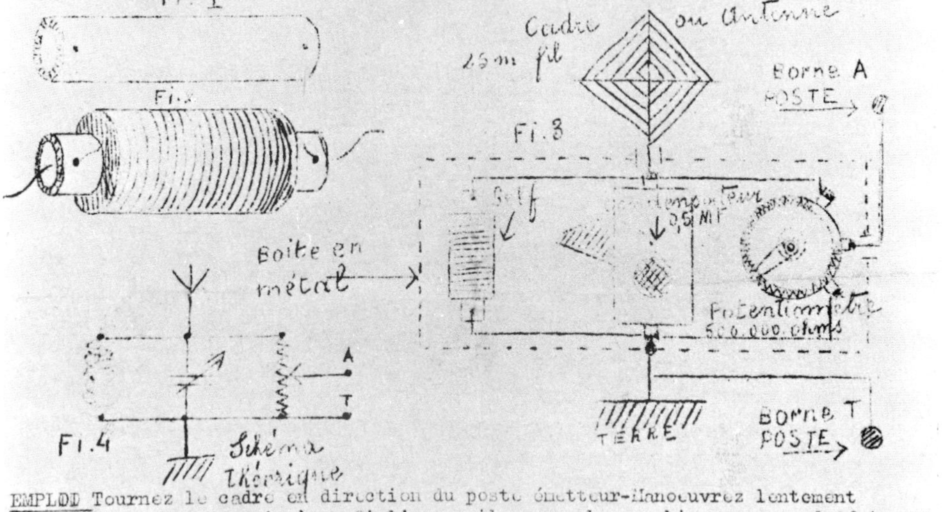


EMPLOI Tournez le cadre en direction du poste émetteur-Manoeuvrez lentement condensateur et potentiomètre.Si l'appareil ne marche pas bien,essayez de faire un peu plus ou un peu moins de tours de fils sur la self. LA REDACTION

*L'occupant brouillait systématiquement les émissions de radio provenant des émetteurs de la B.B.C. Écouter les informations anglaises était un délit répréhensible aux yeux des autorités allemandes. De fins bricoleurs fabriquèrent la «Passette à Boches» permettant de se jouer du brouillage. Bien entendu, ils s'empressèrent de diffuser par des tracts le mode d'emploi de leur appareil.*

La lettre eut un énorme retentissement non seulement en Belgique, mais à l'étranger, malgré les pressions que tenta d'exercer sur le clergé l'autorité occupante. Ce fut là un grand geste de bravoure de l'éminent homme d'Église qui prenait ainsi la tête de la résistance morale à l'ennemi.

Depuis début février 1915, l'ancien *Patriote* reparaît clandestinement sous le titre *La Libre Belgique* avec pour adresse télégraphique «Kommandatur-Bruxelles». Son tirage atteindra bientôt dix mille exemplaires. Premier exemple de la presse clandestine, sa diffusion était l'œuvre de nombreux distributeurs qui ne connaissaient même pas le nom de la personne qui leur remettait le paquet de journaux... de telle manière qu'il était impossible de remonter la filière et surtout de connaître le lieu précis où *La Libre Belgique* était imprimée.

Mais c'est aussi en 1915 que les premiers résistants tombèrent sous les balles ennemies. Parmi les plus célèbres, Philippe Baucq et Édith Cavell, tous deux condamnés au châtiment suprême pour avoir facilité le passage en Hollande de soldats anglais et belges qui voulaient rejoindre les lignes alliées. Le 31 mars 1916, c'est au tour de Gabrielle Petit d'être fusillée au Tir National pour avoir dirigé un réseau d'espionnage.

Les actes de résistance actifs ou passifs de la part de la population soumise aux dures restrictions de l'occupation ne cesseront de s'accroître jusqu'à la fin de la guerre.

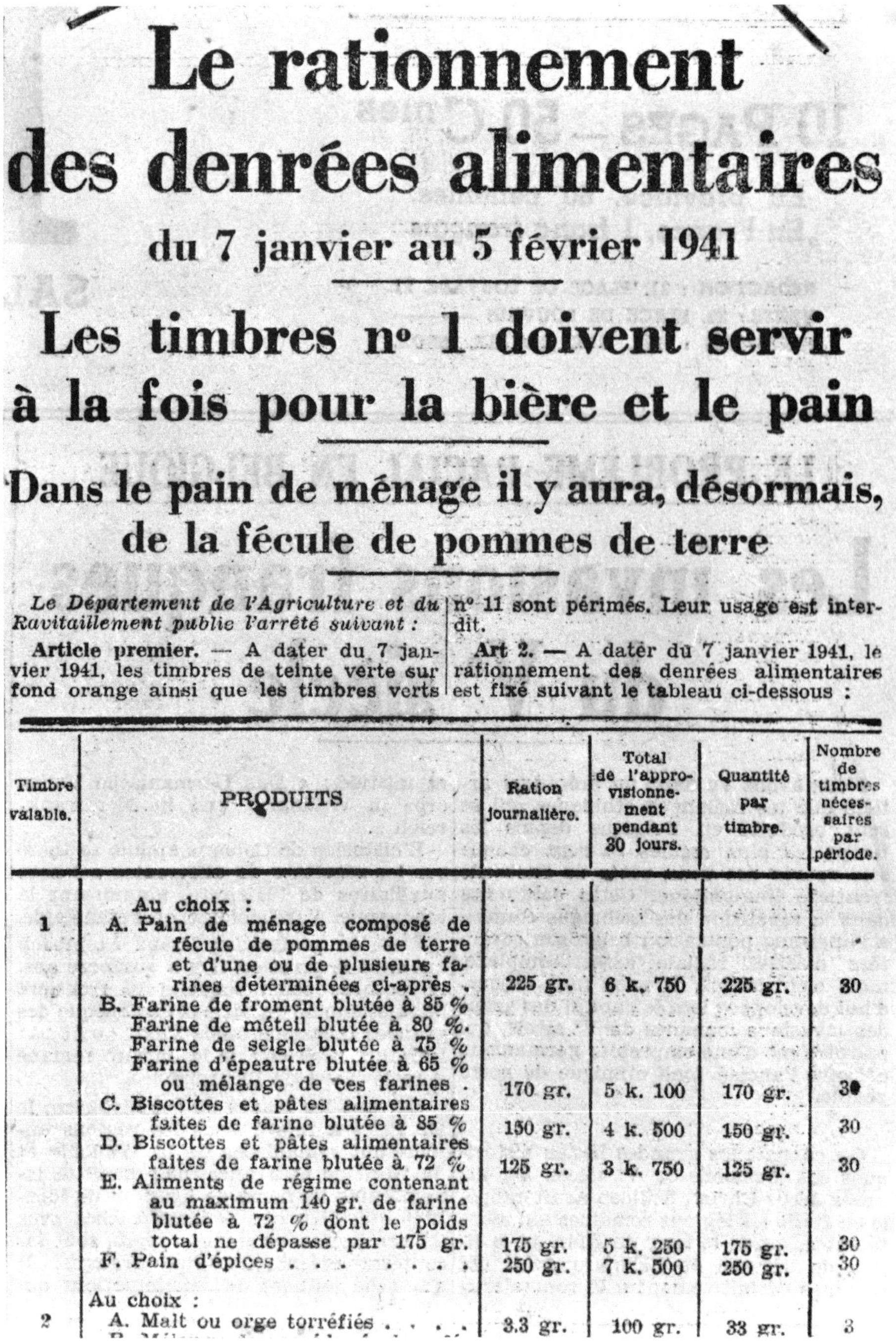

# Le rationnement des denrées alimentaires

## du 7 janvier au 5 février 1941

## Les timbres n° 1 doivent servir à la fois pour la bière et le pain

## Dans le pain de ménage il y aura, désormais, de la fécule de pommes de terre

*Le Département de l'Agriculture et du Ravitaillement public l'arrêté suivant :*

**Article premier.** — A dater du 7 janvier 1941, les timbres de teinte verte sur fond orange ainsi que les timbres verts n° 11 sont périmés. Leur usage est interdit.

**Art 2.** — A dater du 7 janvier 1941, le rationnement des denrées alimentaires est fixé suivant le tableau ci-dessous :

| Timbre valable. | PRODUITS | Ration journalière. | Total de l'approvisionnement pendant 30 jours. | Quantité par timbre. | Nombre de timbres nécessaires par période. |
|---|---|---|---|---|---|
| 1 | Au choix : A. Pain de ménage composé de fécule de pommes de terre et d'une ou de plusieurs farines déterminées ci-après . | 225 gr. | 6 k. 750 | 225 gr. | 30 |
| | B. Farine de froment blutée à 85 % Farine de méteil blutée à 80 %. Farine de seigle blutée à 75 % Farine d'épeautre blutée à 65 % ou mélange de ces farines . | 170 gr. | 5 k. 100 | 170 gr. | 30 |
| | C. Biscottes et pâtes alimentaires faites de farine blutée à 85 % | 150 gr. | 4 k. 500 | 150 gr. | 30 |
| | D. Biscottes et pâtes alimentaires faites de farine blutée à 72 % | 125 gr. | 3 k. 750 | 125 gr. | 30 |
| | E. Aliments de régime contenant au maximum 140 gr. de farine blutée à 72 % dont le poids total ne dépasse par 175 gr. | 175 gr. | 5 k. 250 | 175 gr. | 30 |
| | F. Pain d'épices . . . . . . . . | 250 gr. | 7 k. 500 | 250 gr. | 30 |
| 2 | Au choix : A. Malt ou orge torréfiés . . . . . | 3.3 gr. | 100 gr. | 33 gr. | 3 |

*Ci-contre : à l'instar d'Adolphe Max durant la guerre 14-18, le bourgmestre de Bruxelles sut s'opposer non sans fermeté à l'occupant qui l'obligeait à mettre fin à ses fonctions, comme le prouve ce placard qui sera affiché dans la ville.*

*Malgré les promesses d'un avenir meilleur orchestré par la propagande nazie, les Belges durent vite déchanter. Durant toute la guerre, ils furent confrontés au lancinant problème du ravitaillement, à moins d'avoir les moyens financiers suffisants pour acheter au marché noir. Les timbres de rationnement leur permettaient d'acquérir juste de quoi ne pas mourir de faim. Néanmoins, la population vivait en deçà du niveau calorique quotidien généralement admis. Très vite apparaîtront sur les murs des graffitis comparant l'occupation à la misère et l'indépendance au bonheur, parfois accompagnés du sigle « V » pour victoire, cher à Churchill, mais inventé par un Belge !*

Le 21 juillet 1916, alors que toute commémoration de la fête nationale avait été interdite par la Kommandatur, des milliers de Belges descendront dans la rue pour crier leur foi en la Belgique et son roi. Débordée, la police allemande chargera à la baïonnette une foule de plus en plus nombreuse, et la ville de Bruxelles sera contrainte de payer pour l'insubordination de ses habitants un million de marks destinés à renflouer les caisses du Reich.

Les réseaux de renseignements se multiplieront, sous les ordres d'un brillant officier de l'Intelligence Service, le major Cameron, qui tenait la haute main sur quatre mille agents dont le fameux réseau Dubois, fondé par Louise de Bettignies, et dans lequel on compte de nombreux Belges. Louise de Bettignies sera déportée en Allemagne et mourra trois mois plus tard de la tuberculose.

Lorsque sur les champs de bataille de l'Europe retentira, le 11 novembre 1918 à onze heures, la sonnerie des trompettes annonçant l'armistice, la Belgique comme ses alliés croyaient que celle que l'on avait appelée « La Grande Guerre » serait la dernière qui déchirerait le monde entier. Des milliers d'êtres humains avaient payé un lourd tribut à la liberté. Parmi eux, des centaines de résistants dont le courage et l'abnégation seront autant de modèles pour leurs cadets… vingt ans plus tard.

# Ville de Bruxelles

# PROCLAMATION

## *Mes Chers Concitoyens,*

L'Autorité allemande vient de me faire savoir que je dois cesser d'exercer mes fonctions de bourgmestre; je ne puis que m'incliner devant cet ordre, quoiqu'en droit il viole la Convention de La Haye et qu'en fait rien ne justifie la mesure prise à mon égard; j'ai en effet conscience d'avoir loyalement et totalement accompli les multiples devoirs toujours lourds et pénibles incombant aux chefs des villes et communes occupées par l'ennemi.

Il m'avait été proposé de continuer l'exercice de mes fonctions, mais dans des conditions telles qu'elles impliquaient de ma part une participation à l'exécution des Arrêtés des 16 avril et 26 mai 1941, pris, par une autorité belge, en violation de la loi du 10 mai 1940 sur laquelle cette même autorité s'appuie pour exercer le pouvoir; en me soumettant, je foulais aux pieds l'honneur et le devoir et je désobéissais à une des lois fondamentales de notre Pays, lois auxquelles j'ai juré obéissance : j'ai refusé.

Contrairement à ce qui se dit, je n'ai pas quitté mon poste et n'ai pas offert ma démission.

JE SUIS, JE RESTE ET JE RESTERAI LE SEUL BOURGMESTRE LÉGITIME DE BRUXELLES.

Tout ce qu'une autorité belge fait et fera en application des susdits arrêtés est sans fondement légal.

Je ne vous fais donc pas mes adieux : je vous dis au revoir.

En vous quittant provisoirement je vous demande de supporter vos misères et vos souffrances matérielles et morales avec CALME, COURAGE, et CONFIANCE ; vous ferez front contre le sort, d'une âme fière et d'un cœur fort.

Ceux qui sont vraiment de notre race n'ont peur de rien ni de personne dans ce monde; ils n'ont qu'une crainte : celle de ne pas faire tout leur devoir et de perdre l'honneur.

Restez unis : votre UNION fera votre FORCE et vous assurera un avenir meilleur !

« Dieu saura protéger la Belgique »
« Et Son Roi »

*Le Bourgmestre,*

**Dr F. J. VAN DE MEULEBROECK.**

Hôtel de Ville, 30 juin 1941.

N° 15 — 10 Juillet 1941

# LA LIBRE BELGIQUE

NOUVELLE SÉRIE DE GUERRE
FONDÉE LE 15 AOUT 1940

RÉDACTION ET ADMINISTRATION : OBERFELDKOMMANDANTUR, 1, PLACE DU TRONE, BRUXELLES
EDITEUR RESPONSABLE : PETER PAN, JARDIN D'EGMONT, BRUXELLES

J'ai foi dans nos destinées. Un pays qui se défend s'impose au respect de tous. Ce pays ne périt pas! Dieu sera avec nous dans cette cause juste.
ALBERT, Roi des Belges

Acceptons provisoirement les sacrifices qui nous sont imposés et attendons patiemment l'heure de la réparation.
A. MAX.

Envers les personnes qui dominent par la force militaire notre pays, ayons les égards que commande l'intérêt général. Respectons les règlements qu'elles nous imposent aussi longtemps qu'ils ne portent atteinte ni à la liberté de nos consciences chrétiennes, ni à notre dignité patriotique
Monseigneur MERCIER.

Entre le sacrifice et le déshonneur, le Belge de 1940 n'hésite pas plus que celui de 1914. La lutte sera dure, mais nul ne peut douter du succès final. La cause de la Belgique est pure. Avec l'aide de Dieu, elle triomphera.
LEOPOLD.

Quelle que soit la durée de l'épreuve à subir, tous les Belges doivent avoir pour mot d'ordre " Fors le Roi, nul ne sers „
F.-J VAN DE MEULEBROEK.

Sans doute est-il nécessaire de reconnaitre le pouvoir occupant comme un pouvoir de fait et de lui obéir aussi dans les limites des conventions internationales mais la Patrie Belge continue à exister et tous ses enfants lui doivent fidélité et assistance
Monseigneur VAN ROEY.

## L'arrestation de M. Van de Meulebroeck

### UN SURSAUT DE L'ESPRIT DE RÉSISTANCE.

**Nos lecteurs savent que M. VOSSEN, Secrétaire Général au Ministère de l'Intérieur, a été écarté par l'Autorité allemande parce qu'il se refusait à collaborer à leur œuvre. Il fut illégalement remplacé par M. ROMSÉE, qui, lui, donnait à l'occupant toutes garanties, comme d'ailleurs tous les Secrétaires Généraux désignés à cette haute fonction sous l'occupation.**

Les arrêtés des 16 avril et 26 mai 1941 autorisent le Secrétaire Général du Ministère de l'Intérieur à démissionner d'office les bourgmestres et les échevins et à désigner leurs remplaçants même en dehors du conseil communal. Un troisième arrêté, du 28 mai 1941, supprime tout simplement les conseils communaux et transfère leurs fonctions aux collèges des bourgmestres et échevins.

Ainsi se trouve anéanti tout pouvoir communal légal et celui-ci se trouve totalement sous la coupe de M. ROMSÉE ; et ce n'est pas peu dire !

Touché par cette mesure, et forcé de s'incliner, le Bourgmestre de Bruxelles ne voulut pas s'en aller sans un message de mise au point à ses concitoyens. Par une proclamation d'une dignité parfaite et d'un courage exemplaire, les Bruxellois furent mis au courant des motifs qui contraignirent leur mayeur à passer la main, de l'illégalité de la mesure qui le frappe, et de sa confiance inébranlable dans le retour prochain du règne de la justice et de l'indépendance dans notre Pays.

Préparée et distribuée en secret, cette proclamation n'eut qu'une vie courte, mais combien retentissante et glorieuse!

Les affiches furent placardées dans toute la ville, en deux langues ainsi qu'il est d'usage à Bruxelles. A l'heure de la sortie des bureaux la foule put prendre connaissance de l' " au revoir „ de son bourgmestre. Mesurant d'un coup d'œil la portée du geste de M. VAN DE MEULEBROECK, et la réaction qui ne pouvait manquer de se produire aussitôt, les passants s'empressent de prendre copie du texte affiché. Les groupes se font compacts à chaque coin de rue. Le monde s'adresse la parole, se réjouit, se félicite. Les dactylos offrent à leurs voisins papier et crayon, et sténographient en vitesse, plus heureuses que d'autres qui griffonnent, pressées l'un contre l'autre, qui debout, qui à cropetons.

Des passants qui ont été témoins des premières mesures de répression, annonçant qu'à quelque distance de là, on saisi les cartes d'identité : " Oh! Nous n'avons pas peur, réplique un des témoins, nous sommes comme notre bourgmestre ! „ Place de la Monnaie, une rexiste hystérique — ces mots semblent inséparables — tente d'arracher l'affiche et de vilipender M. VAN DE MEULEBROECK : la foule la prend à partie, et noyée dans un attroupement hostile elle cherche à se mettre sous la protection de quelques boches en uniforme. Ces derniers, ne sachant pas ce qui se passe, sont fort embarrassés. La foule les empêche de fuir le théâtre de la bagarre et la rexiste n'arrive pas à faire valoir ses titres à leur protection. Des officiers allemands, mis au courant, somment leurs sous-ordres de quitter les lieux. La foule aussitôt écharpe l'intéressante adoratrice de DEGRELLE, faisant voler chapeaux, sac-à-main, etc... Mais déjà la Feldgendarmerie a été alertée. Des gestapistes en civil insulte la foule et la font circuler de devant les affiches. On emmène du monde avenue Louise et rue Traversière. Les Allemands, avec le tact et le sens du ridicule qui les caractérisent, se mettent en route par patrouilles.

Un sous-officier et deux soldats grattent les murs de leurs baïonnettes pour effacer cette Vérité qui leur fait honte. Ailleurs, la police et la gendarmerie belge escortent par ordre des afficheurs, qui recouvrent la proclamation de papier blanc ou de réclames du Secours d'Hiver (tiens, tiens, !). La foule les suit et

*Le 10 juillet 1941,* La Libre Belgique, *imprimée, faut-il le rappeler, clandestinement, annonce l'arrestation du bourgmestre de Bruxelles, soucieux de ne pas se soumettre aux directives du Secrétaire général Romsée qui avait la haute main sur les communes par la volonté de l'occupant.*

# LA DÉBÂCLE DE MAI 1940

Les erreurs du Traité de Versailles qui, en 1919, imposait à l'Allemagne de lourds sacrifices, l'arrivée au pouvoir en Italie, en 1922, de Benito Mussolini avec une nouvelle idéologie totalitaire «Le Fascisme», la nomination, en 1933, en Allemagne, du chancelier Hitler, élu, faut-il le rappeler, démocratiquement, ne suscitèrent que peu de réactions dans les démocraties parlementaires, qui s'empressèrent de ne pas broncher en 1936, quand les troupes nazies réoccupèrent la Rhénanie et qu'elles aidèrent Franco à renverser le régime républicain espagnol légalement au pouvoir, tout comme en 1938 quand le Führer leur fit avaler l'amère pilule de l'annexion de la Tchécoslovaquie sous le fallacieux prétexte d'y protéger les minorités sudètes d'ascendance aryenne et puis de l'Autriche.

Même en 1939, lorsque l'Angleterre et la France, alliées militaires de la Pologne, déclarèrent la guerre à l'Allemagne, les tenants de la démocratie ne se livrèrent qu'à quelques escarmouches sur mer, sans réellement vouloir voler à la rescousse de leur alliée.

*De sinistre mémoire, le V.N.V., dirigé par le nationaliste flamand Staf De Clercq et entièrement acquis à l'idéologie nazie, affectionnait à l'image de ses maîtres d'outre-Rhin les grandes réunions protégées par un service d'ordre imposant. Par contre, de nombreuses organisations rassemblaient la jeunesse belge qui se mit très tôt au service de la Résistance, comme les Jeunes Gardes socialistes invitant les Bruxellois à « balayer du pavé de Bruxelles les "pourris" hitlériens du V.N.V. ».*

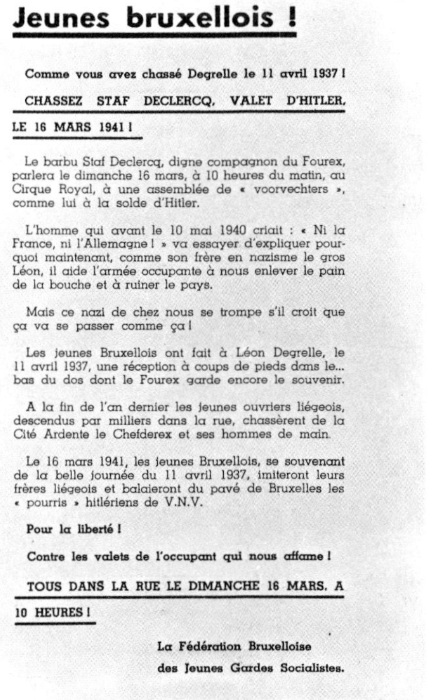

**Jeunes bruxellois !**

**Comme vous avez chassé Degrelle le 11 avril 1937 !**

**CHASSEZ STAF DECLERCQ, VALET D'HITLER, LE 16 MARS 1941 !**

Le barbu Staf Declercq, digne compagnon du Fourex, parlera le dimanche 16 mars, à 10 heures du matin, au Cirque Royal, à une assemblée de « voorvechters », comme lui à la solde d'Hitler.

L'homme qui avant le 10 mai 1940 criait : « Ni la France, ni l'Allemagne ! » va essayer d'expliquer pourquoi maintenant, comme son frère en nazisme le gros Léon, il aide l'armée occupante à nous enlever le pain de la bouche et à ruiner le pays.

Mais ce nazi de chez nous se trompe s'il croit que ça va se passer comme ça !

Les jeunes Bruxellois ont fait à Léon Degrelle, le 11 avril 1937, une réception à coups de pieds dans le... bas du dos dont le Fourex garde encore le souvenir.

A la fin de l'an dernier les jeunes ouvriers liégeois, descendus par milliers dans la rue, chassèrent de la Cité Ardente le Chefderex et ses hommes de main.

Le 16 mars 1941, les jeunes Bruxellois, se souvenant de la belle journée du 11 avril 1937, imiteront leurs frères liégeois et balaieront du pavé de Bruxelles les « pourris » hitlériens de V.N.V.

**Pour la liberté !**

**Contre les valets de l'occupant qui nous affame !**

**TOUS DANS LA RUE LE DIMANCHE 16 MARS, A 10 HEURES !**

**La Fédération Bruxelloise**
**des Jeunes Gardes Socialistes.**

Quand, à l'aube du 10 mai 1940, des divisions nazies violèrent la neutralité de la Belgique pour contourner la ligne Maginot qui avait été érigée par l'état-major français, la surprise des armées occidentales fut proportionnelle à leur état d'impréparation, et surtout à une stratégie dont la conception ne tenait guère compte de la sophistication d'un armement dont l'industrie allemande était sans conteste à la pointe.

Privée de la quasi-totalité de son aviation clouée au sol par la Luftwaffe dès les premières heures de la guerre, inférieure en nombre, équipée d'un matériel souvent vétuste, l'armée belge fut rapidement enfoncée non sans se battre courageusement durant trois jours sur la Lys, permettant ainsi au corps expéditionnaire anglais de réembarquer à Dunkerque. À son tour, le front français subit une brèche importante à Sedan sous la pression des chars de Guderian. Menacée d'anéantissement et d'encerclement, l'armée belge capitula le 28 mai 1940. Quelques jours plus tôt, à Wynendael, le roi Léopold III refusait de suivre ses ministres dans leur retraite vers Londres via le sud de la France, désireux qu'était le souverain de demeurer parmi ses soldats. Il suivait en cela l'attitude de son père en 1914.

La Belgique se préparait à vivre plus de quatre ans sous le joug du IIIe Reich. Dans notre pays, les nazis pourraient compter sur de précieux collaborateurs issus des principaux partis nationalistes flamands et du mouvement rexiste présidé par Léon Degrelle. Ce dernier, lors des élections législatives de 1936, avait réussi à faire entrer à la Chambre, grâce à un programme démagogique, vingt et un députés. Mais, en 1937, il ne parvint plus à conquérir, dans une élection partielle qui se déroulait à Bruxelles, un siège face au catholique Paul van Zeeland qui avait reçu un appui de poids en la personne du cardinal Van Roey.

En 1939, les rexistes perdirent dix-sept sièges pour se retrouver à quatre députés à la Chambre des Représentants.

Néanmoins, dans leurs rangs et dans ceux des mouvements flamingants, les nazis trouveront de nombreux suppôts pour appliquer leur politique discriminatoire et raciste, ainsi que des volontaires qui, engagés dans les légions SS, iront combattre sur le front de l'Est.

## *L'HEURE DE L'ATTENTISME*

Entre le 4 août 1914 et le 10 mai 1940, ces deux dates qui marquèrent le début des hostilités, il y aura bien des différences. Si 1914 fut propice aux grands élans patriotiques, il n'en fut pas de même en 1940. Peu de maisons arborèrent le drapeau national. Guère de grandes manifestations anti-allemandes, même si le Belge était indigné devant cette nouvelle violation de sa neutralité en vingt-cinq ans. Paul Struye note : « Mais à en juger par les signes extérieurs, l'impression fut plutôt faite de stupeur et d'isolement. » Le Belge avait l'impression d'être laissé à lui-même, sans aucun réconfort, qu'il vienne d'un message royal, d'une lettre des autorités religieuses ou de directives

De Nationaal Socialist
Orgaan der Eenheidsbeweging van het V.N.V.
REDACTIE : St. Pietersnieuwstraat 64, Gent BEHEER : Omwentelingstraat 2, Brussel Telefoon : Gent nr. 523.24
2e Jaargang – Nr 12 Weekblad – Prijs : 1 frank 21 MAART 1942

N° 153 QUATRE PA[GES] : 40 centimes
LA NATION BELGE
JOURNA[L] QUOTIDIEN
BRUXELLES -- 50, PLACE DE BROUCKÈRE, 50 -- BRUXELLES
VENDREDI 31 MAI 1940

8 pages : 2 francs
En France : 4 francs français
7 février 1943
Cassandre
HEBDOMADAIRE BELGE DE LA VIE POLITIQUE, LITTERAIRE, ARTISTIQUE
TELEFUNKEN Radio ELECTRO-ACOUSTIQUE Disques

LA LÉGIA
Quotidien [d']information illustré
65 cent.
POUR VENDRE TOUTES MAISONS et PROPRIETES
A. et A. d'AFFNAY
25, rue Vinâve-d'Ile, LIEGE
SAMEDI 20 ET DIMANCHE 21 SEPTEMBRE 1941

PRIX : 75 centimes dans toute la Belgique. — En France : fr. 1.50 français. MARDI 22 JUIN 1943.
LE NOUVEAU JOURNAL
Fondateur : Paul COLIN, mort pour la Belgique et l'Europe le 15 avril 1943.

DE VLAAMSCHE POST
WEEKBLAD VOOR DE VLAAMSCHE ARBEIDERS IN DUITSCHLAND

Lees in dit nummer :
Balming
9 Januari 1944 WEEKBLAD Tweede Jaargang Nr 2

Het gemeen Nieuws
OCHTENDBLAD
DAGBLAD
DINSD[AG] 31 MAART

De SS Man
KAMPBLAD VOOR DE ALGEMEENE SCHUTSCHAREN-VLAANDEREN
LEIDING EN REDACTIE — ANTWERPEN —

*Pendant la guerre, de nombreux titres cessèrent de paraître, d'autres furent « volés » par l'occupant comme le quotidien bruxellois* Le Soir, *certains continuèrent à être édités dans la clandestinité comme* La Libre Belgique. *Il y eut de nouveaux titres entièrement à la solde nazie, notamment* Le Nouveau Journal *dirigé par Paul Colin qui sera assassiné par la Résistance.*

émanant des administrations communales.

La progression de l'ennemi était fulgurante et les récits colportés par les réfugiés mitraillés sur les routes de l'exode particulièrement tragiques. Dans ce climat incertain, les premiers jours de l'occupation purent apparaître comme un répit physique, d'autant plus que les troupes nazies se comportaient correctement vis-à-vis de la population et qu'elles ne se livraient pas aux pillages et aux massacres tant redoutés comme ceux de 1914 à Dinant et à Andenne. D'aucuns percevaient dans le régime allemand des qualités qui contrastaient avec les abus propres, selon eux, aux régimes démocratiques.

Dès le mois de juin 1940, l'opinion publique belge changea littéralement à cause de la nouvelle attitude de l'occupant. Il prit diverses décisions malheureuses que nous énumère Paul Struye : « Le départ forcé des ambassadeurs, la saisie des valeurs étrangères, puis des valeurs coloniales, la contribution de guerre imposée au pays, le maintien en captivité de nombreux prisonniers, la distinction faite par l'ennemi entre soldats flamands et wallons et, par-dessus tout, les réquisitions massives opérées par les troupes d'occupation provoquèrent, en effet, un revirement rapide et profond dans l'opinion publique. Beaucoup avaient cru que la reddition de l'armée et le geste du roi revenant à Bruxelles annonçaient le retour à une période de paix et à la reprise d'une vie à peu près normale. On s'aperçut que la guerre continuait et que l'occupant traitait la Belgique en pays ennemi sans rien révéler de ses intentions quant au sort futur qu'il entendait lui réserver.

L'on vit ainsi l'axe des préoccupations se déplacer. Du plan dynastique, on passait sur le plan national. L'hostilité populaire qui s'était, au lendemain du 27 mai, dirigée contre les ministres, contre les Belges du dehors et contre les Alliés se retournait contre l'occupant. On vit alors un signe caractéristique de cette évolution : alors que les boutonnières s'étaient, en juin, couvertes de couronnes et d'insignes royaux, elles commencèrent en juillet-août à se parer d'insignes tricolores.

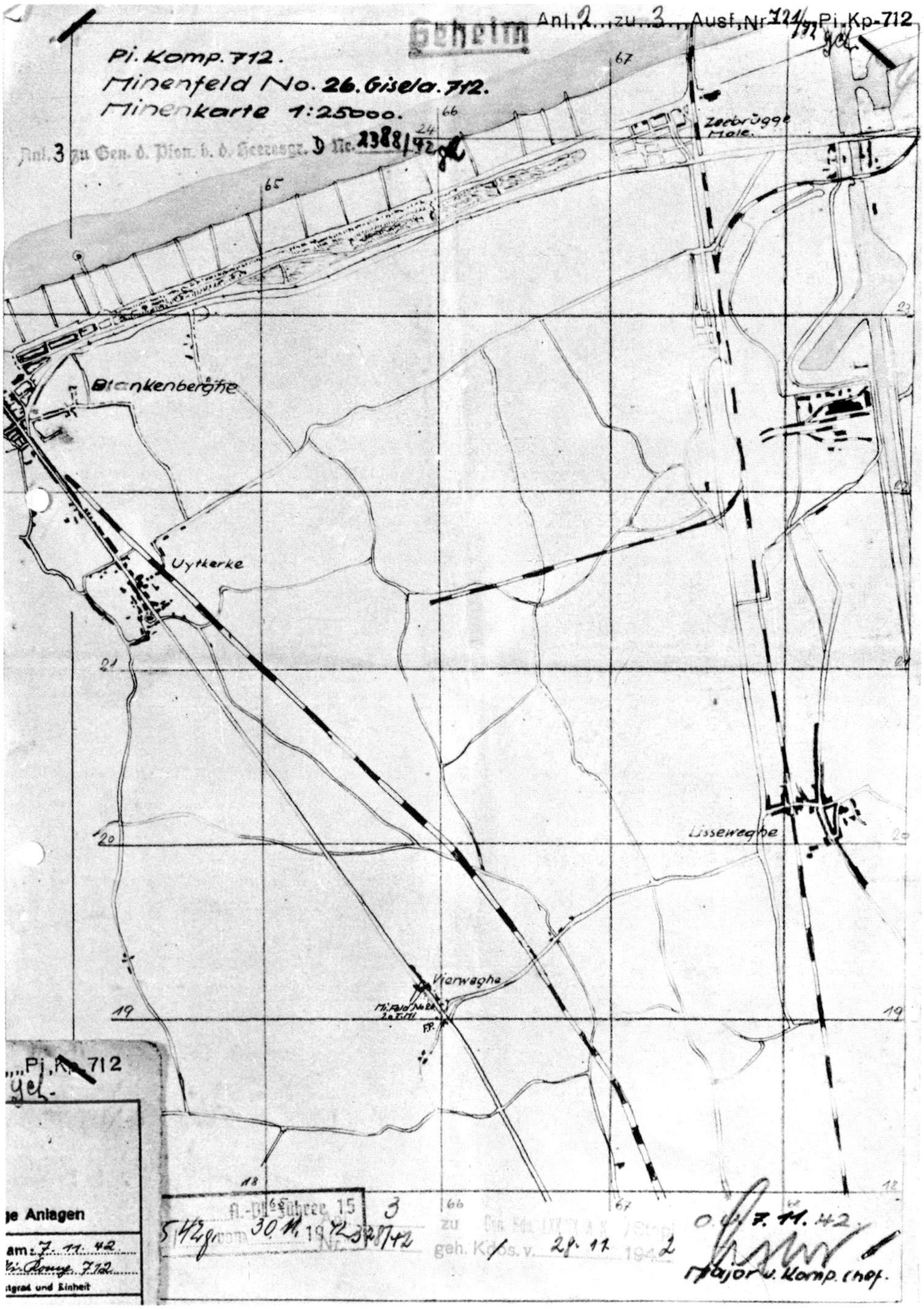


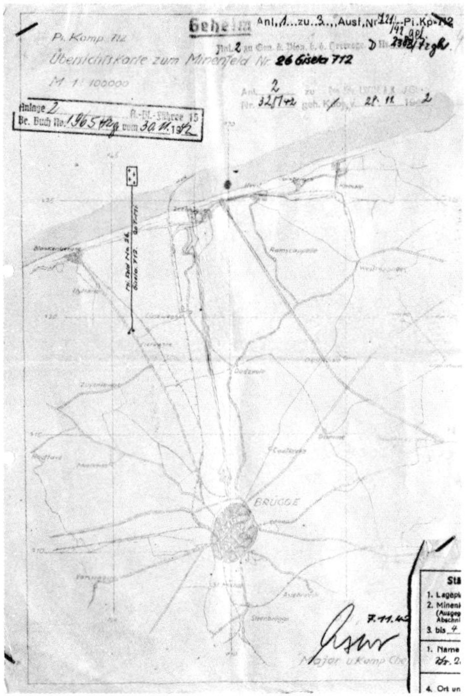


*Ces deux cartes indiquent l'emplacement des champs de mines qui garnissaient les plages entre Blankenberg et Zeebrugge pour contrer l'éventuel débarquement des Alliés. Ces deux documents ont été subtilisés aux Allemands par la Résistance et envoyés à Londres où ils seront analysés par les services secrets britanniques et communiqués à l'autorité militaire. La Résistance était bien cette quatrième force que louait déjà, en 1941, le chef du S.O.E. britannique.*

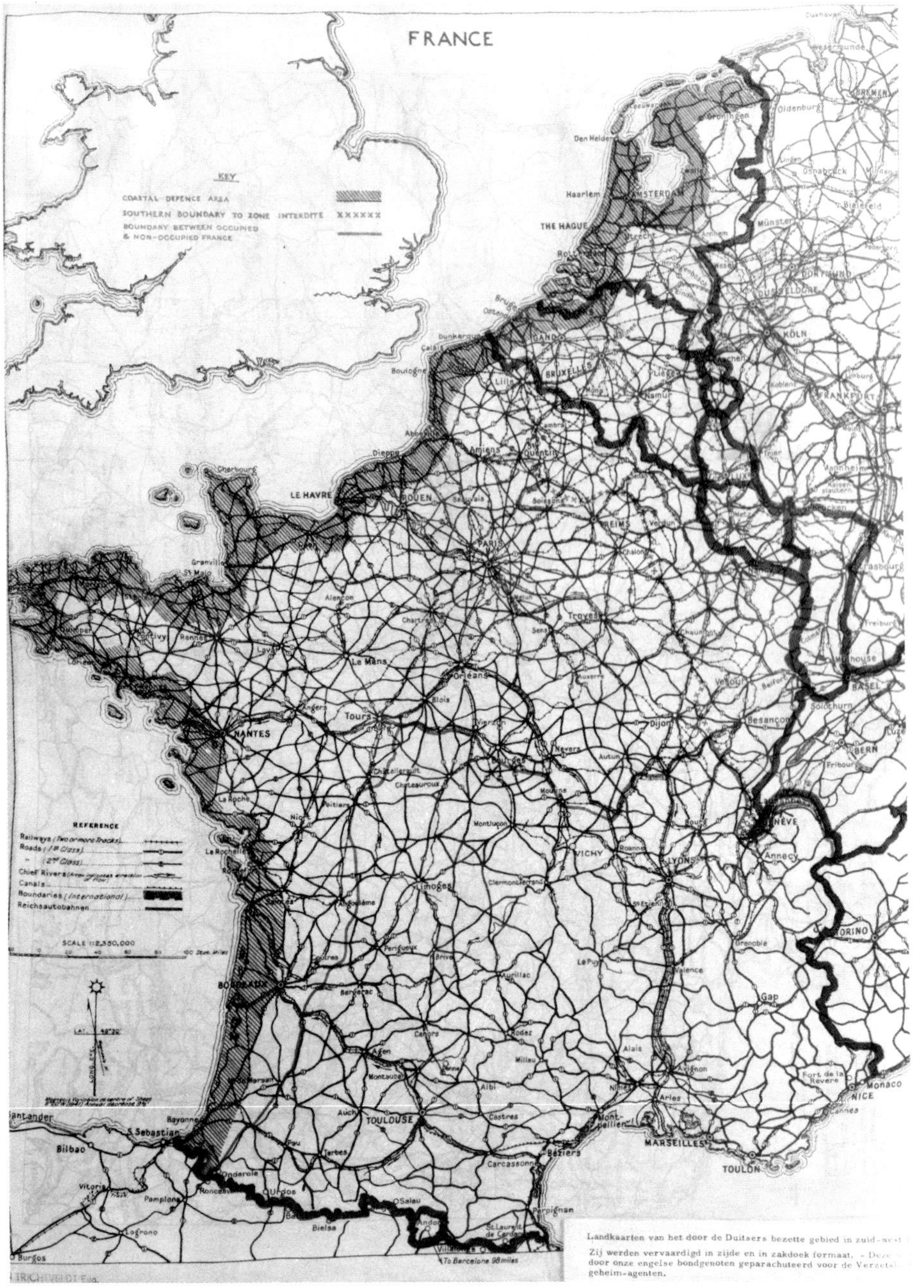


*Cette carte reprenant en détail la France, la Belgique, les Pays-Bas, le Luxembourg, l'Alsace, la Lorraine et les cantons de l'Est, ces trois derniers rattachés au III^e Reich, est imprimée sur soie. Elle était si petite qu'elle tenait dans une boîte d'allumettes. Son but était d'aider les aviateurs abattus au-dessus des territoires occupés, ainsi que les agents envoyés par Londres, à s'orienter.*

*Trois aviateurs alliés abattus au-dessus de la Belgique et qui ont été cachés par les partisans armés ; nous verrons dans le texte combien l'aide du réseau « Comète » fut précieuse pour rapatrier en Angleterre les équipages d'avions qui avaient réussi à échapper à la mort et qui purent ainsi, grâce aux résistances belge et française, rejoindre l'Angleterre.*

*Ce genre de formulaire que devaient remplir les aviateurs abattus permettait leur identification et évitait ainsi que le réseau soit infiltré par des agents ennemis.*

FORMULAIRES A REMPLIR PAR LES AVIATEURS TOMBES.
NAME.
CHRISTIAN NAME.
HOME ADDRESS.
TARGET.
RANK.
TRADE.
DATE AND PLACE WHERE FALLEN.
NAME OF WING COMMANDER.
PILOTS NAME.
TYPE OF AIRCRAFT.
CAUSE.
WAS MISSION ACCOMPLISHED.
REGIMENTAL NUMBER.
NUMBER OF SQUADRON.
NUMBER OF MEN IN AIRCRAFT.
WHAT DO YOU KNOW ABOUT THEM.
NAME OF MEN IN AIRCRAFT.

Couleur des yeux, couleur des cheveux,
Taille, Teint, forme du visage
Nez, Autres details.

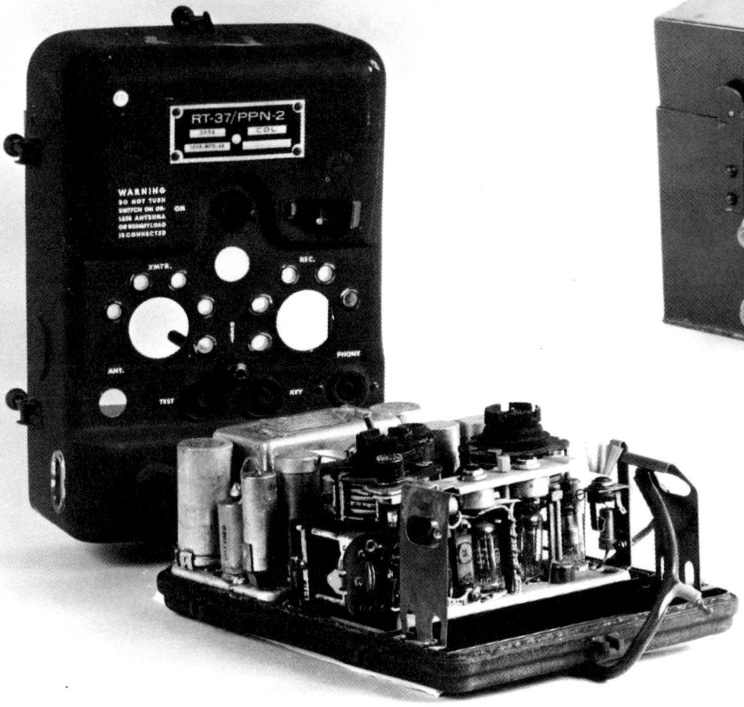

*Dès 1941, les services secrets britanniques parachutèrent en zone occupée des agents chargés d'établir le contact entre la Résistance et la Grande-Bretagne. Les Belges étaient recrutés par la Sûreté de l'État ou par la seconde section du ministère de la Défense nationale et étaient ensuite formés par les services anglais compétents. Parmi l'attirail qu'ils emmenaient avec eux figuraient des postes émetteurs en morse, des lampes de balisage pour déterminer les terrains d'aviation où la R.A.F. pouvait larguer des agents et du matériel, et, bien sûr, des pistolets lance-fusées.*

| No. de série | Article | Chapitre du Livret | Cellule dans laquelle l'article se trouve | Observations |
|---|---|---|---|---|
| 16. | Charge d'emploi general d'1/2 kg. | C | — | Seront expédiées à brève échéance aussitôt disponibles. |
| 17. | Toile caoutchoutée | C | H 5 | |
| 18. | Bostik | C | H 5 | |
| 19. | Solution caoutchoutée | C | H 5 | |
| 20. | Charge preparée de 3/4 kg. | C | — | Expédiée dès que disponible. |
| 21. | Charge preparée pour le rail | C | H 21, 22 | |
| 22. | Aimants | C | — | Expédition non garantie si provision est à court. |
| 23. | "Signal de brume" (Fog Signal Fuse) | D | H 5 | |
| 24. | Crayon à retardement | E | H 5, 11, 12 | |
| 25. | Pot à feu Mk. IA. | F | H 11, 12 | |
| 26. | Bombe Thermite d'1 kilo. | F | H 11, 12 | Quelques incendiaires de 450 gr. et quelques incendiaires à paraffine 2 oz. peuvent encore être expédiées mais celles-ci seront remplacées éventuellement par le nouveau bloc. |
| 27. | Bloc incendiaire | F | — | |
| 28. | Incendiaire de poche à retardement | F | H 11, 12 | |
| 29. | Mèche instantanée | F | H 11, 12 | |
| 30. | Limpet | G | H 23, 24 | |
| 31. | Mèche à retardement A.C. | G | H 23, 24 | |
| 32. | Clef | G | H 23, 24 | |
| 33. | Lut | G | H 23, 24 | Inclus dans la boite d'allumeurs A.C. |
| 34. | Barre de fixation | G | H 23, 24 | |
| 35. | Crampon magnetique | G | H 23, 24 | |
| 36. | Fil metallique | | H 5 | |
| 37. | Allumeur à pression | H | — | Non disponible à present |
| 38. | Allumeur à declanchement | H | H 5 | |
| 39. | Grenade type Gammon No. 82 | I | H 10 | |
| 40. | Manchon d'amorce | I | H 10 | |
| 41. | Détonateur spécial No. 8 | I | H 10 | |
| 42. | Fusée (Allways) | I | — | |
| 43. | Crève-pneu | I | — | Inclus à présent dans le container type "C." |
| 44. | Détonateur (pour crève-pneu) | I | — | |
| 45. | Grenade 36 ou Mills | I | H 8, 9 | |
| 46. | Détonateur (pour grenade Mills No. 36) | I | H 8, 9 | |
| 47. | Pâte abrasive | I | H 13 | |
| 48. | Pinces | I | H 13 | |
| 49. | Vaseline | I | H 5 | |
| 50. | Pansements de secours | I | H 8, 9 | |
| 51. | Mitraillette Sten (Mark II.) | J | H 6, 7 | |
| 52. | Pistolets | K | H 8, 13 | Soit revolvers soit pistolets automatiques. On manque d'automatiques à present. |

Les articles énumérés ci-dessus sont empaquetés dans les containers standards comme suit:

| Container Type | Pare-choc | Position d'assemblage et numéro de la cellule A | B | C | D | E | Protecteur pour le parachute | Déscription du container |
|---|---|---|---|---|---|---|---|---|
| H. 1 | | 1 | 2 | 3 | 4 | 5 | | Explosif et accessoires |
| H. 2 | | 6 | 6 | 7 | 7 | 7 | | Sten |
| H. 3 | | 6 | 9 | 7 | 8 | 10 | | Armement |
| H. 4 | | 11 | 11 | 12 | 12 | 12 | | Incendiaires |
| H. 5 | | 1 | 2 | 3 | 13 | 5 | | Sabotage |

Pour faire une commande d'envoi de containers, il suffit de dire, par exemple:—

"Envoyez X H5 et X H3."

*Un document pour le moins insolite mais combien utile.*
*Il permettait à la Résistance de passer commande du matériel qui lui était nécessaire pour mener à bien ses missions.*

*Ci-dessous, le célèbre S.O.E. Churchill permettant de transmettre les informations à Londres, tandis qu'en bas à droite nous est présenté un authentique appareil photo autorisant la photographie rapide des documents avant de transmettre les négatifs par les agents rentrant en Angleterre.*

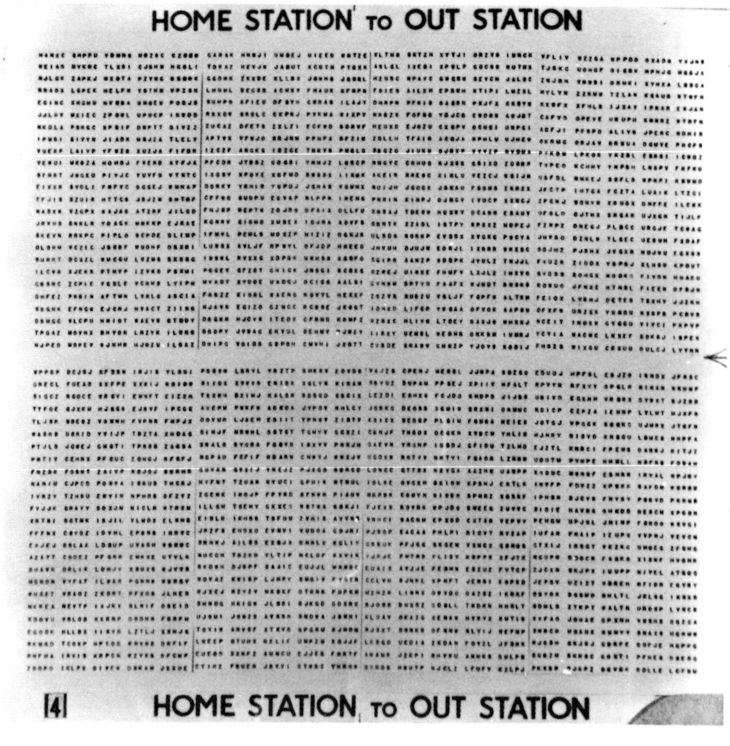


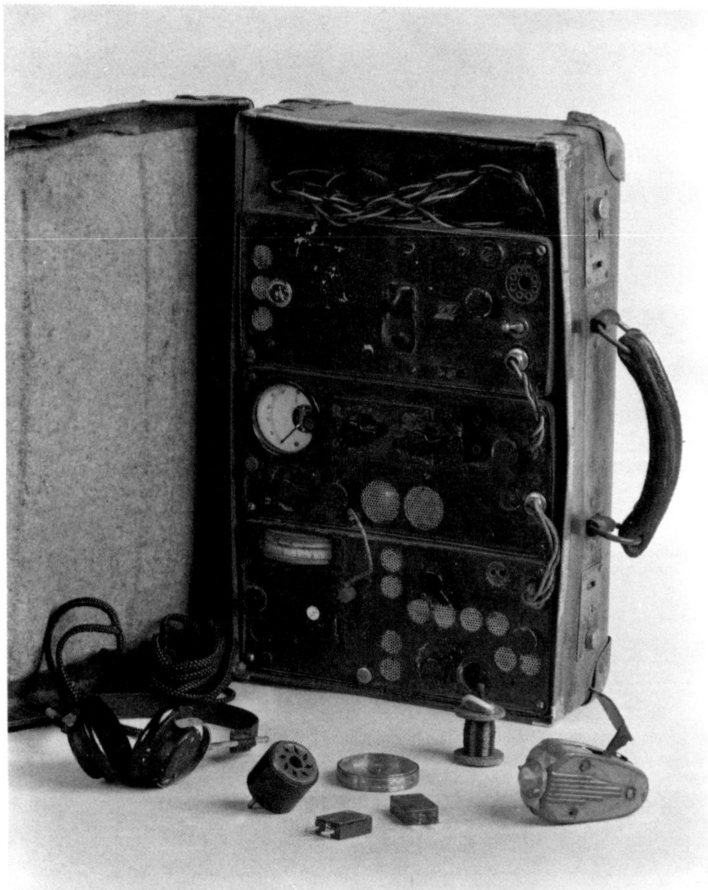

*Sur le quai de cette gare, pris clandestinement par un photographe, les premiers départs des travailleurs belges enrôlés pour travailler en Allemagne. Au fur et à mesure que la guerre se poursuit, le Service du Travail obligatoire (S.T.O.) s'étendra à tous les hommes de dix-huit à soixante ans et à toutes les femmes célibataires de dix-huit à trente-cinq ans.*

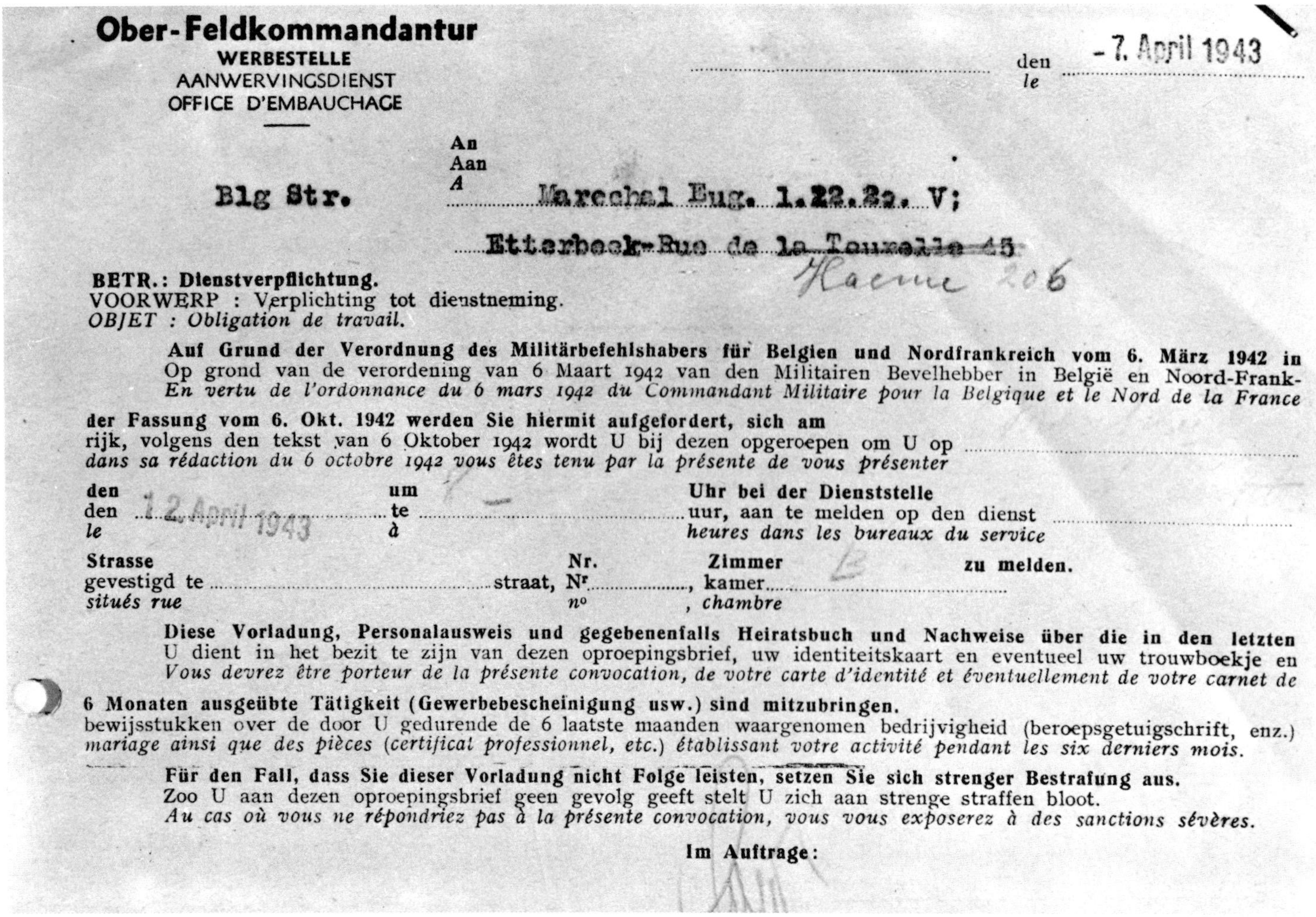

**Ober-Feldkommandantur**
WERBESTELLE
AANWERVINGSDIENST
OFFICE D'EMBAUCHAGE

den / le – 7. April 1943

An / Aan / A

Blg Str. Marechal Eug. 1.22.22. V;
~~Etterbeek-Rue de la Tourelle 45~~ Kaserne 206

**BETR.: Dienstverpflichtung.**
VOORWERP : Verplichting tot dienstneming.
*OBJET : Obligation de travail.*

**Auf Grund der Verordnung des Militärbefehlshabers für Belgien und Nordfrankreich vom 6. März 1942 in der Fassung vom 6. Okt. 1942 werden Sie hiermit aufgefordert, sich am**
Op grond van de verordening van 6 Maart 1942 van den Militairen Bevelhebber in België en Noord-Frankrijk, volgens den tekst van 6 Oktober 1942 wordt U bij dezen opgeroepen om U op
*En vertu de l'ordonnance du 6 mars 1942 du Commandant Militaire pour la Belgique et le Nord de la France dans sa rédaction du 6 octobre 1942 vous êtes tenu par la présente de vous présenter*

**den** 12. April 1943 **um** 7 **Uhr bei der Dienststelle**
den ... te ... uur, aan te melden op den dienst
*le ... à ... heures dans les bureaux du service*

**Strasse** ... **Nr.** ... **Zimmer** ... **zu melden.**
gevestigd te ... straat, Nr ..., kamer ...
*situés rue ... n° ..., chambre ...*

**Diese Vorladung, Personalausweis und gegebenenfalls Heiratsbuch und Nachweise über die in den letzten 6 Monaten ausgeübte Tätigkeit (Gewerbebescheinigung usw.) sind mitzubringen.**
U dient in het bezit te zijn van dezen oproepingsbrief, uw identiteitskaart en eventueel uw trouwboekje en bewijsstukken over de door U gedurende de 6 laatste maanden waargenomen bedrijvigheid (beroepsgetuigschrift, enz.)
*Vous devrez être porteur de la présente convocation, de votre carte d'identité et éventuellement de votre carnet de mariage ainsi que des pièces (certificat professionnel, etc.) établissant votre activité pendant les six derniers mois.*

**Für den Fall, dass Sie dieser Vorladung nicht Folge leisten, setzen Sie sich strenger Bestrafung aus.**
Zoo U aan dezen oproepingsbrief geen gevolg geeft stelt U zich aan strenge straffen bloot.
*Au cas où vous ne répondriez pas à la présente convocation, vous vous exposerez à des sanctions sévères.*

**Im Auftrage:**

*La Werbestelle, en français office d'embauche, était l'organisme allemand chargé de recruter les travailleurs obligatoires. La crainte était vive dans chaque famille de recevoir un tel document. Les réfractaires furent nombreux et vinrent grossir les rangs de la Résistance.*

Cette évolution s'est poursuivie depuis lors et a trouvé son expression à partir de fin juillet dans de multiples manifestations qui étaient non seulement inexistantes, mais qui apparaissaient inconcevables en mai, juin ou même au début de juillet : la diffusion de journaux et tracts patriotiques clandestins, le port de plus en plus fréquent d'insignes tricolores et même de drapelets anglais, ou « France-Libre », les graffitis sur les murs, les démonstrations pro-anglaises dans les cinémas, la multiplication de « concetti » et d'« histoires » dont l'occupant faisait les frais, les dépôts de fleurs au tombeau du Soldat inconnu et au Monument aux morts de la Guerre, soldats belges, civils et soldats britanniques. Les dépôts de fleurs au Monument anglais de la place Poelaert prirent une telle ampleur qu'ils furent interdits au début de novembre. Cet état d'esprit – d'un esprit nouveau – se manifesta avec éclat (et même avec excès) le 11 novembre, et rien n'indique de façon plus frappante l'évolution du sentiment populaire que le contraste entre ce qu'avait été la célébration discrète et timide du 21 juillet et ce que fut l'atmosphère de fièvre patriotique qui marqua la journée du 11 novembre.

Cette évolution alla d'ailleurs de pair avec les progrès de la Résistance britannique. Autant les Anglais s'étaient rendus impopulaires lorsqu'ils avaient, comme disaient certains, « lâché » la Belgique, autant le courage des Londoniens se faisant tuer par milliers sous les bombardements et la farouche résolution du peuple et des dirigeants britanniques déterminèrent-ils en Belgique une recrudescence de sympathie pour les Alliés d'hier.

On peut affirmer que le courant « anti-occupant » se développe en raison directe, d'une part, de l'accroissement des difficultés de ravitaillement et, d'autre part, de la prolongation de la Résistance anglaise.

*Les graffitis dénonçant le travail obligatoire se multiplièrent, comme celui signé par les Jeunes Gardes socialistes.*

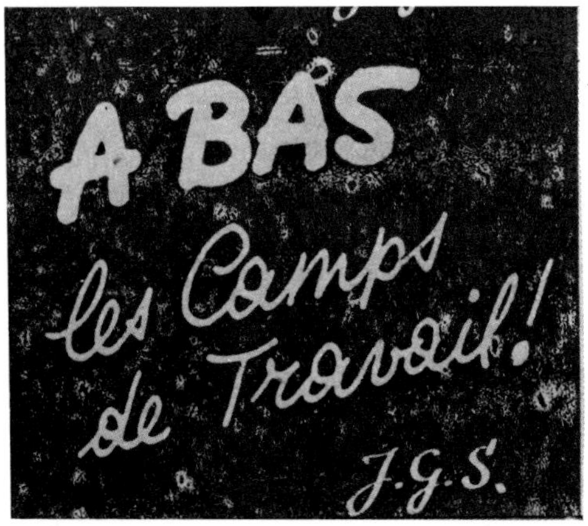

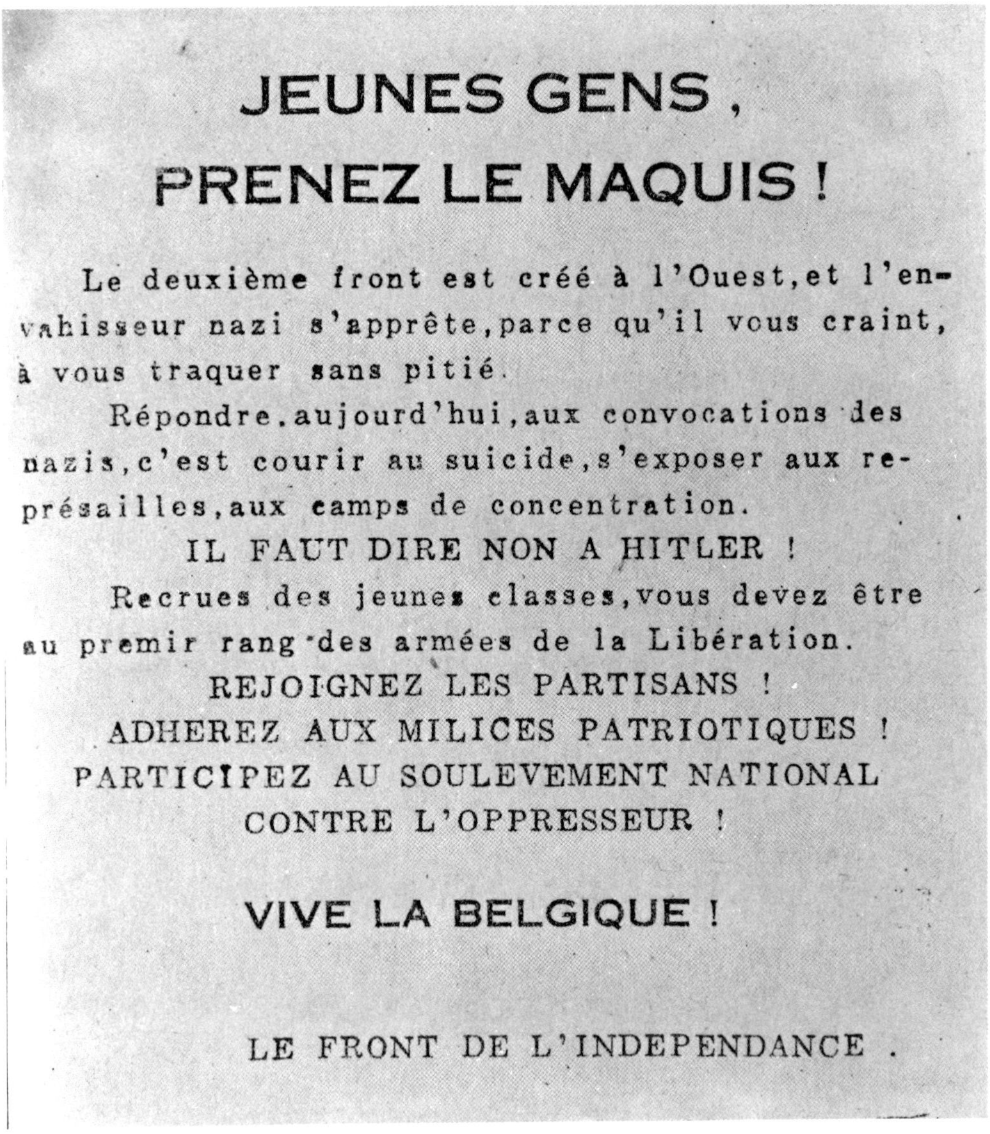

JEUNES GENS,
PRENEZ LE MAQUIS !

Le deuxième front est créé à l'Ouest,et l'envahisseur nazi s'apprête,parce qu'il vous craint, à vous traquer sans pitié.

Répondre,aujourd'hui,aux convocations des nazis,c'est courir au suicide,s'exposer aux représailles,aux camps de concentration.

IL FAUT DIRE NON A HITLER !

Recrues des jeunes classes,vous devez être au premir rang des armées de la Libération.

REJOIGNEZ LES PARTISANS !
ADHEREZ AUX MILICES PATRIOTIQUES !
PARTICIPEZ AU SOULEVEMENT NATIONAL CONTRE L'OPPRESSEUR !

VIVE LA BELGIQUE !

LE FRONT DE L'INDEPENDANCE .

## Résistants de la première heure

À peine la capitulation belge est-elle signée que le colonel Lentz, chef d'état-major de la 17e Division d'Infanterie, exprime sa volonté de réorganiser dans la clandestinité certaines unités de l'armée dissoute, non sans étonner certains de ses interlocuteurs mal remis d'une aussi soudaine débâcle militaire. Mais c'était oublier que nombre d'officiers et de sous-officiers avaient pu échapper à la captivité et que d'autres en reviendraient assez rapidement, sans compter des membres de « L'Union des officiers de réserve » dont Lentz était le président. C'est ainsi que naquit rapidement « L'Armée belge reconstituée ».

Mais le colonel Lentz ne fut pas le seul à tenter la création d'une organisation clandestine. Dès le mois d'août 1940, le commandant Claser sillonne la Belgique occupée pour mettre sur pied une organisation de type militaire, « La Légion belge », qui très vite rencontrera un certain succès.

Pendant ce temps, en octobre 1940, le colonel Lentz a déjà pu réunir des groupes de combattants à Bruxelles, dans le Hainaut, dans les Flandres et le Luxembourg, tandis que fin décembre, la Légion belge dispose déjà d'un état-major à Bruxelles ; c'est ainsi que les combattants se répartissent en trois zones : la première couvrant Bruxelles et une partie du Brabant, la seconde le territoire flamand et la troisième enfin la Wallonie.

Dès le printemps 1941, la Légion belge et l'Armée reconstituée ne formeront plus qu'un seul élément avec à leur tête, notamment, le commandant Claser et le colonel Lentz.

Un événement pour le moins malencontreux faillit sonner le glas de toute cette belle organisation. En septembre 1941, le capitaine Cassart, agent du gouvernement belge de Londres, est envoyé en Belgique avec pour mission de contacter non seulement tous les réseaux de renseignements, mais aussi les milieux hostiles ou supposés tels à l'ennemi. Le 8 décembre, mission accomplie, Cassart s'apprête à prendre un avion anglais chargé de le ramener à Londres. Les Allemands sont présents, informés par un traître. Malgré l'absence de tout signal, l'avion attend sur l'ancien aérodrome de Neufchâteau. Les troupes allemandes le prennent d'assaut. Cassart et ses compagnons parviennent à prendre la fuite en abandonnant sur le terrain quantité de

*Ci-dessus : ce tract du Front de l'Indépendance invite les jeunes à refuser le travail obligatoire en Allemagne, d'autant plus que les Alliés ont débarqué en Normandie. Il les enjoint à prendre le maquis pour reconquérir, aux côtés de la Résistance, l'indépendance du pays.*

*Ci-contre : ce tract met en garde les travailleurs désireux de travailler en Allemagne car les bombardements alliés y font rage et les usines sont les premières visées.*

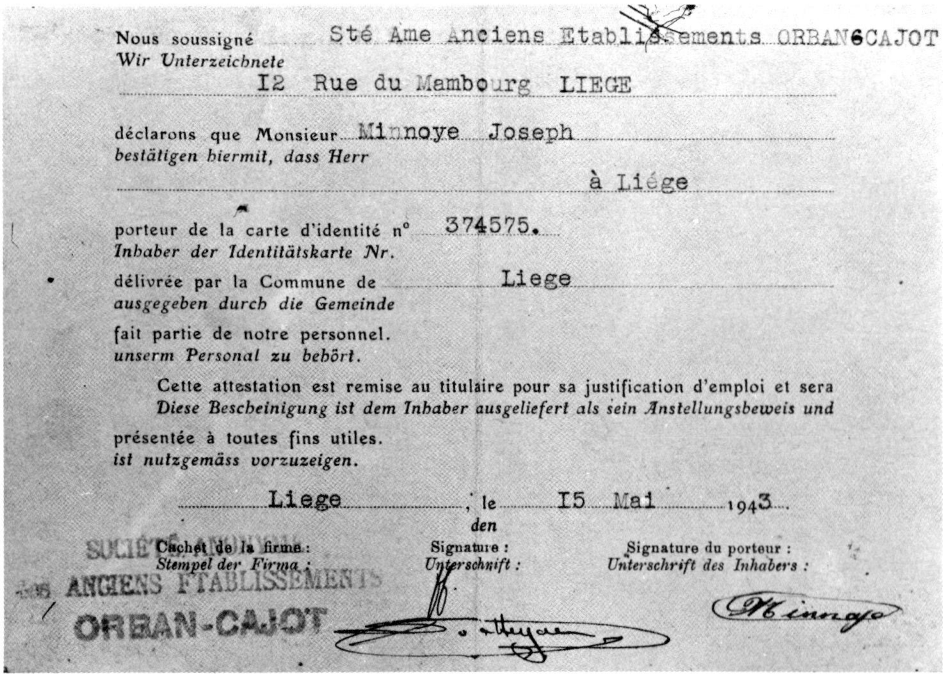

Nous soussigné Sté Ame Anciens Etablissements ORBAN CAJOT
Wir Unterzeichnete
I2 Rue du Mambourg LIEGE

déclarons que Monsieur Minnoye Joseph
bestätigen hiermit, dass Herr
à Liége

porteur de la carte d'identité n° 374575.
Inhaber der Identitätskarte Nr.

délivrée par la Commune de Liege
ausgegeben durch die Gemeinde

fait partie de notre personnel.
unserm Personal zu gehört.

Cette attestation est remise au titulaire pour sa justification d'emploi et sera
Diese Bescheinigung ist dem Inhaber ausgeliefert als sein Anstellungsbeweis und

présentée à toutes fins utiles.
ist nutzgemäss vorzuzeigen.

Liege, le / den I5 Mai 1943

Cachet de la firme : / Stempel der Firma :
Signature : / Unterschrift :
Signature du porteur : / Unterschrift des Inhabers :

SOCIÉTÉ ANONYME DES ANCIENS ÉTABLISSEMENTS ORBAN-CAJOT

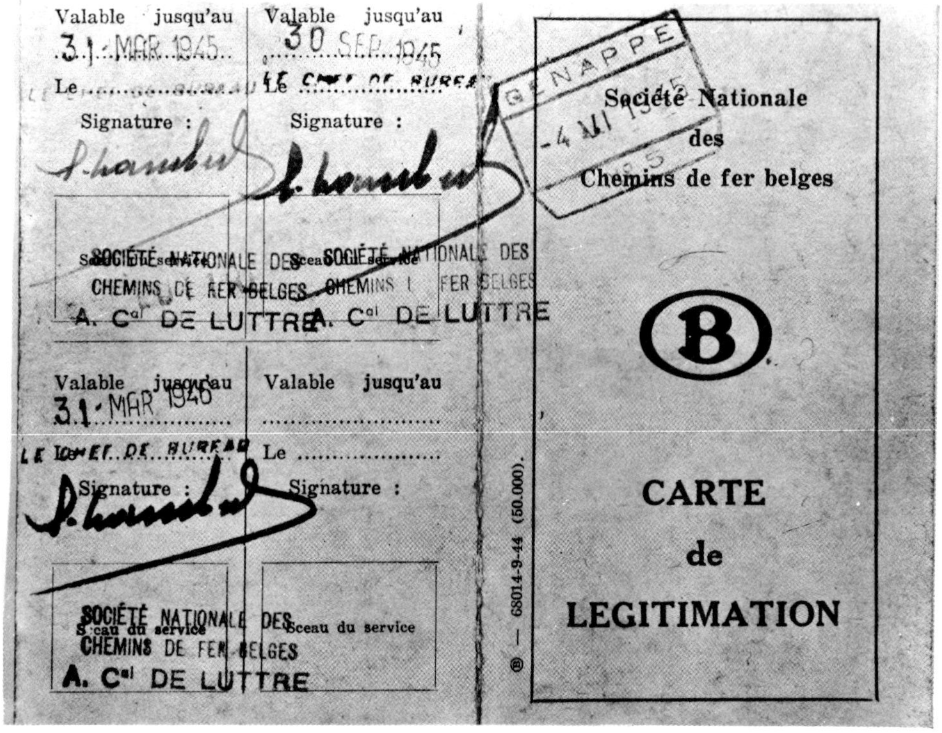

Valable jusqu'au 31 MAR 1945
Le ... (chef de bureau)
Signature :

Valable jusqu'au 30 SEP 1945
Le Chef de Bureau
Signature :

Sceau du service — SOCIÉTÉ NATIONALE DES CHEMINS DE FER BELGES A. Cal DE LUTTRE

Valable jusqu'au 31 MAR 1946
Le Chef de Bureau
Signature :

Valable jusqu'au ...
Le ...
Signature :

Sceau du service — SOCIÉTÉ NATIONALE DES CHEMINS DE FER BELGES A. Cal DE LUTTRE

GENAPPE -4 XII 1944

Société Nationale des Chemins de fer belges

B

CARTE de LEGITIMATION

® — 68014-9-44 (50.000).

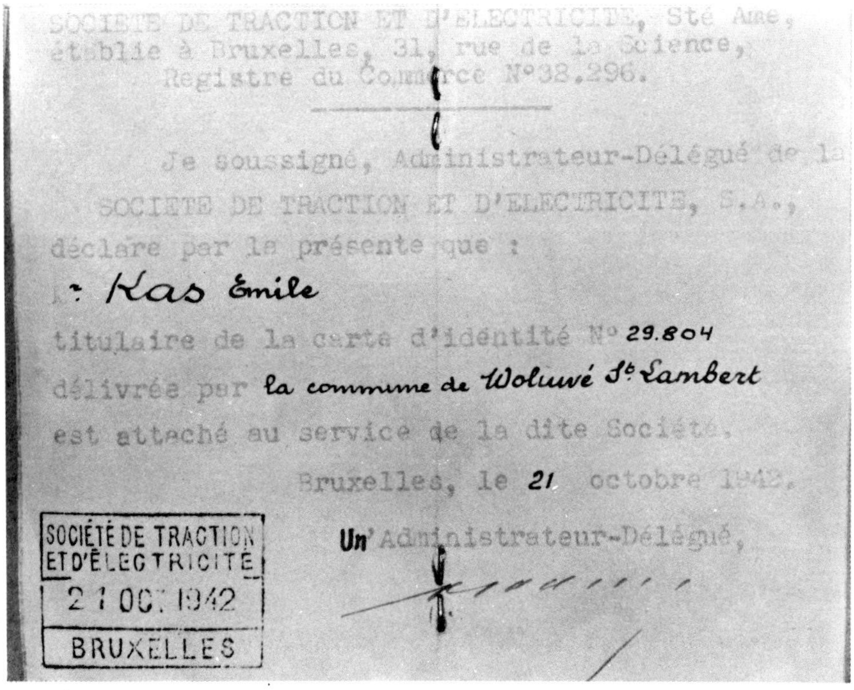

SOCIETE DE TRACTION ET D'ELECTRICITE, Sté Ame,
établie à Bruxelles, 31, rue de la Science,
Registre du Commerce N°38.296.

Je soussigné, Administrateur-Délégué de la
SOCIETE DE TRACTION ET D'ELECTRICITE, S.A.,
déclare par la présente que :
Kas Emile
titulaire de la carte d'identité N° 29.804
délivrée par la commune de Woluwé St Lambert
est attaché au service de la dite Société.
Bruxelles, le 21 octobre 1942.
Un Administrateur-Délégué,

SOCIÉTÉ DE TRACTION ET D'ÉLECTRICITÉ 21 OCT 1942 BRUXELLES

*Ces trois cartes de légitimation émises par les établissements Orban Cajot, la S.N.C.B. et Traction et Électricité sont évidemment fausses et n'ont d'autre but que de soustraire des travailleurs belges à la déportation.*

documents sur la Légion belge qui seront bientôt entre les mains de la Gestapo.

Cassart sera arrêté cinq jours plus tard sur la place Madou à Bruxelles. Jugé en septembre 1942 par un tribunal berlinois, il s'échappera de sa prison et rejoindra l'Angleterre en janvier 1944 après de multiples péripéties.

Devant cette situation préoccupante, Claser se rend à Londres pour connaître le contenu des directives destinées à la Légion. Après quelques réticences, les autorités militaires et gouvernementales réfugiées en Angleterre enjoignent à la Légion de « préparer une intervention militaire dans l'ensemble du pays à l'exclusion de toute considération politique ».

De retour en Belgique, Claser tente de mettre sur pied un corps franc belge d'action militaire comprenant un groupe d'action fort de mille sept cents hommes et un groupe de neutralisation regroupant mille six cents hommes avec une réserve disponible de seize mille hommes.

Début 1943, le corps franc est constitué. Malheureusement, le mouvement est infiltré par des agents ennemis et Londres demeure, malgré ses promesses, particulièrement silencieuse puisque deux agents de ses services secrets parachutés sur le territoire belge avaient été tout aussitôt capturés, trahis par un de leur collègue passé à l'ennemi. Enfin, le roi Léopold III, qui avait été mis au courant du projet de Claser, le dissuadera de le mener à bien, craignant des représailles sanglantes de l'ennemi. Peu soutenu et dénigré notamment par une fraction de Belges réfugiés à Londres, le courageux officier entreprend de se rendre à nouveau dans la capitale anglaise.

Le 8 novembre 1942, après avoir franchi la ligne de démarcation, il sera arrêté et déporté en Allemagne

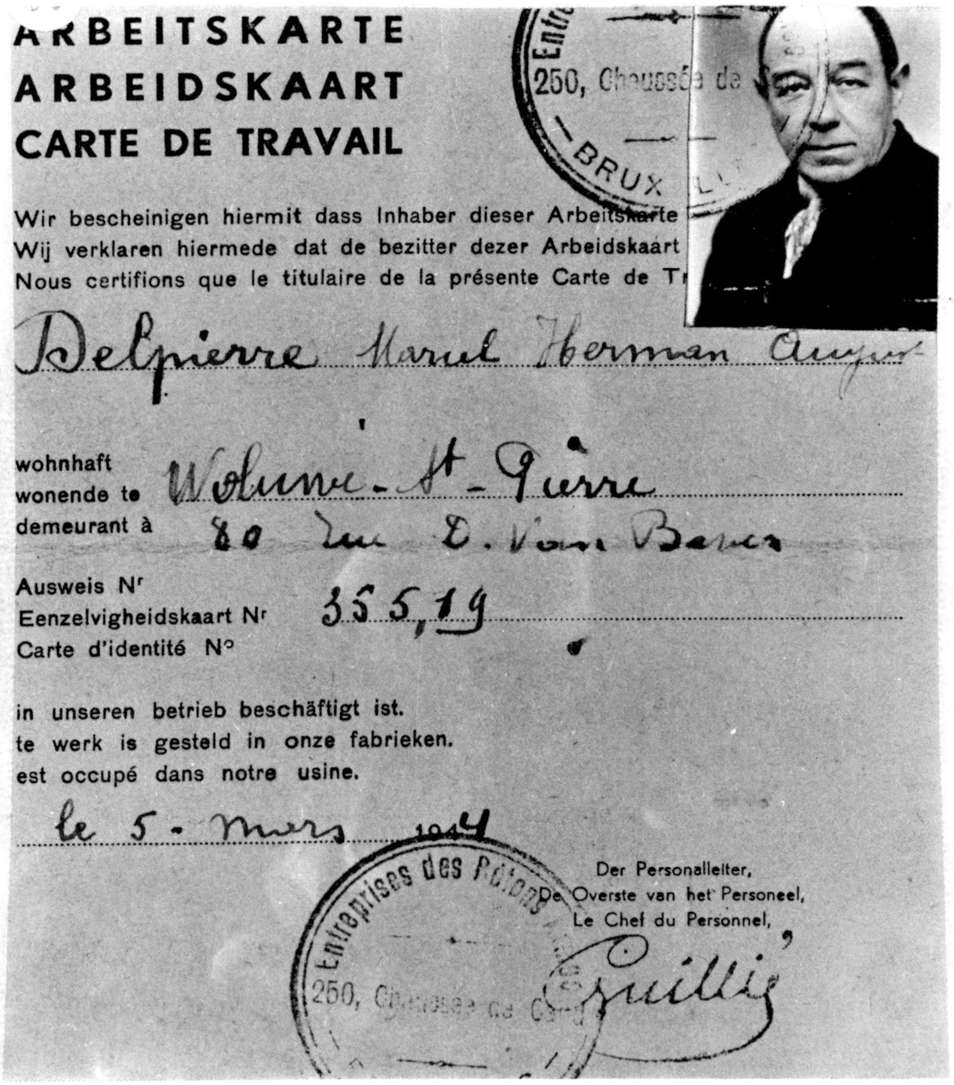

ARBEITSKARTE
ARBEIDSKAART
CARTE DE TRAVAIL

Wir bescheinigen hiermit dass Inhaber dieser Arbeitskarte
Wij verklaren hiermede dat de bezitter dezer Arbeidskaart
Nous certifions que le titulaire de la présente Carte de T

Delpierre Marcel Herman Aug…

wohnhaft
wonende te
demeurant à Woluwe-St-Pierre
80 rue D. Van Basse

Ausweis Nr
Eenzelvigheidskaart Nr
Carte d'identité No 35519

in unseren betrieb beschäftigt ist.
te werk is gesteld in onze fabrieken.
est occupé dans notre usine.

le 5 - mars 1944

Der Personalleiter,
De Overste van het Personeel,
Le Chef du Personnel,
Guillié

Entreprises des Rolans…
250, Chaussée de …

où il trouvera la mort en décembre 1944.

Mais, dès juillet 1942, à l'initiative de Jean del Marmol, s'étaient réunis à Falaën le colonel Bastin, le baron van der Bruggen et François de Kinder.

Selon le général M. Vanvreckom, un ancien de l'A.S. : « Cette réunion fut véritablement providentielle.

« Le colonel Bastin y avait en effet développé ses conceptions sur l'emploi de ses troupes, leur organisation, les tâches qu'il envisageait de leur assigner en vue d'une action concertée avec le commandement allié, l'appui que ce dernier pouvait espérer de l'intervention, au moment qu'il jugerait opportun, de ces forces clandestines organisées, à condition toutefois que celles-ci puissent être dotées d'un armement adéquat et instruites en conséquence.

« Or, François de Kinder, beau-frère du Premier ministre Pierlot, se décide peu après à gagner Londres, se sentant repéré par ses activités dans le Renseignement (service Zéro).

« Très attentif à l'exposé du colonel, il en transmit sans aucun doute la teneur au Premier ministre, étant en

*L'Union des Patriotes belges et Solidarité, émanation du Front de l'Indépendance, invite par des appels aux dons la population à venir en aide aux victimes de la répression, aux « illégaux » et à leurs familles.*

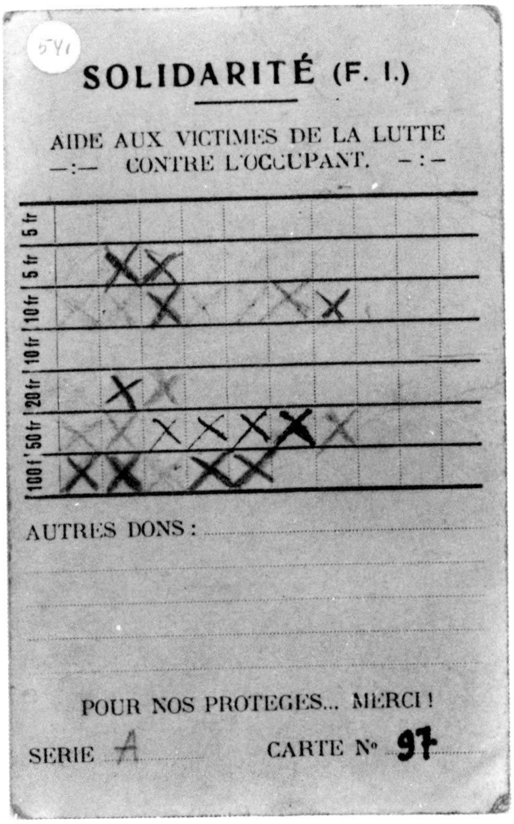

SOLIDARITÉ (F. I.)

AIDE AUX VICTIMES DE LA LUTTE
—:— CONTRE L'OCCUPANT. —:—

5 fr
5 fr
10 fr
10 fr
20 fr
50 fr
100 f

AUTRES DONS :

POUR NOS PROTEGES... MERCI !

SERIE A CARTE No 97

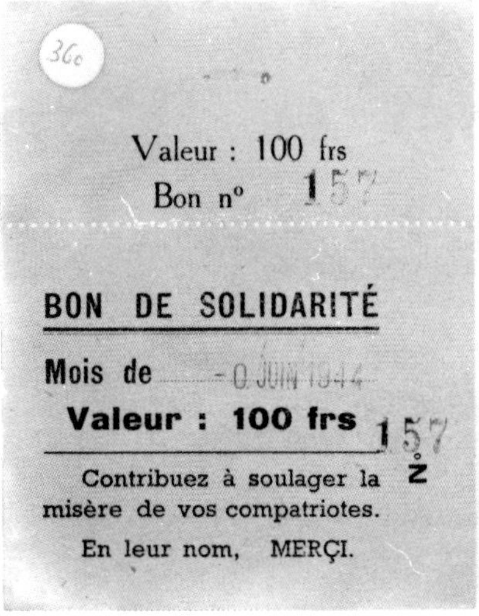

Valeur : 100 frs
Bon no 157

BON DE SOLIDARITÉ

Mois de JUIN 1944

Valeur : 100 frs

No 157

Contribuez à soulager la misère de vos compatriotes.
En leur nom, MERÇI.

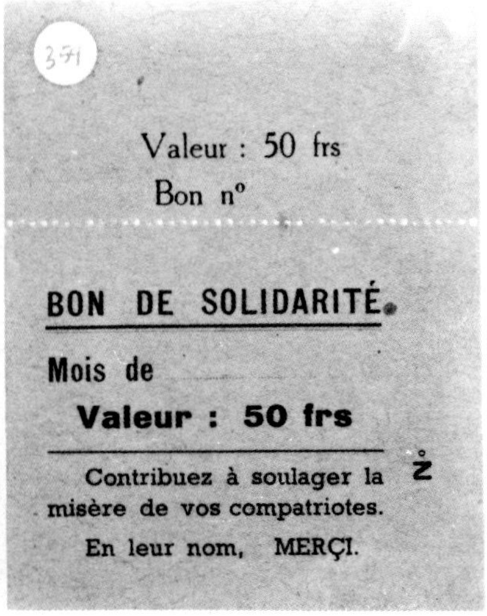

Valeur : 50 frs
Bon no

BON DE SOLIDARITÉ

Mois de

Valeur : 50 frs

No

Contribuez à soulager la misère de vos compatriotes.
En leur nom, MERÇI.

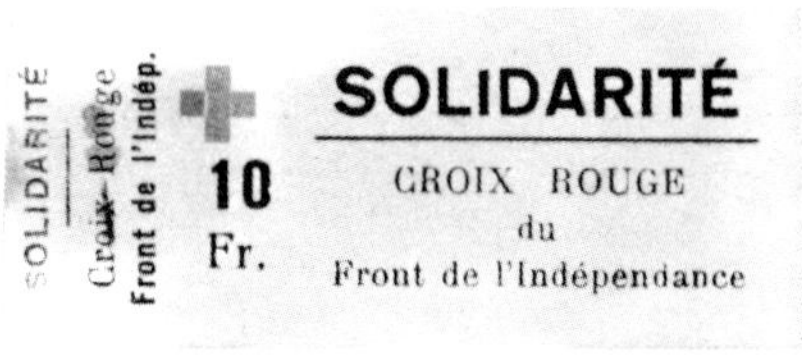

SOLIDARITÉ
Croix Rouge
Front de l'Indép.
10 Fr.

SOLIDARITÉ
CROIX ROUGE
du
Front de l'Indépendance

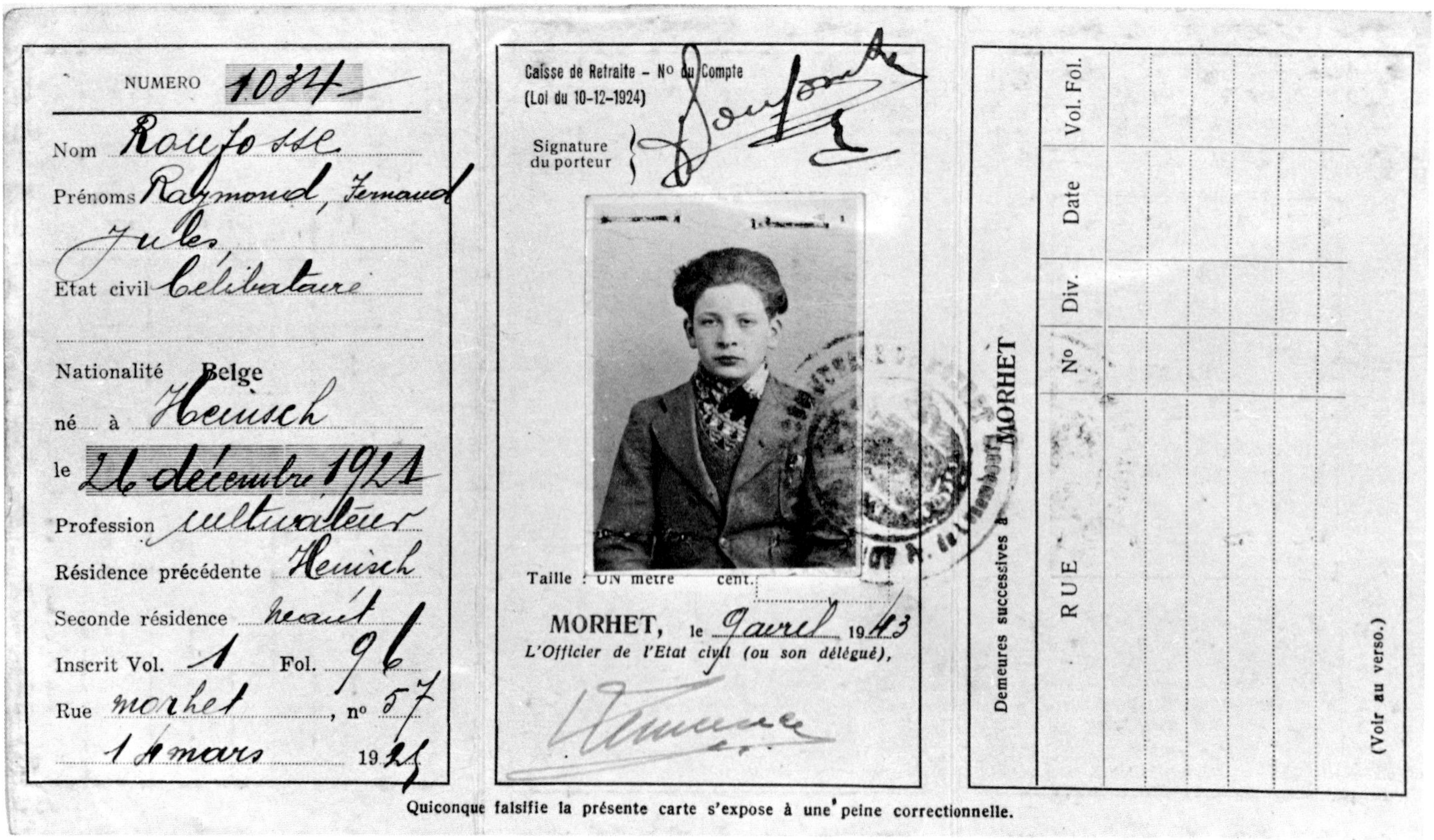

NUMERO 1034

Nom Roufosse

Prénoms Raymond, Fernand Jules

Etat civil Célibataire

Nationalité Belge

né à Heinsch

le 26 décembre 1921

Profession cultivateur

Résidence précédente Heinsch

Seconde résidence néant

Inscrit Vol. 1 Fol. 96

Rue morhet, nº 57

1 mars 1921

Caisse de Retraite – Nº du Compte
(Loi du 10-12-1924)

Signature du porteur

Taille : UN metre cent.

MORHET, le 9 avril 1943
L'Officier de l'Etat civil (ou son délégué),

Demeures successives à MORHET

| Nº | Div. | Date | Vol. Fol. |
|---|---|---|---|

RUE

(Voir au verso.)

Quiconque falsifie la présente carte s'expose à une peine correctionnelle.

*Raymond Roufosse fut l'un de ces nombreux réfractaires au travail obligatoire qui fut caché dans le sud de la province du Luxembourg. Il s'agit ici d'une vraie carte d'identité, même si la Résistance exigeait des réfractaires qu'ils lui remettent leur document officiel qu'elle troquait contre des faux.*

outre en mesure de le convaincre que la mission du "maintien de l'ordre" figurait en bonne place pour servir de paravent et tromper l'ennemi.

« On ne peut expliquer autrement le brusque revirement constaté dans l'attitude du gouvernement face à cette épineuse question touchant à l'avenir même de notre résistance militaire. Non seulement il renoue ses relations avec les services britanniques intéressés, mais, le 30 décembre, il reconnaît le colonel Bastin comme chef de cette résistance militaire en Belgique et établit à son intention un "ordre de mission". Un ordre de mission qui lui parviendra en 1943 grâce aux transmissions télégraphiques réalisées par les services de renseignements Clarence et Zéro. »

Entre-temps, le colonel Bastin tentait d'approcher d'autres mouvements de résistance. Ainsi en fut-il pour l'Armée de la Libération dirigée en région liégeoise par Pierre Clerdent. Par contre, les contacts avec la Witte Brigade anversoise furent interrompus avec l'arrestation de ses deux protagonistes : Housmans pour l'Armée de Belgique et Louette pour la Brigade. Par contre, l'Armée de Belgique put s'assurer, en 1944, la collaboration du Mouvement national belge limbourgeois.

En 1944, le lieutenant général Pire prendra la tête de l'Armée de la Belgique qui se transformera bientôt en « Armée Secrète », le 1er juin 1944, lorsque la B.B.C. lance son message d'avertissement annonciateur du débarquement de Normandie.

*Ci-contre : un autre tract invitant les travailleurs à refuser la déportation en Allemagne et à rejoindre la clandestinité.*

# Hitler vous appelle !

*Plus que jamais il lui faut de la chair à canon, de la chair à travail.*

*14 millions d'esclaves étrangers ont éja été déportés de force dans le " Gross-Deutschland ". t maintenant, après la chasse aux juifs, aux communistes, ux chômeurs, aux jeunes, etc..*

*<u>C'est la chasse</u> totale !*

*e monstre abject, traqué de toutes parts, cherche ainsi prolonger sa sanguinaire existence en entrainant tout e monde dans le massacre.*

*Le devoir de chaque citoyen belge est clair:*

*Résister sur toute la ligne!*

*ar la lâcheté et l'inaction constituent forcément un outien aux actes criminels de l'ennemi.*

*Or, plus rien ne le sauvera.*

*es défaites militaires ont déja semé la panique dans es rangs, et Hitler a dû étendre son régime de terreur ses plus proches collaborateurs.*

*Citoyens de toutes conditions*
*Contre ce régime de brigandage*
*Pour rapprocher la fin de vos misères*

*Unissez-vous!*

*ravailleurs, autour de vos Comités de Lutte Syndicale, ffiliés au " FRONT de l'INDEPENDANCE "*

*Unissez-vous!*

*ormez dans chaque entreprise vos groupes de combat.*

*Tous unis pour la libération de la patrie*

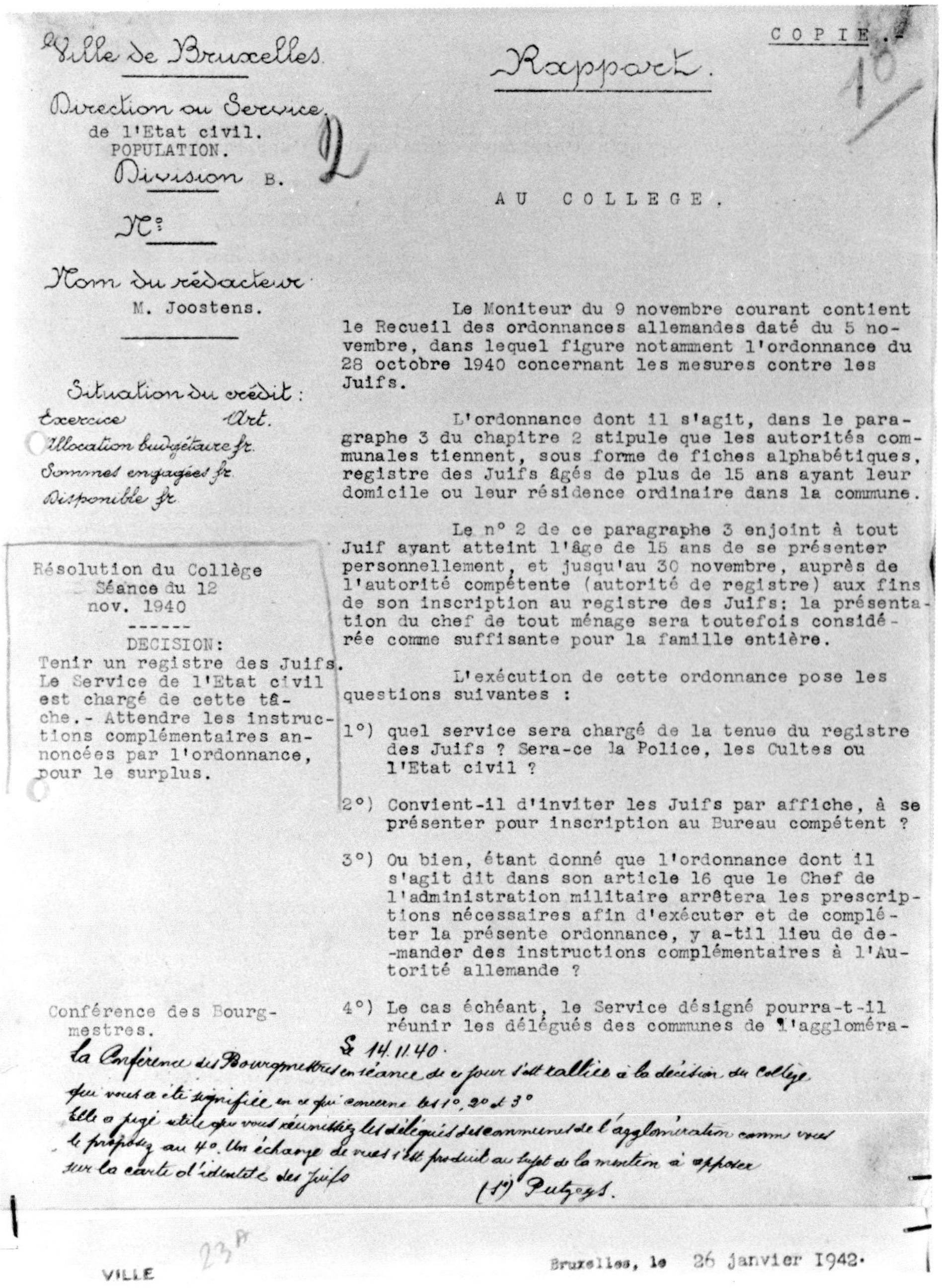

Ville de Bruxelles.

Direction ou Service de l'Etat civil. POPULATION.

Division B.

N°

Nom du rédacteur M. Joostens.

Situation du crédit :
Exercice Art.
Allocation budgétaire fr.
Sommes engagées fr.
Disponible fr.

C O P I E

Rapport.

A U   C O L L E G E .

Le Moniteur du 9 novembre courant contient le Recueil des ordonnances allemandes daté du 5 novembre, dans lequel figure notamment l'ordonnance du 28 octobre 1940 concernant les mesures contre les Juifs.

L'ordonnance dont il s'agit, dans le paragraphe 3 du chapitre 2 stipule que les autorités communales tiennent, sous forme de fiches alphabétiques, registre des Juifs âgés de plus de 15 ans ayant leur domicile ou leur résidence ordinaire dans la commune.

Le n° 2 de ce paragraphe 3 enjoint à tout Juif ayant atteint l'âge de 15 ans de se présenter personnellement, et jusqu'au 30 novembre, auprès de l'autorité compétente (autorité de registre) aux fins de son inscription au registre des Juifs; la présentation du chef de tout ménage sera toutefois considérée comme suffisante pour la famille entière.

Résolution du Collège
Séance du 12 nov. 1940
------
DECISION:
Tenir un registre des Juifs. Le Service de l'Etat civil est chargé de cette tâche.- Attendre les instructions complémentaires annoncées par l'ordonnance, pour le surplus.

L'exécution de cette ordonnance pose les questions suivantes :

1°) quel service sera chargé de la tenue du registre des Juifs ? Sera-ce la Police, les Cultes ou l'Etat civil ?

2°) Convient-il d'inviter les Juifs par affiche, à se présenter pour inscription au Bureau compétent ?

3°) Ou bien, étant donné que l'ordonnance dont il s'agit dit dans son article 16 que le Chef de l'administration militaire arrêtera les prescriptions nécessaires afin d'exécuter et de compléter la présente ordonnance, y a-til lieu de demander des instructions complémentaires à l'Autorité allemande ?

Conférence des Bourgmestres.

4°) Le cas échéant, le Service désigné pourra-t-il réunir les délégués des communes de l'agglomération

S 14.11.40.

La Conférence des Bourgmestres en séance de ce jour s'est ralliée à la décision du Collège qui vous a été signifiée en ce qui concerne les 1°, 2° et 3°
Elle a jugé utile que vous réunissiez les délégués des communes de l'agglomération comme vous le proposez au 4°. Un échange de vues s'est produit au sujet de la mention à apposer sur la carte d'identité des Juifs

(s) Putzeys.

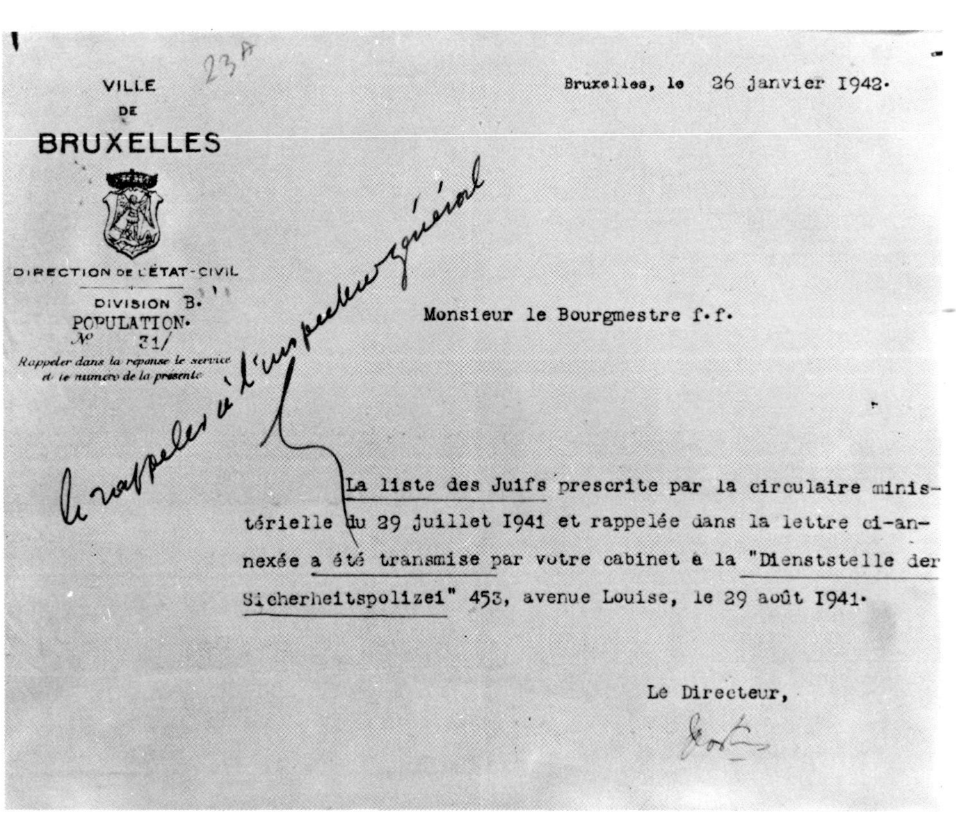

VILLE DE BRUXELLES

DIRECTION DE L'ÉTAT-CIVIL

DIVISION B.
POPULATION.
N° 31/

Rappeler dans la réponse le service et le numéro de la présente

Bruxelles, le 26 janvier 1942.

Monsieur le Bourgmestre f.f.

le rappeler à l'inspecteur général

La liste des Juifs prescrite par la circulaire ministérielle du 29 juillet 1941 et rappelée dans la lettre ci-annexée a été transmise par votre cabinet à la "Dienststelle der Sicherheitspolizei" 453, avenue Louise, le 29 août 1941.

Le Directeur,

*Dès 1940, les autorités nazies préparaient la déportation des Juifs dans les camps de concentration. À cette fin, elles avaient chargé le Secrétaire général du ministère de l'Intérieur Romsée de récolter auprès des administrations la liste des Juifs qui devaient obligatoirement se faire inscrire dans un registre qui leur était destiné. Cette liste devait être ensuite transmise à la Gestapo dont l'immeuble était situé au 453 de l'avenue Louise. À noter que depuis l'arrestation du bourgmestre van de Meulebroeck, c'est J. Coelst qui fait office de bourgmestre à Bruxelles.*

# *LES PRÉMICES DE LA PRESSE CLANDESTINE*

Dès le mois de juillet 1940, les Belges voient circuler, souvent sous forme ronéotypée, les premières feuilles de la presse clandestine.

Les journaux belges ont été repris en partie par l'occupant qui y a placé des journalistes acquis à l'Ordre Nouveau. Parmi ces organes de presse : le quotidien *Le Soir* qui, tout au long de la guerre, diffusera la propagande nazie, à tel point qu'il sera surnommé *Le Soir volé*.

Mais, durant cet été 1940, deux journaux clandestins tiennent déjà la vedette. Tout d'abord *La Libre Belgique* qui tente, sans pourtant avoir le même impact, de reprendre l'œuvre entreprise durant la Première Guerre, mais aussi *Temps Nouveaux*, de tendance communiste, même si à l'époque l'Allemagne n'est pas encore entrée en guerre contre l'Union Soviéti-

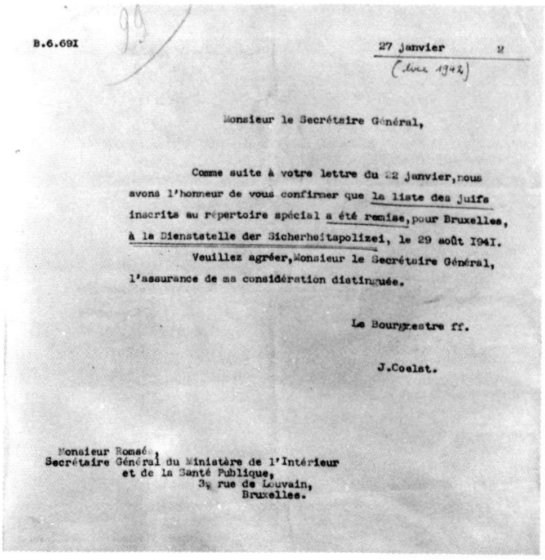

B.6.69I

27 janvier 2
(lire 1942)

Monsieur le Secrétaire Général,

Comme suite à votre lettre du 22 janvier, nous avons l'honneur de vous confirmer que la liste des Juifs inscrits au répertoire spécial a été remise, pour Bruxelles, à la Dienststelle der Sicherheitspolizei, le 29 août 1941.

Veuillez agréer, Monsieur le Secrétaire Général, l'assurance de ma considération distinguée.

Le Bourgmestre ff.

J.Coelst.

Monsieur Romsée,
Secrétaire Général du Ministère de l'Intérieur et de la Santé Publique,
3, rue de Louvain,
Bruxelles.

que qui partage avec elle le contrôle de la Pologne.

À quoi attribuer le succès mitigé de la presse clandestine au début de la guerre ? Tout simplement à l'existence de la radio, et sans doute aussi à un désintérêt plus marqué pour la prose patriotique de la part d'un lectorat potentiel plus enclin à attendre des actes concrets qu'une phraséologie creuse. Par contre, des documents plus officiels, dont la diffusion est rapide, rencontrent un intérêt plus marqué. Par exemple, la lettre pastorale du cardinal Van Roey ou le mémorandum du général Michiels sur la campagne des Dix-Huit Jours, ainsi que les tracts communistes auprès du monde ouvrier belge.

Nous l'avons dit, la radio sera appelée à jouer un rôle primordial et particulièrement les émissions en provenance de la B.B.C., dont l'écoute était, rappelons-le, formellement interdite. Acte de résistance passive mais possible grâce à des postes de T.S.F. à ondes courtes vantés par le slogan publicitaire : « Adaptez vos appareils à vos ondes favorites. »

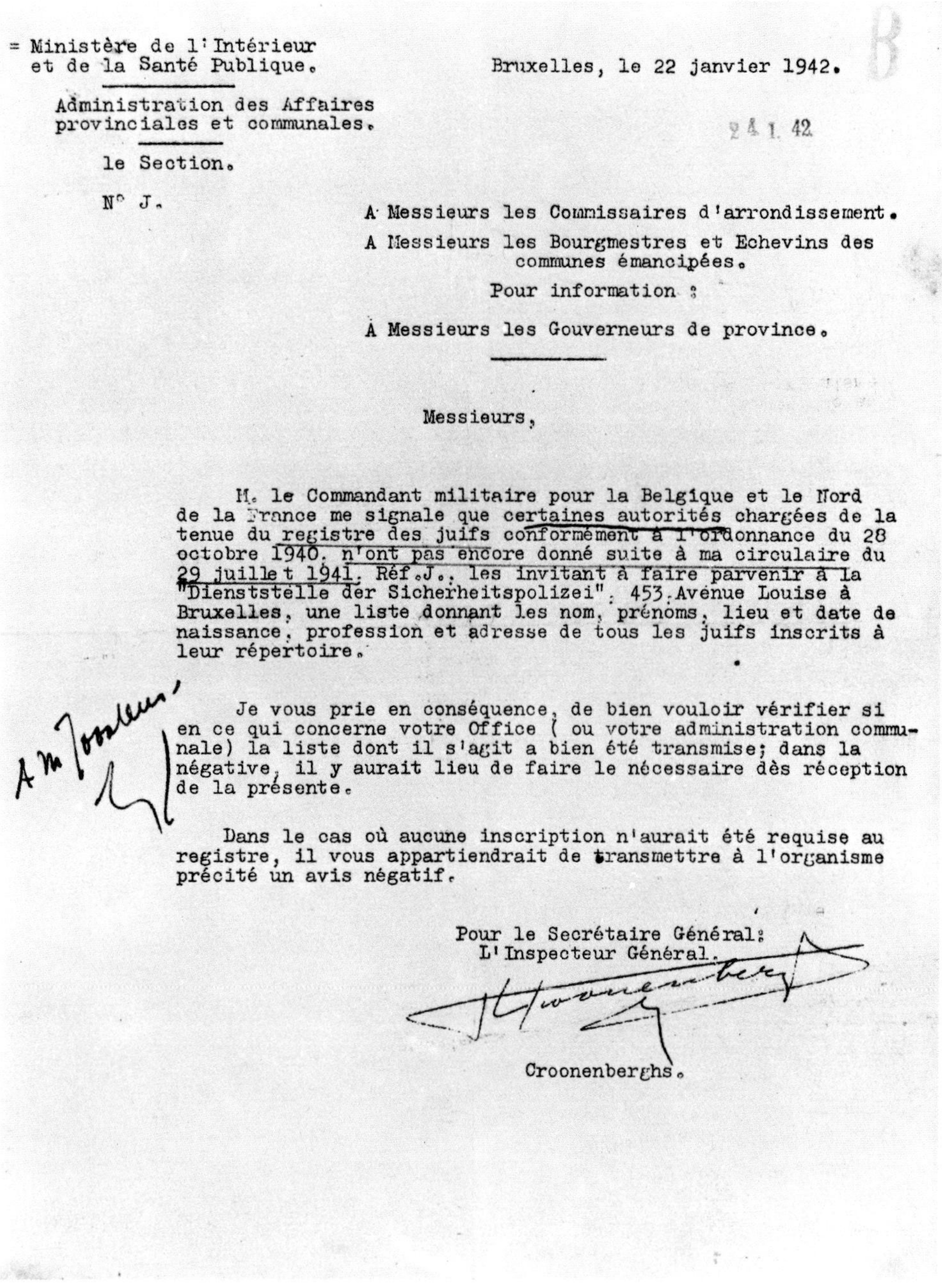

= Ministère de l'Intérieur
et de la Santé Publique.

Administration des Affaires
provinciales et communales.

le Section.

N° J.

Bruxelles, le 22 janvier 1942.

24 1. 42

A Messieurs les Commissaires d'arrondissement.

A Messieurs les Bourgmestres et Echevins des communes émancipées.

Pour information :

A Messieurs les Gouverneurs de province.

Messieurs,

M. le Commandant militaire pour la Belgique et le Nord de la France me signale que certaines autorités chargées de la tenue du registre des juifs conformément à l'ordonnance du 28 octobre 1940, n'ont pas encore donné suite à ma circulaire du 29 juillet 1941, Réf. J., les invitant à faire parvenir à la "Dienststelle der Sicherheitspolizei", 453, Avenue Louise à Bruxelles, une liste donnant les nom, prénoms, lieu et date de naissance, profession et adresse de tous les juifs inscrits à leur répertoire.

Je vous prie en conséquence, de bien vouloir vérifier si en ce qui concerne votre Office ( ou votre administration communale) la liste dont il s'agit a bien été transmise; dans la négative, il y aurait lieu de faire le nécessaire dès réception de la présente.

Dans le cas où aucune inscription n'aurait été requise au registre, il vous appartiendrait de transmettre à l'organisme précité un avis négatif.

Pour le Secrétaire Général:
L'Inspecteur Général.

Croonenberghs.

# *LE FRONT DE L'INDÉPENDANCE*

Avec l'Armée Secrète, le Front de l'Indépendance constituera l'un des plus importants bras armé de la Résistance. Particulièrement bien implanté dans les zones urbaines et rurales avec l'appui considérable du monde ouvrier.

À la différence de la Légion Belge, le F. I. regroupera davantage de civils que d'anciens militaires. Créé en 1941 par un comité où l'on retrouve le communiste Albert Marteaux, l'abbé Boland et Fernand Demany, le Front de l'Indépendance se structurera d'abord autour des militants communistes particulièrement bien disciplinés et d'anciens volontaires des Brigades Internationales partis en Espagne durant la guerre civile pour combattre les troupes franquistes. Le F. I. recevra en outre une aide non négligeable de Soviétiques évadés des charbonnages belges où ils avaient été déportés après avoir été faits prisonniers par la Wehrmacht. Certains Russes dans leur fuite s'étaient réfugiés chez des habitants d'où ils rejoindront rapidement les rangs de la Résistance ou leur pays d'origine via l'Angleterre. Peut-être agissaient-ils ainsi sous ordre du gouvernement soviétique ?

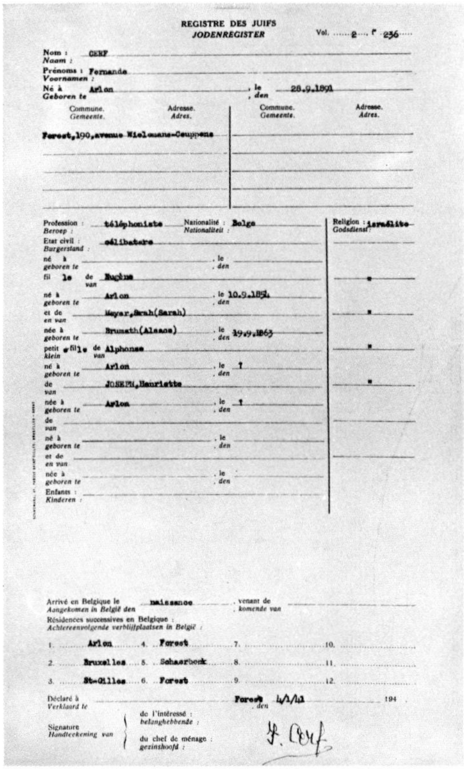

REGISTRE DES JUIFS
JODENREGISTER
Vol. 2 f° 236

Nom : / Naam : CERF
Prénoms : / Voornamen : Fernande
Né à / Geboren te Arlon, le / den 28.9.1891

Commune. / Gemeente. — Adresse. / Adres.
Forest, 190, avenue Wielemans-Ceuppens

Profession : / Beroep : téléphoniste — Nationalité : / Nationaliteit : Belge — Religion : / Godsdienst : israélite
Etat civil : / Burgerstand : célibataire
né à / geboren te , le / den
fille de / van Eugène
né à / geboren te Arlon, le / den 10.9.1851
et de / en van Meyer, Sarah (Sarah)
née à / geboren te Brumath (Alsace), le / den 19.9.1863
petite-fille de / klein van Alphonse
né à / geboren te Arlon, le / den ?
de / van JOSEPH, Henriette
née à / geboren te Arlon, le / den ?
de / van
né à / geboren te , le / den
et de / en van
née à / geboren te , le / den
Enfants : / Kinderen :

Arrivé en Belgique le / Aangekomen in België den naissance, venant de / komende van
Résidences successives en Belgique : / Achtereenvolgende verblijfplaatsen in België :
1. Arlon 4. Forest 7. 10.
2. Bruxelles 5. Schaerbeek 8. 11.
3. St-Gilles 6. Forest 9. 12.
Déclaré à / Verklaard te Forest, den 4/1/41 194
Signature / Handteekening van — de l'intéressé : / belanghebbende : — du chef de ménage : / gezinshoofd :
F. Cerf

*Une page du registre des Juifs établi par la commune de Forest.*

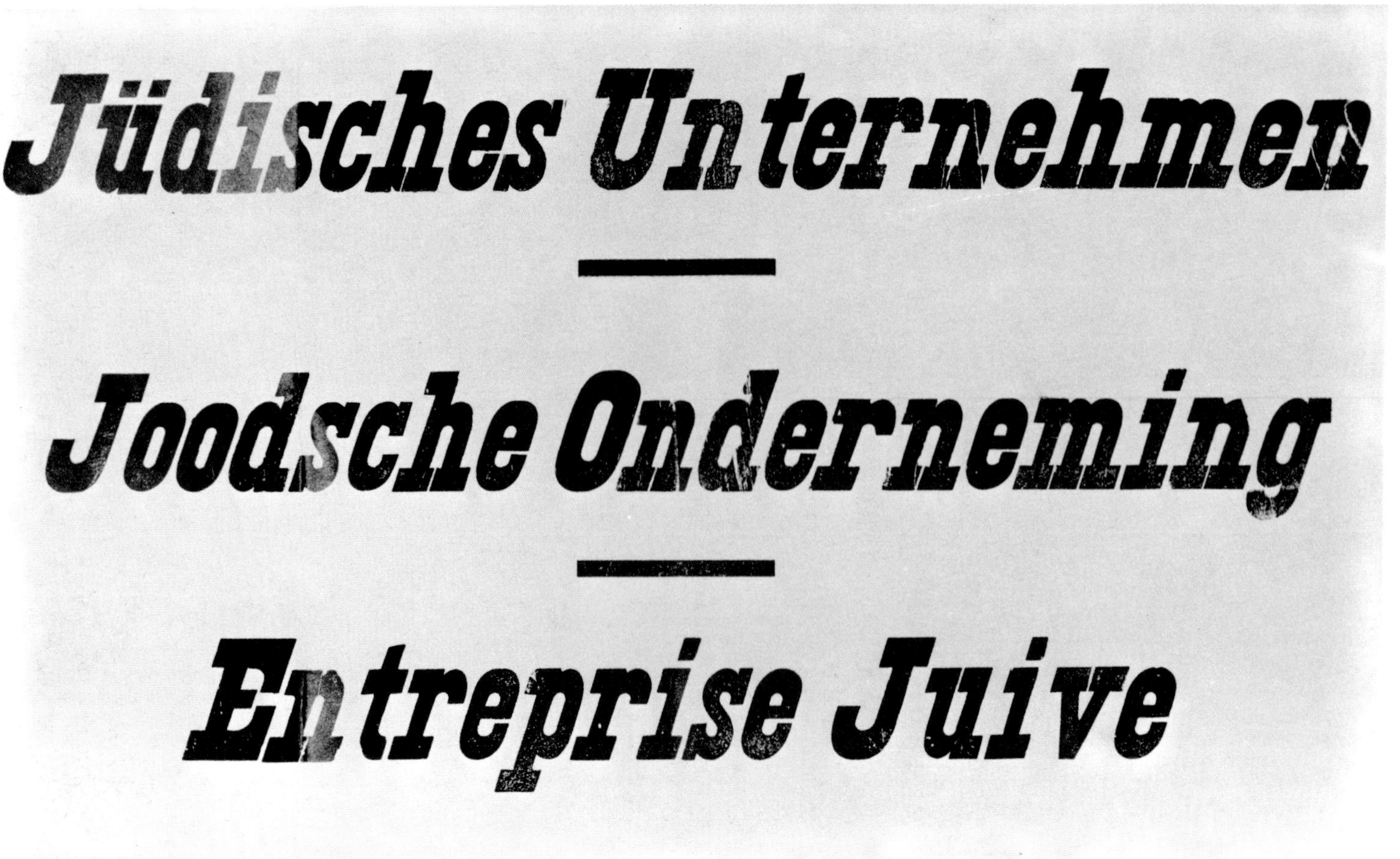


*Les discriminations antisémites ne firent que s'accroître. Après l'inscription obligatoire sur les registres des Juifs, le racisme primaire prôné par le nazisme trouva d'autres applications, comme l'obligation d'apposer sur les vitrines des commerces tenus par des Juifs une affiche rappelant les origines ethniques et religieuses de leurs occupants. Comme le prouvent les documents ci-joints, les autorités communales de la ville de Bruxelles s'acquittèrent parfaitement de leur tâche puisqu'elles recensent quatre mille quatre cent quarante-six Juifs, non sans procéder à l'affichage dans onze commerces tenus par des Juifs.*

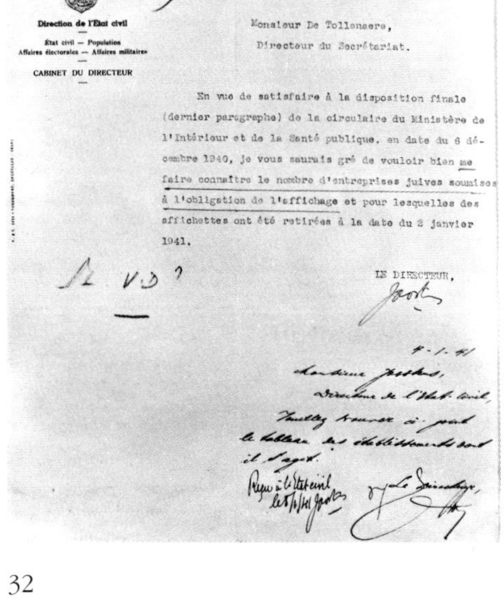

VILLE DE BRUXELLES

Direction de l'État civil
État civil — Population
Affaires électorales — Affaires militaires
CABINET DU DIRECTEUR

Bruxelles, le 3 janvier 1941.

Monsieur De Tollenaere,
Directeur du Secrétariat.

En vue de satisfaire à la disposition finale (dernier paragraphe) de la circulaire du Ministère de l'Intérieur et de la Santé publique, en date du 6 décembre 1940, je vous saurais gré de vouloir bien me faire connaître le nombre d'entreprises juives soumises à l'obligation de l'affichage et pour lesquelles des affichettes ont été retirées à la date du 2 janvier 1941.

LE DIRECTEUR,

4-1-41

Quoi qu'il en soit, ces anciens militaires de l'Armée Rouge se montreront particulièrement efficaces dans l'organisation des premiers réseaux de résistance du Front de l'Indépendance.

Très rapidement, le F. I. peut mettre sur pied deux organisations particulièrement puissantes : les Partisans armés et les Groupes d'actions rassemblant treize mille et vingt-deux mille membres, soit une force armée clandestine de trente-cinq mille hommes. Le F. I. créera en outre une série impressionnante de services en pouvant compter sur l'aide de nombreuses organisations aux buts les plus divers tels que les Ligues d'Enseignement, le Comité de Défense des Juifs, le Rassemblement national des Jeunes, certains syndicats, etc.

L'importante implantation du F. I. dès 1941 n'alla pas sans inquiéter le gouvernement belge en exil et les Alliés. En 1942, les services secrets britanniques envoient en Belgique deux agents chargés de rencontrer les responsables du Front de l'Indépendance et de les sonder sur leurs intentions. Les Alliés craignaient en effet qu'à l'issue de la guerre, les Partisans armés refusent de remettre leurs armes et s'emparent du pouvoir. Pour cette raison, tout au long du conflit, le F. I. ne recevra que très peu d'aide des Alliés.

Fernand Demany, journaliste et fondateur du Front de l'Indépendance, a expliqué à plusieurs reprises la philosophie du F. I. : « Ce n'est pas un parti, mais un mouvement qui se donne pour tâche de grouper les divers partis et organisations qui entendent lutter contre l'occupant pour la libération du pays. Il n'a pas pour but de défendre les intérêts spécifiques d'une couche déterminée de la population ou de propager une quelconque conception politique, psychologique ou religieuse. » D'ailleurs, les premières lignes du programme du Front de l'Indépendance sont d'une limpidité telle qu'elles ne laissent filtrer aucune autre intention que celle de la résistance à l'occupant :

1. Mener par tous les moyens la lutte implacable contre l'occupant et contre les traîtres.

2. Coordonner les efforts épars en lançant et en diffusant les mots d'ordre susceptibles d'être agréés par tous les Belges de toutes les opinions.

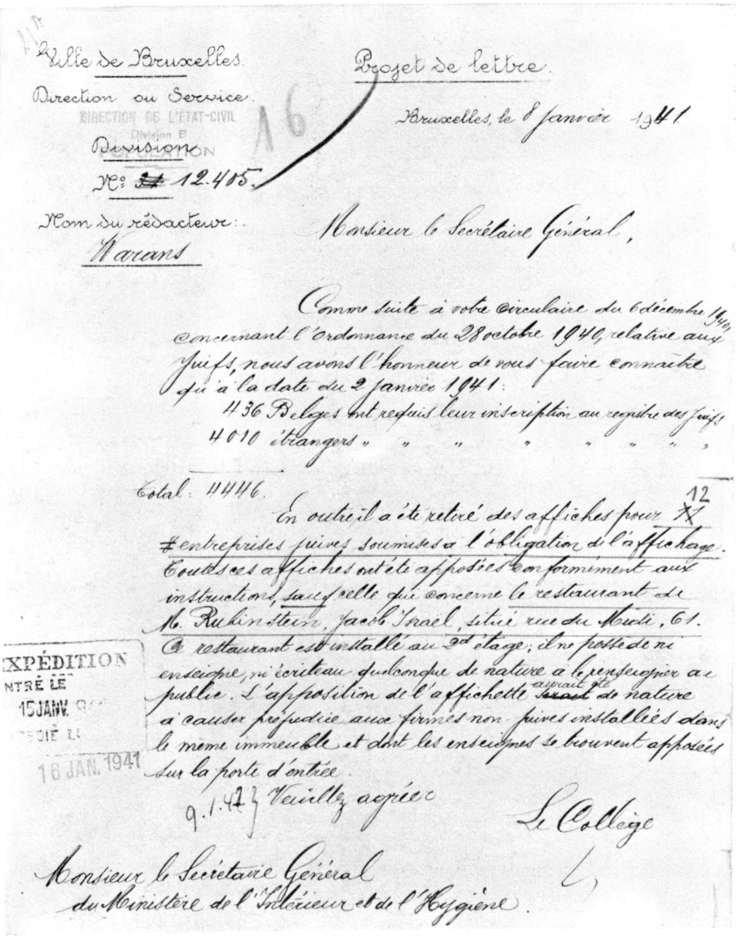

Ville de Bruxelles. Projet de lettre.

Direction ou Service
DIRECTION DE L'ÉTAT-CIVIL
Division E
N° 12.405.

Bruxelles, le 8 janvier 1941

Nom du rédacteur: Warans

Monsieur le Secrétaire Général,

Comme suite à votre circulaire du 6 décembre 1940 concernant l'ordonnance du 28 octobre 1940, relative aux Juifs, nous avons l'honneur de vous faire connaître qu'à la date du 2 janvier 1941:

436 Belges ont requis leur inscription au registre des Juifs

4010 étrangers " " " " "

Total: 4446.

En outre il a été relevé des affiches pour 12 entreprises juives soumises à l'obligation de l'affichage. Toutes ces affiches ont été apposées conformément aux instructions, sauf celle qui concerne le restaurant de M. Rubinstein, Jacob Israel, situé rue du Midi, 61. Ce restaurant est installé au 2e étage; il ne porte ni enseigne, ni écriteau quelconque de nature à le renseigner au public. L'apposition de l'affichette [illegible] aurait été de nature à causer préjudice aux firmes non juives installées dans le même immeuble et dont les enseignes se trouvent apposées sur la porte d'entrée.

9.1.41 Veuillez agréer

Le Collège

Monsieur le Secrétaire Général du Ministère de l'Intérieur et de l'Hygiène

EXPÉDITION ENTRÉ LE 15 JANV. 1941

18 JAN. 1941

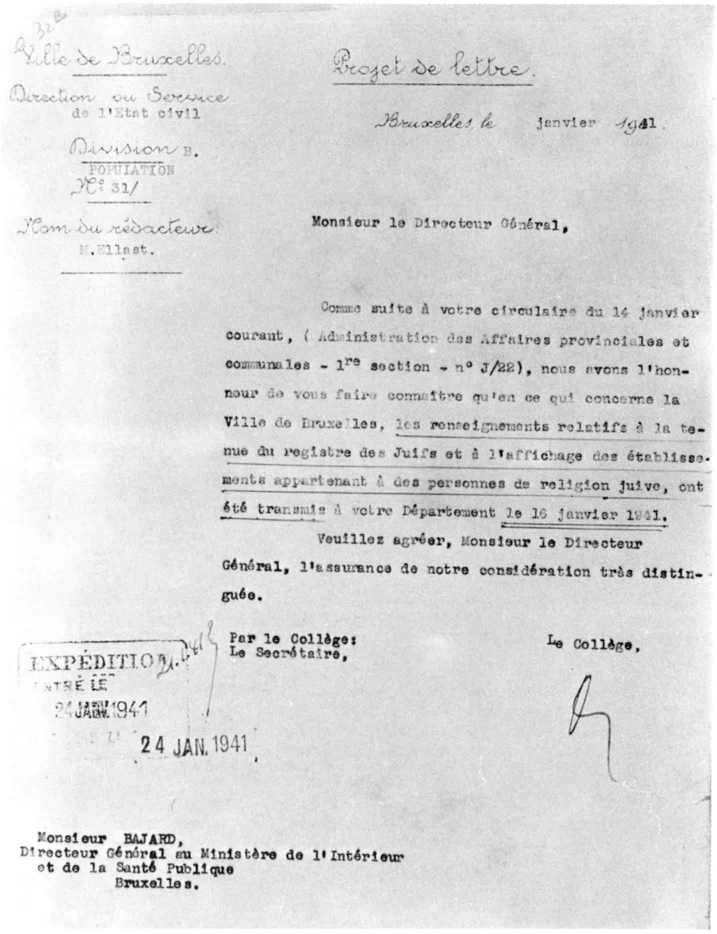

Ville de Bruxelles. Projet de lettre.

Direction ou Service de l'Etat civil

Division B. POPULATION

N° 31/

Nom du rédacteur: M.Ellast.

Bruxelles, le janvier 1941.

Monsieur le Directeur Général,

Comme suite à votre circulaire du 14 janvier courant, ( Administration des Affaires provinciales et communales - 1re section - n° J/22), nous avons l'honneur de vous faire connaître qu'en ce qui concerne la Ville de Bruxelles, les renseignements relatifs à la tenue du registre des Juifs et à l'affichage des établissements appartenant à des personnes de religion juive, ont été transmis à votre Département le 16 janvier 1941.

Veuillez agréer, Monsieur le Directeur Général, l'assurance de notre considération très distinguée.

Par le Collège:
Le Secrétaire,

Le Collège,

EXPÉDITION ENTRÉ LE 24 JANV. 1941

24 JAN. 1941

Monsieur BAJARD,
Directeur Général au Ministère de l'Intérieur et de la Santé Publique
Bruxelles.

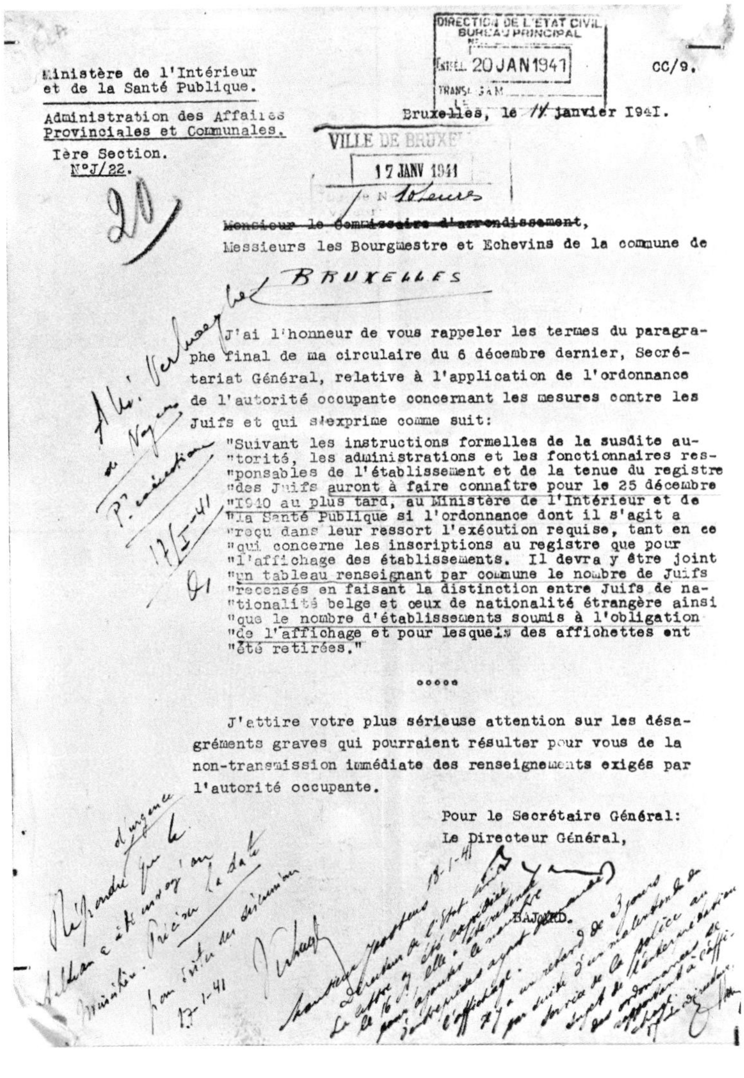

DIRECTION DE L'ETAT CIVIL BUREAU PRINCIPAL
ENTRÉ LE 20 JAN 1941

VILLE DE BRUXELLES 17 JANV 1941

Ministère de l'Intérieur et de la Santé Publique.

Administration des Affaires Provinciales et Communales.

Ière Section.
N°J/22.

CC/9.

Bruxelles, le 14 janvier 1941.

~~Monsieur le Commissaire d'arrondissement,~~
Messieurs les Bourgmestre et Echevins de la commune de
BRUXELLES

J'ai l'honneur de vous rappeler les termes du paragraphe final de ma circulaire du 6 décembre dernier, Secrétariat Général, relative à l'application de l'ordonnance de l'autorité occupante concernant les mesures contre les Juifs et qui s'exprime comme suit:

"Suivant les instructions formelles de la susdite autorité, les administrations et les fonctionnaires responsables de l'établissement et de la tenue du registre des Juifs auront à faire connaître pour le 25 décembre 1940 au plus tard, au Ministère de l'Intérieur et de la Santé Publique si l'ordonnance dont il s'agit a reçu dans leur ressort l'exécution requise, tant en ce qui concerne les inscriptions au registre que pour l'affichage des établissements. Il devra y être joint un tableau renseignant par commune le nombre de Juifs recensés en faisant la distinction entre Juifs de nationalité belge et ceux de nationalité étrangère ainsi que le nombre d'établissements soumis à l'obligation de l'affichage et pour lesquels des affichettes ont été retirées."

ooooo

J'attire votre plus sérieuse attention sur les désagréments graves qui pourraient résulter pour vous de la non-transmission immédiate des renseignements exigés par l'autorité occupante.

Pour le Secrétaire Général:
Le Directeur Général,

BAJARD.

3. Mettre un terme au pillage hitlérien en empêchant l'ennemi d'utiliser nos richesses, nos industries, notre main-d'œuvre et de poursuivre sa guerre criminelle contre les peuples libres.

4. Saboter et combattre la collaboration dans tous les domaines et dénoncer le péril de l'attentisme.

5. Châtier impitoyablement les traîtres.

6. Défendre nos libertés constitutionnelles contre tous ceux qui y portent atteinte ou tenteraient d'y apporter atteinte, de boycotter ou de saboter les institutions liberticides créées par l'occupant pour nous asservir.

7. Préparer par des actions toujours de plus en plus énergiques le soulèvement national qui, déclenché au moment opportun, chassera l'occupant et assurera au pays les institutions conformes aux aspirations de l'écrasante majorité de la population.

8. Collaborer ainsi, sur le front intérieur, à la grande lutte mondiale engagée, contre l'hitlérisme et ses complices, par la Grande-Bretagne, l'URSS, les États-Unis, leurs alliés ainsi que tous les peuples opprimés.

*Dernière mesure avant la Solution finale, le port obligatoire de l'étoile de David jaune pour les ressortissants juifs. En même temps seront créées par l'occupant des associations juives, véritables antichambres de la mort puisque, par leur biais, seront regroupés les Juifs qui rejoindront les sinistres camps d'extermination. Après avoir subi les pires tortures ou avoir été soumis aux expérimentations médicales les plus démoniaques, des millions d'hommes mourront pour être « nés Juifs », pour reprendre le titre d'un livre écrit par Marcel Liebman.*

## *LES AUTRES MOUVEMENTS*

À ses débuts, la Résistance fut l'œuvre d'initiatives souvent personnelles, sans aucune directive gouvernementale. Ainsi en fut-il de la Légion nationale créée dès le 5 août 1940 par le comte Xavier de Henricourt de Grunne et le comte de Montblanc, dont le quartier général se trouvait dans les locaux du Club Alpin, rue des Champs-Élysées à Bruxelles. Le jour même de sa fondation, la Légion nationale pouvait compter sur le concours d'une vingtaine de cellules qui eurent très vite des ramifications en Flandre où la Légion nationale prit le nom de « Witte Brigade », en opposition à la « Zwarte Brigade » d'obédience nationale-socialiste et encouragée par l'ennemi dans ses griefs linguistiques à l'égard du pays.

Mais l'indéfectible fidélité au roi Léopold III de la Légion nationale causa la rancœur des ministres réfugiés à Londres, et Xavier de Grunne fut ainsi dirigé vers de fausses pistes avant d'être capturé par les nazis et de périr au camp de Gross-Strelitz, le 4 juin 1944.

En Wallonie, citons l'Armée de la Libération dont l'idéologie était démocrate-chrétienne tandis qu'à Bruxelles est fondé, notamment à l'initiative de Louis Schmidt, le bourgmestre d'Etterbeek, le Mouvement national belge. Quant au Mouvement national royaliste, il avait été créé à Aerschot le 6 mars 1941 par Lucien Meyer qui périra lui aussi sous les tortures nazies trois ans plus tard au camp d'Essen. Pour être complet, signalons l'Organisation Militaire Belge de la Résistance (O.M.B.R.), les Affranchis dirigés par le colonel Tromme, le groupe Nola, la Kempis ch Legioen, le Service des Postiers, les Résistants du Rail et tant d'autres groupes, tous animés du même sens patriotique.

## *L'ODYSSÉE DU FAUX* SOIR

*Temps Nouveaux* et *La Libre Belgique* furent, nous l'avons vu, les deux premiers journaux clandestins paraissant dès l'été 1940.

Il y avait, avant-guerre, chez nous, un peu plus de soixante-dix quotidiens. Dès le 14 juin, leur parution fut soumise à l'autorisation de la *Propaganda Abteilung*. Parmi les journaux qui reparaîtront rapidement : *Le Journal de Charleroi, La Nation Belge* et surtout *Le Soir*, dont les titres de propriété avaient été mis sous séquestre, la famille Rossel ayant réussi à échapper à l'occupant.

À la tête du quotidien vespéral, un collaborateur de la première heure, plume servile à l'Ordre Nouveau, le journaliste Raymond De Becker.

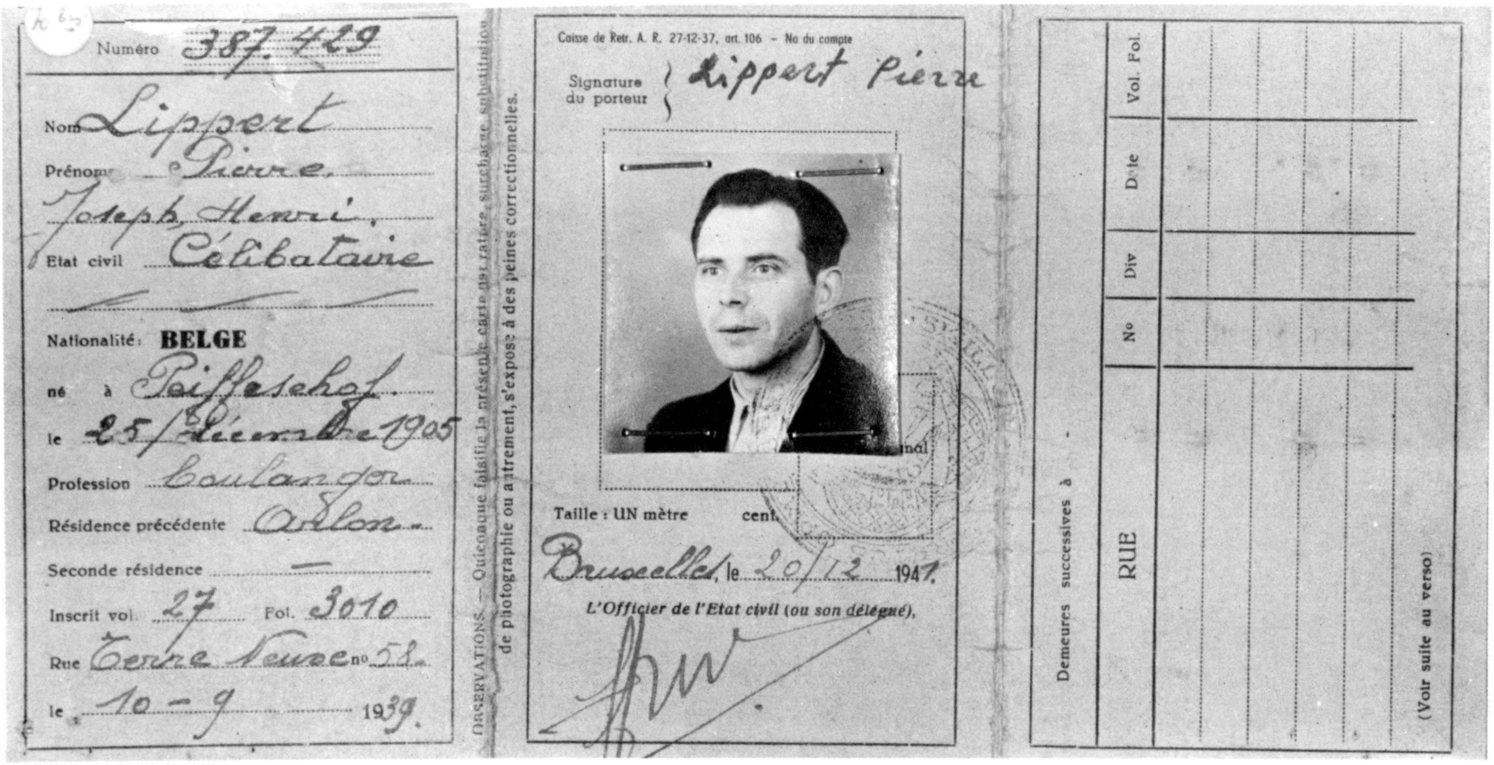
Numéro 387.429

Nom Lippert
Prénoms Pierre Joseph Henri
Etat civil Célibataire
Nationalité : BELGE
né à Piffeschof
le 25 Décembre 1905
Profession boulanger
Résidence précédente Arlon
Seconde résidence —
Inscrit vol. 27 Fol. 3010
Rue Terre Neuve no 58
le 10-9 1939

OBSERVATIONS. — Quiconque falsifie la présente carte par rature, surcharge, substitution de photographie ou autrement, s'expose à des peines correctionnelles.

Caisse de Retr. A. R. 27-12-37, art. 106 - No du compte
Signature du porteur Lippert Pierre
Taille : UN mètre cent.
Bruxelles, le 20/12 1941
L'Officier de l'Etat civil (ou son délégué),

Demeures successives à
RUE | No | Div | Date | Vol. Fol.
(Voir suite au verso)

Et le *Soir* volé continue à être lu ! Pourquoi ? Tout simplement parce qu'il fourmille d'informations pratiques tentant à faciliter la tâche quotidienne en ces temps tourmentés.

*Pour un même visage, deux fausses cartes d'identité pour deux noms tout aussi faux l'un que l'autre.*

En même temps se développent de nombreux titres clandestins parmi lesquels, les plus connus : *La Voix des Belges, L'Insoumis* ou *Chut !* En février 1941, Fernand Demany fonde *La Résistance passive,* bientôt renforcée par *La Meuse* et *Libération.*

Paradoxalement, il faudra attendre octobre 1943 pour voir le Front de l'Indépendance éditer enfin son propre titre, *Front.*

En parcourant l'édition de dix-sept heures du quotidien *Le Soir* du 9 novembre 1943, le lecteur eut la surprise de lire à la une, sous le titre *Nous sommes en première ligne,* ceci :

« Nous sommes en première ligne, sur le plus immense des fronts.

No/Nr 97466

Nom / Naam Van Loveren
Prénoms / Voornamen Louis
Etat civil / Burgerstand célibataire
Nationalité : Belge. / Nationaliteit : Belgische.
né ...... à Wavre / geboren te
le 5 juillet 1905 / den
Profession / Beroep employé
Résidence précédente / Vorig verblijf Genappe
Seconde résidence / Tweede verblijf
Inscrit Vol. 108 Fol. 89 /30 / Ingeschreven Boek Blad.
Rue de la Roue n° 12 / straat, nr
le Sept 1940 / den

Quiconque falsifie la présente carte par rature, surcharge, substitution de photographie ou autrement, s'expose à des peines correctionnelles. (A. R. du 31-8-32.)

No/Nr 97466
Signature du porteur / Handteekening des dragers Van Loveren Louis
Taille : Un mètre cent.
Lengte : Een meter cent.
Bruxelles, le 16 IV 1943
Brussel, den
L'Officier de l'Etat civil (ou son délégué) :
De Ambtenaar van den Burgerstand (of zijn afgevaardigde) :

Eenieder wie deze kaart vervalscht door uitschrabbing, bijschrijving, photovervanging of anderzins, stelt zich bloot aan correctioneele straffen. (K. B. van 31-8-32.)

No/Nr 97466
DEMEURES SUCCESSIVES A BRUXELLES
ACHTEREENVOLGENDE WONINGEN IN BRUSSEL
RUE — STRAAT | N° Nr | Don Afd. | Date Datum | Vol. Fol. Boek Bladz.
(Voir suite au verso.) (Zie keerzijde.)

Caisse de Retraite. Loi du 10-12-24. N° du Compte ..........

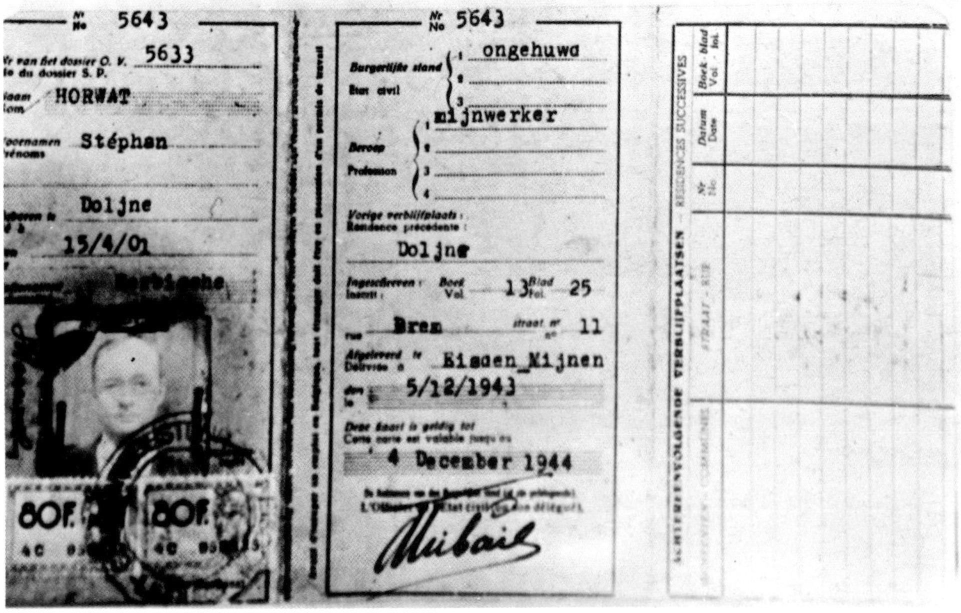
Nr 5643

Nr van het dossier O. V. 5633
No du dossier S. P.

Naam / Nom HORWAT
Voornamen / Prénoms Stéphan
Doljne
13/4/01

Nr 5643

Burgerlijke stand / Etat civil 1 ongehuwd
Beroep / Profession mijnwerker
Vorige verblijfplaats / Résidence précédente Doljne
Ingeschreven / Inscrit Boek Vol. 13 Blad Fol. 25
Brem straat nr 11
Afgeleverd te / Délivrée à Eisden Mijnen
den / le 5/12/1943
Deze kaart is geldig tot / Cette carte est valable jusqu'au
4 December 1944

80F. 80F.

Achtereenvolgende verblijfplaatsen — Résidences successives
Straat — Rue / Nr No / Datum Date / Boek blad Vol. fol.

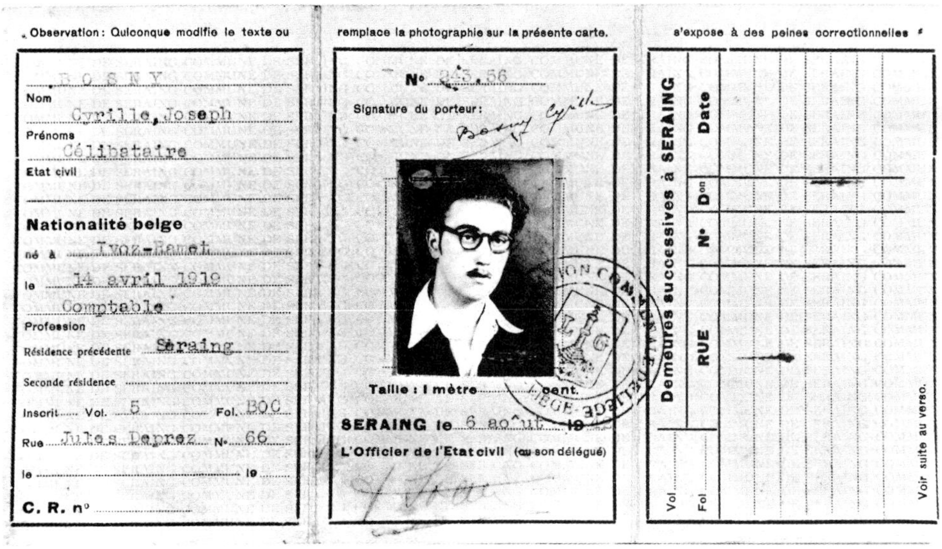
Observation : Quiconque modifie le texte ou remplace la photographie sur la présente carte, s'expose à des peines correctionnelles.

Nom B O S N Y
Prénoms Cyrille, Joseph
Etat civil Célibataire
Nationalité belge
né à Ivoz-Ramet
le 14 avril 1919
Profession Comptable
Résidence précédente Seraing
Seconde résidence
Inscrit Vol. 5 Fol. 800
Rue Jules Deprez N° 66
le ... le ...
C. R. n°

N° 2.3.56
Signature du porteur : Bosny Cyrille
Taille : 1 mètre ... cent.
SERAING le 6 août 19..
L'Officier de l'Etat civil (ou son délégué)

Demeures successives à SERAING
Rue / N° / D°n / Date
Vol / Fol
Voir suite au verso.

No Nr 561053

Nom / Naam
Prénoms / Voornamen
Etat civil / Burgerstand
Nationalité : Belge. / Nationaliteit : Belgische.
né ... à / geboren te
le / den
Profession / Beroep
Résidence précédente / Vorig verblijf
Seconde résidence / Tweede verblijf
Inscrit Vol ... Fol ... /30
Ingeschreven Boek Blad.
Rue ... n° / straat, nr
le ... 194 / den

Quiconque falsifie la présente carte par rature, surcharge, substitution de photographie ou autrement, s'expose à des peines correctionnelles. (A. R. du 31-8-32.)

No Nr 561053

Signature du porteur / Handteekening des dragers
Taille : Un mètre / Lengte : Een meter
Bruxelles (district Schaerbeek) / Brussel (district Schaarbeek)
le / den
Pr l'Officier de l'Etat civil : le délégué / Vr den Ambtenaar van den Burgerstand : de afgevaardigde.

Caisse de Retraite. Loi du 10-12-24. N° du Compte / Lijfrenlkas. Wet van 10-12-24. N° der Rekening

No Nr 561053

Demeures successives à Bruxelles / Achtereenvolgende woningen in Brussel
District / Rue — Straat / N° Nr / Vol. fol. Boek Bladz / Date Datum
(Voir suite au verso.) (Zie keerzijde)

*Stephen Horwat était en réalité un Soviétique du nom de B. I. Tiagounov qui dirigeait une association résistante dans le charbonnage d'Eisden, dans le Limbourg. La carte d'identité du milieu, fausse naturellement, était destinée à un fuyard condamné à mort par l'occupant. La moustache, la perruque, les favoris et les lunettes cachent en réalité un tout autre visage. Le troisième document d'identité n'avait plus qu'à être rempli par l'intéressé, en l'occurrence un résistant polonais dont la photo figure déjà sur la carte avec le cachet de l'administration de la ville de Bruxelles.*

« Nous sommes en première ligne, depuis le jour où nous avons senti monter en nous, brûlantes comme une lave, notre passion de justice et notre haine de l'envahisseur. De ces sentiments est né le Front de l'Indépendance.

« Que voulons-nous ? Chasser l'envahisseur, libérer la patrie, rendre au pays ses libertés. Un point c'est tout. Mais c'est énorme. Car un tel programme comporte à la fois l'écroulement du nazisme et le triomphe des Nations unies, le châtiment des traîtres, la mise à l'écart des lâches et des collaborateurs, la restauration des hautes valeurs spirituelles sans lesquelles le monde est voué au chaos, à la ruine, au désespoir.

« Comment réaliserons-nous cette tâche ? En nous groupant. Le F. I., c'est la coalition contre Hitler. C'est le fraternel coude à coude du catholique et du communiste, du socialiste et du libéral, de l'athée et du croyant, de l'artisan et de l'intellectuel, de l'ouvrier et du fonctionnaire. Hier encore, ils s'ignoraient ou se combattaient. Aujourd'hui, ils se tendent la main, et, aussitôt, partent à l'assaut, parce que l'heure H, c'est aujourd'hui, c'est tout de suite. Nous ne pouvons plus attendre. Nous finirons par en mourir.

« Et nous voulons vivre. "Le Front de l'Indépendance", c'est un acte de foi. Un acte, entendez-vous bien ! Non point un mot, une phrase, une idée. C'est un acte. Nous sommes des soldats. Un ministre belge, hier encore, saluait dans les combattants du front intérieur une élite militante. Nous sommes cette élite. Nous, c'est-à-dire le F. I., c'est-à-dire des milliers et des

*Ce microfilm permettait de reproduire toute une série de faux documents officiels allemands.*

*Tout cet attirail fait de faux cachets, de timbres et de sceaux était lui aussi destiné à confectionner des faux documents.*

*Ces timbres de ravitaillement permettant d'acheter des légumes ont été subtilisés à l'administration communale de la ville de Bruxelles pour être ensuite filmés et reproduits par la Résistance. Dans ce domaine se signalent particulièrement des réseaux tels que le Mouvement National belge, les Insoumis ou les Witte Brigade qui avaient de nombreuses ramifications dans les services communaux.*

*À droite, une fausse carte d'habillement établie au nom de la commune de Saint-Gilles.*

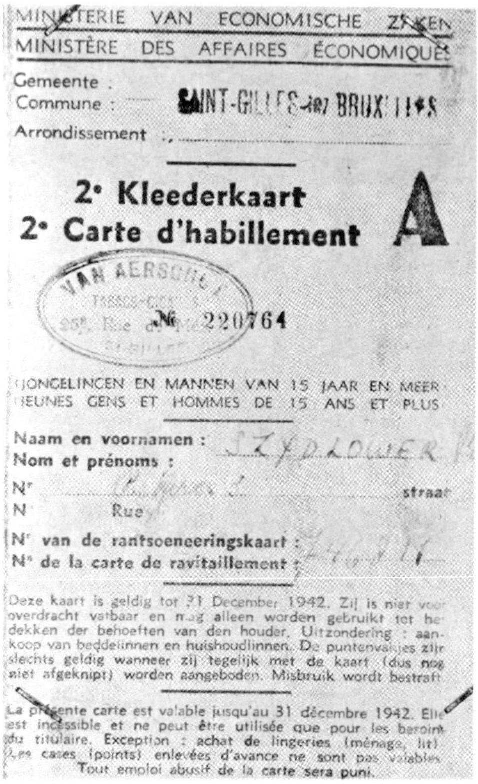

MINISTERIE VAN ECONOMISCHE ZAKEN
MINISTÈRE DES AFFAIRES ÉCONOMIQUES

Gemeente :
Commune : SAINT-GILLES-lez BRUXELLES

Arrondissement :

**2e Kleederkaart**
**2e Carte d'habillement** **A**

VAN AERSCHOT
TABACS-CIGARES

№ 220764

(JONGELINGEN EN MANNEN VAN 15 JAAR EN MEER)
(JEUNES GENS ET HOMMES DE 15 ANS ET PLUS)

**Naam en voornamen :**
**Nom et prénoms :** SZYDLOWER

Nr ... straat
N Rue

**Nr van de rantsoeneeringskaart :**
**N° de la carte de ravitaillement :**

Deze kaart is geldig tot 31 December 1942. Zij is niet voor overdracht vatbaar en mag alleen worden gebruikt tot het dekken der behoeften van den houder. Uitzondering : aankoop van beddelinnen en huishoudlinnen. De puntenvakjes zijn slechts geldig wanneer zij tegelijk met de kaart (dus nog niet afgeknipt) worden aangeboden. Misbruik wordt bestraft.

La présente carte est valable jusqu'au 31 décembre 1942. Elle est incessible et ne peut être utilisée que pour les besoins du titulaire. Exception : achat de lingeries (ménage, lit). Les cases (points) enlevées d'avance ne sont pas valables. Tout emploi abusif de la carte sera puni.

*Ci-contre : cette grande et belle dame n'était autre qu'une résistante de la première heure : Élise Ollevier-Binard, dite Lisette, était fonctionnaire à l'état civil de la ville de Bruxelles où elle subtilisait de nombreux documents destinés aux clandestins. Elle mourra en déportation dans un camp nazi à l'âge de trente-trois ans.*

*Grâce à leur formation militaire plus poussée, les Soviétiques présents en Belgique qui avaient réussi à s'échapper des camps de travail constituèrent les premiers groupes de résistance armée. En haut, le détachement du commandant Nikitenko, en bas, celui d'Ivanov.*

*Ce portrait est celui d'un partisan belge, peint par un évadé russe qui avait, en 1943, trouvé refuge dans le maquis de Pont-à-Celles.*

milliers de Belges, Flamands et Wallons, redoutés par les traîtres et vomis par Reeder. Un immense corps franc qui couvre le pays entier de ses patrouilles. Une formidable armée, omnipotente et silencieuse, et qui jamais ne capitulera.

« D'aucuns vous disent : "La victoire est proche. À quoi bon lutter encore ?" Ceux-là cherchent un prétexte, une porte de sortie. La victoire, c'est à nous de la conquérir, nous les soldats. Et ce deuxième front dont on nous parle depuis si longtemps, ce deuxième front qui se créera sur nos rivages, c'est à nous, par notre action quotidienne, qu'il appartient de le préparer. »

Qu'elle est belle, exaltante et semée de périls, la tâche qui nous est dévolue : la patrie à libérer, nos morts à venger : héros des Ardennes et de la Lys et vous encore, martyrs sanglants du camp de Breendonck, patriotes odieusement torturés par une Gestapo que son sadisme ronge à la manière d'un chancre ! Des morts à venger. Une patrie à reconquérir. Un monde à refaire. C'est ce qui explique le F. I. C'est ce qui explique aussi la naissance, en pleine bataille, de ce journal *Front* qui devient, dès à présent, l'organe national du Front de l'Indépendance, diffusé à travers le pays entier, rejoignant l'action courageuse et tenace de *Libération* et de *La Meuse,* d'*Indépendance* et du *Vrijheidsklok,* de *België Vrij* et du *Sanglier des Ardennes,* de *La Résistance* et de *Pourquoi pas nous ?,* et de tant d'autres feuilles F. I. paraissant dans toutes nos provinces.

*Cette image pieuse représente Notre-Dame du Maquis et était vendue au profit de la Résistance.*

*L'illustre préfacier de cet ouvrage, Jean Brack, surnommé Johnny, commandait cinq cent trente-sept hommes répartis en vingt-huit groupes, dans les forêts de l'Ardenne.*

*En haut à gauche : cette photo prise en Campine durant la guerre représente le résistant soviétique Belioukov en compagnie de deux de ses amis.*

*Cette dame très digne est Christine Direcks, agent de liaison de la brigade russe, créée en 1943 dans le Limbourg sous le nom de « Pour la Patrie ».*

*En haut à droite : à Eisden, la famille Schönen qui cacha des partisans russes.*

*Trois partisans russes membres du second détachement soviétique basé en Campine.*

*Front* jouera le rôle d'un bulletin aux armées, aux armées invincibles du soulèvement national contre Hitler et ses valets. Il appelle tous les patriotes et sonne leur ralliement autour du F. I. Il les convie à redoubler d'ardeur dans la lutte et à se grouper de plus en plus étroitement, à s'organiser partout dans les villes et les villages, à l'usine et au bureau, dans les rues et les quartiers pour la grande bataille libératrice qui a commencé le jour où le premier Belge a dit « non » à Hitler, le jour où le premier partisan a couché pour toujours un traître dans son sang, le jour où le premier patriote a fait dérailler un train ennemi.

« Nous sommes en première ligne, sur le plus immense des fronts.

« Hors du pays l'occupant ! Tous unis pour la libération de la Patrie !

« À diverses occasions, et notamment le 6 septembre, au cours d'une émission belge de Londres, le gouvernement en exil a mis en évidence l'action résolue et coordonnée du F. I. qui veut réunir en un seul bloc les activités de tous les groupements, organisations, partis, mouvements, etc., à quelque tendance qu'ils appartiennent, pourvu qu'ils soient animés du même idéal : chasser l'occupant, libérer le pays. La radio belge de Londres a invité nos compatriotes à soutenir le F. I. et à appuyer l'action de "Solidarité", Croix-Rouge du F. I. qui vient en aide aux victimes de la répression nazie. »

Ainsi avait pris forme ce qui fut sans doute la plus grande mystification de la Résistance belge au cours de la Seconde Guerre mondiale : la publication d'un faux numéro du *Soir*, tournant en dérision le nazisme, l'occupant et leurs fidèles valets belges.

Comment était né un projet aussi fou ? Demandons-le à l'historienne Marie Istas-Caporali qui a édité un livre remarquable sur cet exploit :

« Ce coup audacieux est mis sur pied à l'initiative de Marc Aubrion et du comité du Brabant du Front de l'Indépendance. Sa préparation et son exécution durent en tout vingt et un jours.

« En septembre 1943, Marc Aubrion, dit Yvon, est

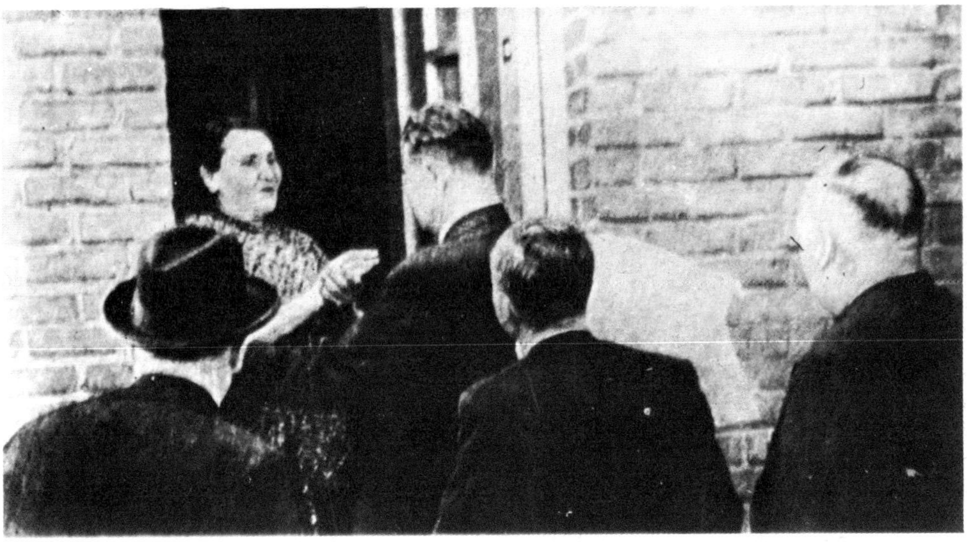

présenté à René Noël, chef responsable du F. I. pour le Brabant et le Hainaut. Il vient d'être tout nouvellement chargé de la section presse de ce mouvement de résistance.

« Tout commence le mercredi 20 octobre 1943, à dix-sept heures trente. Au rendez-vous fixé avec René Noël, rue Souveraine, arrive un Marc Aubrion surexcité. À peine prend-il le temps de lui serrer la main et il lui confie son projet : sortir un faux *Soir* pour le 11 novembre. Cette idée lui était venue la nuit précédente alors qu'il rédigeait un article pour le 11 novembre, un "Message pour les morts". Sans ce détail, il aurait paisiblement dormi et n'aurait sans doute jamais eu la plus petite pensée d'un *Soir* clandestin.

« Mais voilà, ce projet de substituer au *Soir* de l'ennemi un *Soir* de la Résistance, de le répandre dans tout Bruxelles, il l'a approfondi toute la nuit. Son imagination l'a sans doute empêché de dormir, mais la blague serait superbe ! Et nos deux hommes envisagent les différentes questions que pose un projet aussi audacieux, à préparer dans le silence. Où trouver de l'argent ? Quel imprimeur suffisamment outillé accepterait le travail ? Comment assurer la distribution du quotidien au nez des Allemands ? Qu'allaient-ils écrire dans cette feuille ?

« Avant toute chose, il faut une complicité dans la place. Heureusement, Noël connaît Théo Mullier, qui dirige à l'atelier du *Soir* une section du Front de l'Indépendance.

« Le soir du 20 octobre, nos deux résistants rencontrent Théo Mullier dans un café, près du Karreveld. Ils lui exposent l'affaire au complet. Aussitôt d'accord, il promet de fournir un flan avec l'en-tête du *Soir*, la liste des

*À l'issue de la guerre, des résistants soviétiques rendent visite à une famille qui les a hébergés pendant l'occupation.*

*L'Ordre russe de la Guerre nationale est remis à Elena Jansen qui avait caché dans sa maison de Maaseik des militaires soviétiques évadés des camps de travail.*

*Une famille de Peer qui hébergea des résistants soviétiques.*

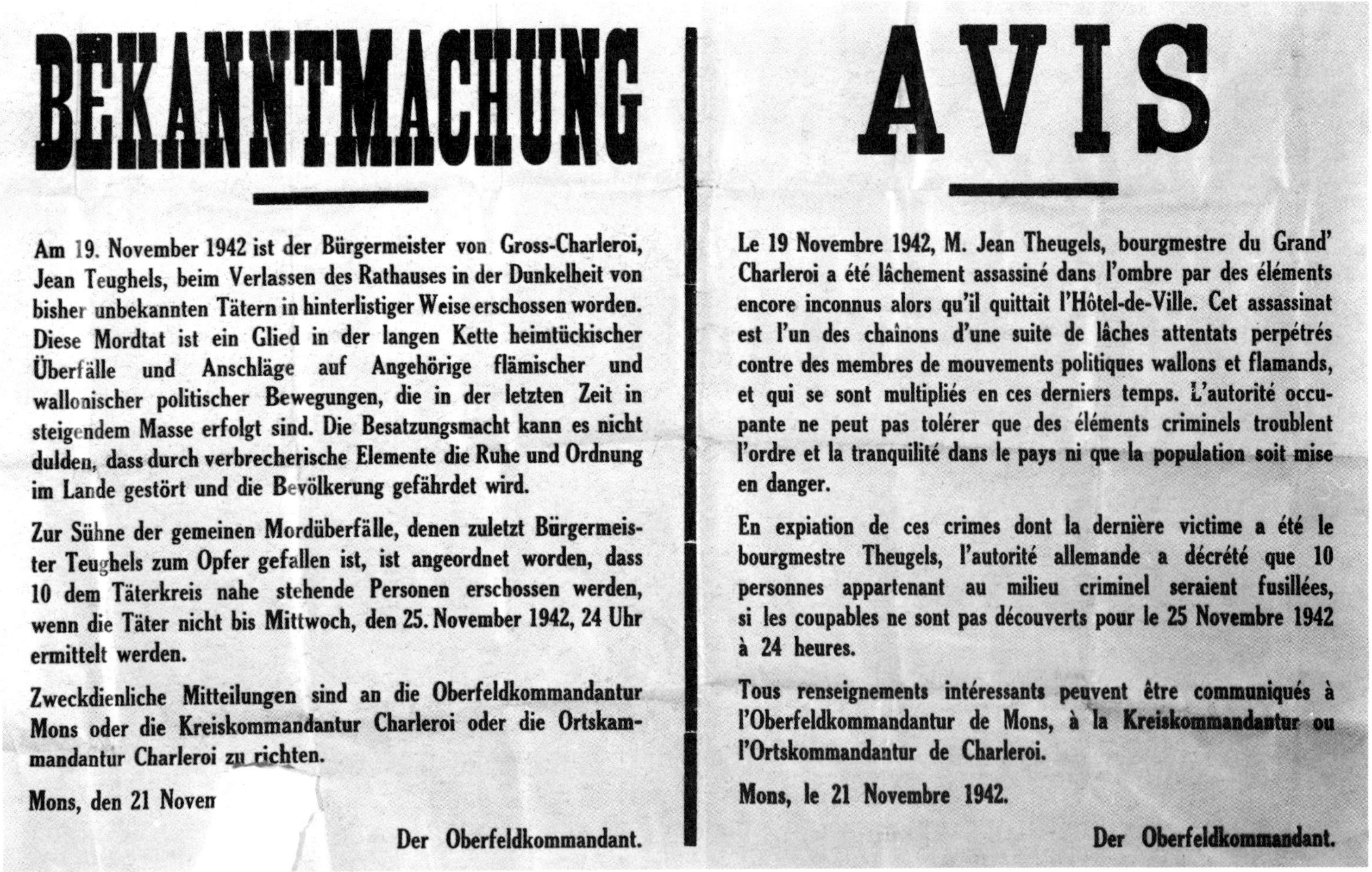

# BEKANNTMACHUNG

Am 19. November 1942 ist der Bürgermeister von Gross-Charleroi, Jean Teughels, beim Verlassen des Rathauses in der Dunkelheit von bisher unbekannten Tätern in hinterlistiger Weise erschossen worden. Diese Mordtat ist ein Glied in der langen Kette heimtückischer Überfälle und Anschläge auf Angehörige flämischer und wallonischer politischer Bewegungen, die in der letzten Zeit in steigendem Masse erfolgt sind. Die Besatzungsmacht kann es nicht dulden, dass durch verbrecherische Elemente die Ruhe und Ordnung im Lande gestört und die Bevölkerung gefährdet wird.

Zur Sühne der gemeinen Mordüberfälle, denen zuletzt Bürgermeister Teughels zum Opfer gefallen ist, ist angeordnet worden, dass 10 dem Täterkreis nahe stehende Personen erschossen werden, wenn die Täter nicht bis Mittwoch, den 25. November 1942, 24 Uhr ermittelt werden.

Zweckdienliche Mitteilungen sind an die Oberfeldkommandantur Mons oder die Kreiskommandantur Charleroi oder die Ortskommandantur Charleroi zu richten.

Mons, den 21 Noven

Der Oberfeldkommandant.

# AVIS

Le 19 Novembre 1942, M. Jean Theugels, bourgmestre du Grand' Charleroi a été lâchement assassiné dans l'ombre par des éléments encore inconnus alors qu'il quittait l'Hôtel-de-Ville. Cet assassinat est l'un des chaînons d'une suite de lâches attentats perpétrés contre des membres de mouvements politiques wallons et flamands, et qui se sont multipliés en ces derniers temps. L'autorité occupante ne peut pas tolérer que des éléments criminels troublent l'ordre et la tranquilité dans le pays ni que la population soit mise en danger.

En expiation de ces crimes dont la dernière victime a été le bourgmestre Theugels, l'autorité allemande a décrété que 10 personnes appartenant au milieu criminel seraient fusillées, si les coupables ne sont pas découverts pour le 25 Novembre 1942 à 24 heures.

Tous renseignements intéressants peuvent être communiqués à l'Oberfeldkommandantur de Mons, à la Kreiskommandantur ou l'Ortskommandantur de Charleroi.

Mons, le 21 Novembre 1942.

Der Oberfeldkommandant.

*Cet avis fut placardé à la suite de l'exécution de Jean Theugels, bourgmestre rexiste du Grand Charleroi. L'auteur de cet acte de résistance fut Victor Thonet, commandant du corps des Partisans armés de Charleroi. Thonet sera fusillé à Bruxelles le 20 avril 1943.*

libraires desservis directement par le journal, ainsi que le nombre de quotidiens remis et l'heure du passage.

« René Noël met alors son complice en contact avec Pierre Balencourt. Celui-ci, linotypiste, composait déjà des journaux et des tracts clandestins pour le F. I., dans un ancien dépôt de matériel de construction situé rue Tenbosch. À la demande de Noël, Balencourt favorise une rencontre entre Aubrion et l'imprimeur Ferdinand Wellens, son ancien employeur, qui est un vieil ami de son père.

« L'argent nécessaire sera trouvé dans les vingt-quatre heures par madame Grandjean.

« Dès les premiers jours, Noël et Aubrion sont saisis du nombre de personnes qu'ils doivent mettre dans le coup. De quinze, ils passent rapidement au triple. Il est impossible de l'éviter, mais il nous est également impossible de les citer toutes.

« Un comité composé de madame Grandjean, Marc Aubrion, Adrien van den Branden de Reeth et René Noël dirigera et coordonnera les opérations. Ils se retrouveront chez le peintre gaumais Léon Navez, rue aux Laines.

« Le but de cette blague est bien de faire rire les Belges, le 11 novembre. Cependant, il n'est pas possible de sortir le journal le 10 novembre : *Le Soir* publie quatre pages le mercredi. Ils avancent donc la parution d'un jour, au mardi 9 novembre. »

*La mise en scène fasciste, grotesque mais malheureusement dévastatrice. Ici un meeting du V.N.V. avec ses incontournables miliciens.*

Et ce faux *Soir* sera rédigé, monté, imprimé à cinquante mille exemplaires dont cinq mille réservés à la distribution bruxelloise, sans incident notoire, avec le logo du grand quotidien. Un petit détail cependant qui aurait pu éveiller le soupçon : la publicité pour l'Hôtel des Ventes bruxellois située en haut à droite de la une, annonçant des ventes pour le 19 et le 23 septembre !

Quelques moments avant l'instant fatidique de la distribution, Aubrion s'installe au « Café de la Paix », face à un kiosque à journaux, et, cinq tables plus loin, son complice, Fernand, dont le regard paraît indifférent. Les deux hommes ont laissé un témoignage de la scène qu'ils ont vécue :

« Jour J, heure H. Porte de Namur. Je (Fernand) connais le moment précis où le porteur doit remettre le paquet de nos faux journaux au marchand de l'aubette. Arrivera-t-il avant la camionnette contenant les vrais ?

« L'attaque projetée contre la camionnette réussira-t-elle ?...

« Je ne regarde plus ma montre, elle recule au lieu d'avancer... J'additionne mentalement les numéros des trams qui passent...

« ...

« Qu'est-ce qui se passe ? Il ne se passe rien. On vend le journal. Est-ce que les gens vont sauter en l'air ? Mais non. Ils parcourent les titres que nous avons été sages de choisir anodins. Certains s'éloignent en lisant. La stupeur les cloue sur place. Oh ! le regard circulaire et puis, vite, vite, le journal plié, serré dans une poche intérieure... *Le Soir* collabochisé peut arriver sur les talons du nôtre. »

À quelques mètres de Fernand, Aubrion vit également des moments intenses :

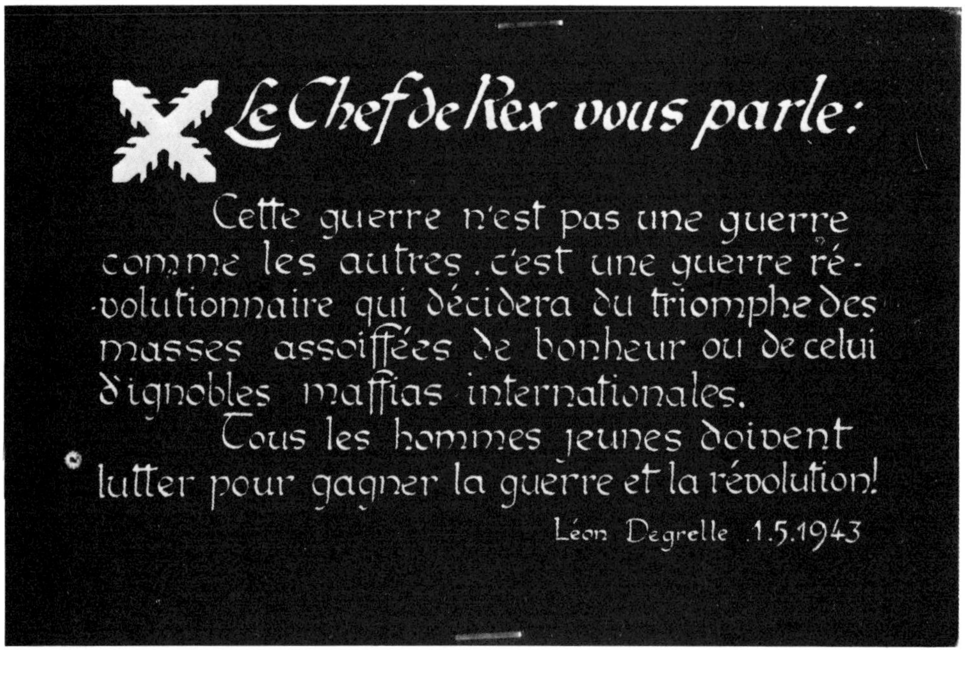


*Léon Degrelle, chef du parti rexiste. Celui dont Hitler dira : « J'aurais aimé avoir un fils comme lui », nazi et collaborateur de la première heure, aime les discours grandiloquents mais particulièrement abjects. Ici, il en appelle au sang des jeunes Belges pour mourir pour le grand Reich.*

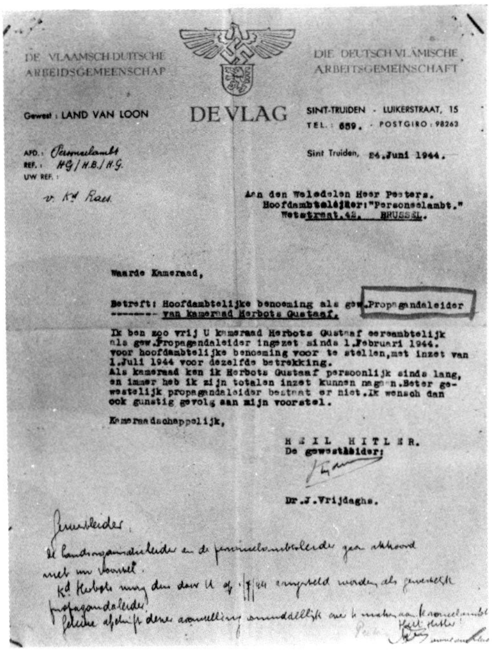

DE VLAAMSCH-DUITSCHE ARBEIDSGEMEENSCHAP — DE VLAG — DIE DEUTSCH-VLÄMISCHE ARBEITSGEMEINSCHAFT

Gewest : LAND VAN LOON — SINT-TRUIDEN - LUIKERSTRAAT, 15 — TEL. : 659. - POSTGIRO : 98263

AFD. : Personeelambt
REF. : HG/H.B./H.G.
UW REF. :

Sint Truiden, 24.Juni 1944.

Aan den Weledelen Heer Peeters.
Hoofdambtelijker:"Personeelambt."
Wetstraat.42. BRUSSEL.

Waarde Kameraad,

Betreft: Hoofdambtelijke benoeming als gew.Propagandaleider van kameraad Herbots Gustaaf.

Ik ben zoo vrij U kameraad Herbots Gustaaf eereambtelijk als gew.Propagandaleider ingezet sinds 1.Februari 1944. voor hoofdambtelijke benoeming voor te stellen,met inzet van 1.Juli 1944 voor dezelfde betrekking.
Als kameraad ken ik Herbots Gustaaf persoonlijk sinds lang, en immer heb ik zijn totalen inzet kunnen nagaan.Beter gewestelijk propagandaleider bestaat er niet.Ik wensch dan ook gunstig gevolg aan mijn voorstel.

Kameraadschappelijk,

HEIL HITLER.
De gewestleider:

Dr.J.Vrijdaghs.

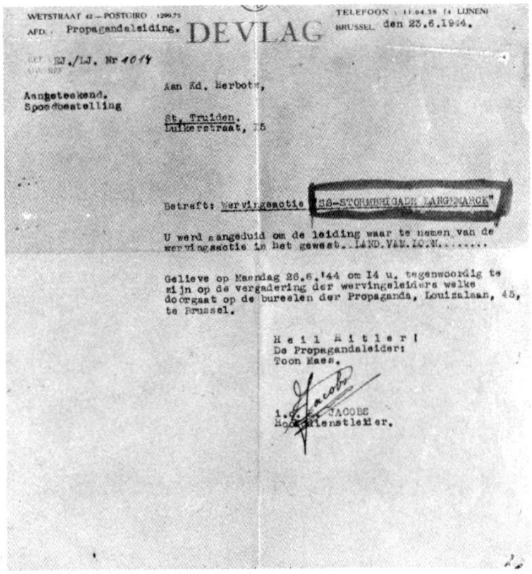

WETSTRAAT 42 — POSTGIRO 1299,75 — DE VLAG — TELEFOON : 11.04.38 (4 LIJNEN)
AFD. : Propagandaleiding. BRUSSEL den 23.6.1944.

REF. : EJ./LJ. Nr 1014
UW REF. :

Aangeteekend.
Spoedbestelling

Aan Kd. Herbots,

St. Truiden.
Luikerstraat, 15

Betreft: Wervingsactie "SS-STORMBRIGADE LANGEMARCK"

U werd aangeduid om de leiding waar te nemen van de wervingsactie in het gewest..LAND.VAN.LOON........

Gelieve op Maandag 26.6.'44 om 14 u. tegenwoordig te zijn op de vergadering der wervingsleiders welke doorgaat op de bureelen der Propaganda, Louizalaan, 45, te Brussel.

Heil Hitler!
De Propagandaleider:
Toon Maes.

i.o. JACOBS
Hoofddienstleider.

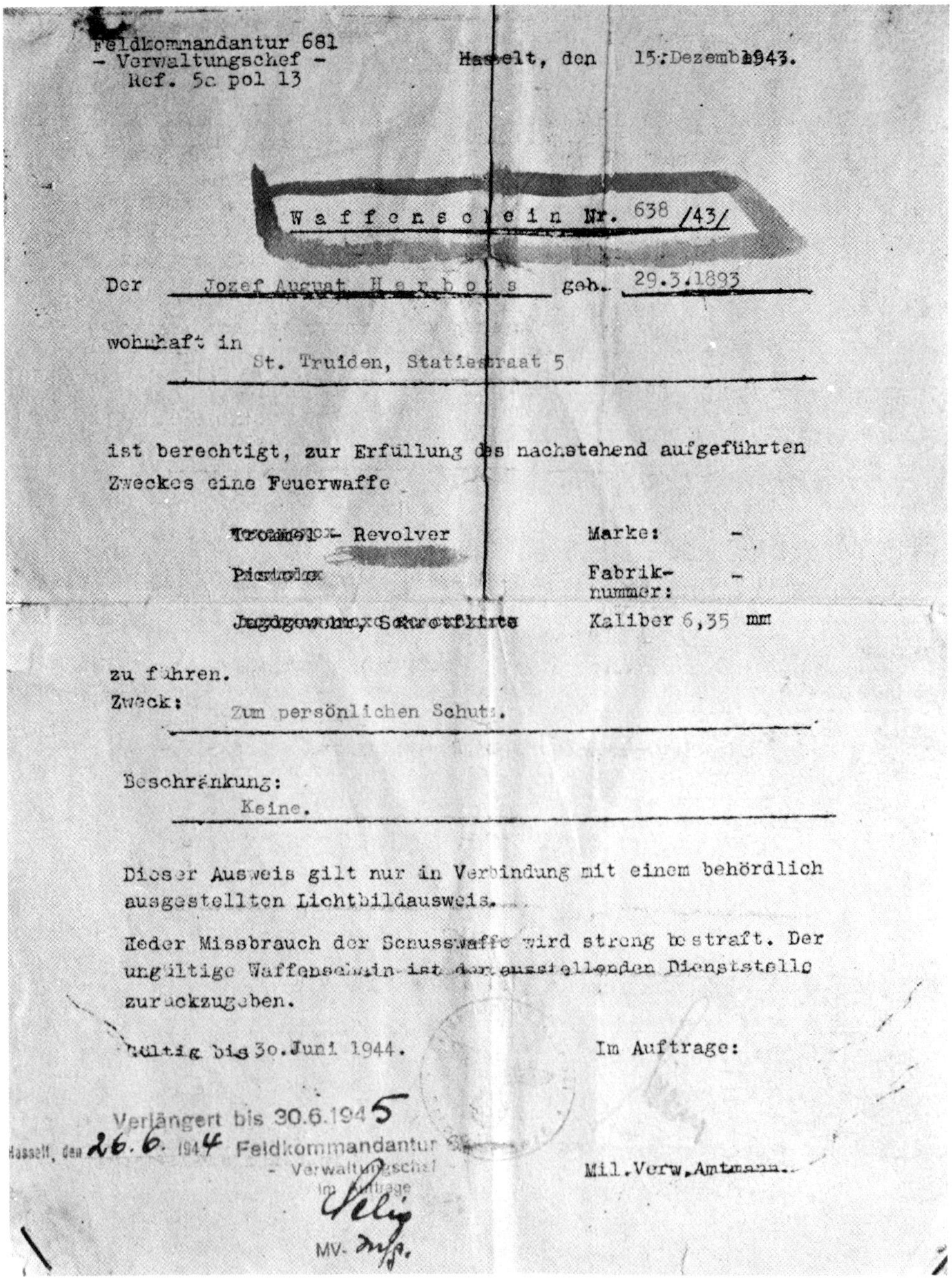

Feldkommandantur 681
- Verwaltungschef -
Ref. 5c pol 13

Hasselt, den 15.Dezember 1943.

Waffenschein Nr. 638 /43/

Der Jozef August Herbots geb. 29.3.1893

wohnhaft in St. Truiden, Statiestraat 5

ist berechtigt, zur Erfüllung des nachstehend aufgeführten Zweckes eine Feuerwaffe

| | |
|---|---|
| ~~Trommel~~- Revolver | Marke: - |
| ~~Pistole~~ | Fabrik-nummer: - |
| ~~Jagdgewehr, Schrotflinte~~ | Kaliber 6,35 mm |

zu führen.
Zweck: Zum persönlichen Schutz.

Beschränkung:
Keine.

Dieser Ausweis gilt nur in Verbindung mit einem behördlich ausgestellten Lichtbildausweis.

Jeder Missbrauch der Schusswaffe wird streng bestraft. Der ungültige Waffenschein ist der ausstellenden Dienststelle zurückzugeben.

Gültig bis 30.Juni 1944. Im Auftrage:

Verlängert bis 30.6.1945
Hasselt, den 26.6.1944 Feldkommandantur
- Verwaltungschef
im Auftrage
MV. Insp.

Mil.Verw.Amtmann.

*Le Vlaamsch-Duitsche-Arbeidgemeenschap, en abrégé De Vlag, près de trois semaines après le débarquement des Alliés en Normandie, s'occupe de nommer un responsable au comité de recrutement de la sinistre SS Stormbrigade de Langemarck. Au-dessus des signatures, un «Heil Hitler».*

*À droite : ce port d'armes, pris sur le cadavre d'un collaborateur abattu par la Résistance, a une dernière fois été prolongé par l'autorité occupante jusqu'au... 30 juin 1945!*

«Du coin de l'œil, je vois sortir de l'Horloge les complices.

«Nous y sommes!!!

«Voici, se dirigeant vers son objectif, celui que j'ai désigné pour servir le marchand que je surveille. Je l'ai choisi parmi les autres parce qu'il était le plus grand et, également, parce qu'il était vêtu d'une veste de cuir, aisément repérable.

«Il est maintenant au milieu des rails du tramway, à moins de dix mètres de son but, et ces mètres se réduisent à cinq... à quatre... Il atteint le terre-plein du kiosque... Il se mêle aux personnes qui attendent... Il avance... Il est tout proche... Il y est... Il dépasse l'endroit.

«– Mais nom de Dieu, qu'est-ce qu'il t'arrive, mon vieux! Il n'y a pourtant aucun danger. Tous ces gens qui sont là t'attendent! Reviens!... Reviens! J'ai une envie folle d'aller le prendre par le bras pour le ramener. Je le vois maintenant qui s'arrête à une quinzaine de pas, en arrière. Que va-t-il faire? Il se retourne... effectue un léger crochet... encore un mètre... un...

«Je voudrais le désigner à Fernand. Ouf!!! Le paquet de journaux tombe sur l'éventaire. Le marchand s'en saisit, le tourne et le retourne, puis, sans doute rassuré par la bande

*Léon Degrelle à la tête de la Légion Wallonie lors de la campagne de Russie. Une photo largement diffusée par la propagande rexiste.*

*Un rappel envoyé à un volontaire de la Garde wallonne, prié de se présenter au Petit Château à Bruxelles.*

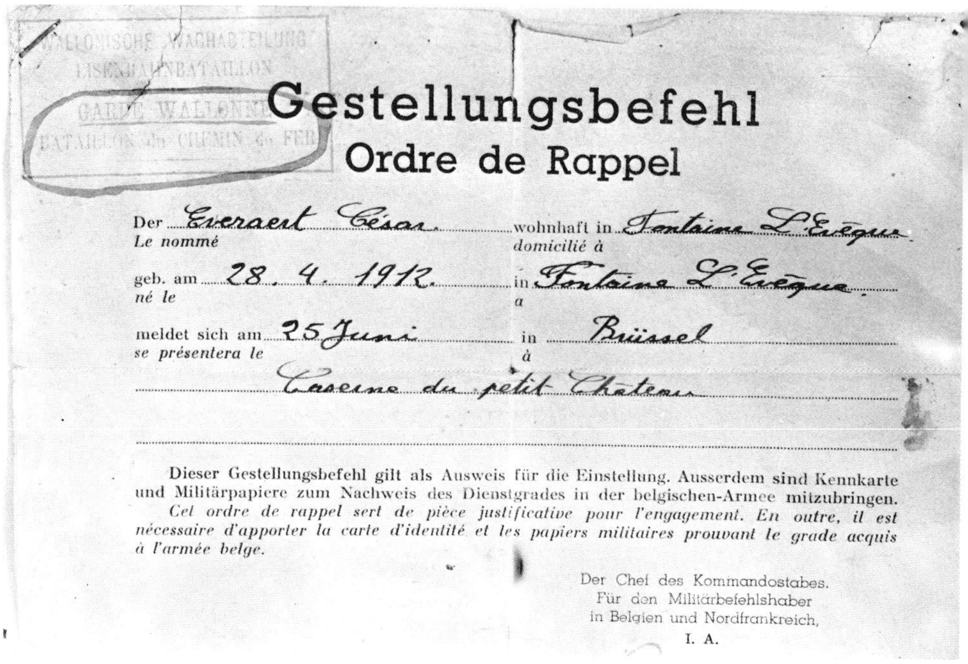

WALLONISCHE WACHABTEILUNG
EISENBAHNBATAILLON
GARDE WALLONNE
BATAILLON du CHEMIN de FER

**Gestellungsbefehl**
**Ordre de Rappel**

Der / *Le nommé* Everaert César wohnhaft in / *domicilié à* Fontaine L'Evêque

geb. am / *né le* 28. 4. 1912 in / *a* Fontaine L'Evêque

meldet sich am / *se présentera le* 25 Juni in / *à* Brüssel

Caserne du petit Château

Dieser Gestellungsbefehl gilt als Ausweis für die Einstellung. Ausserdem sind Kennkarte und Militärpapiere zum Nachweis des Dienstgrades in der belgischen-Armee mitzubringen.
*Cet ordre de rappel sert de pièce justificative pour l'engagement. En outre, il est nécessaire d'apporter la carte d'identité et les papiers militaires prouvant le grade acquis à l'armée belge.*

Der Chef des Kommandostabes.
Für den Militärbefehlshaber
in Belgien und Nordfrankreich.
I. A.

d'emballage, il la déchire et la vente commence. Ici, dans mon fief, nous avons réussi : notre faux *Soir* est parti pour la gloire.

« Le premier client servi, je le reverrai ma vie entière. C'est un vieux monsieur très digne, porteur d'une magnifique barbe blanche.

« À nous deux, maintenant, mon cher Fernand. Nos regards s'accrochent. Ses yeux, quels termes employer ? brillent ? étincellent ? irradient ? jettent de la joie ! J'y lis cent choses exaltantes que lui-même doit, comme un reflet, retrouver dans les miens. Si un « gestapiste » un peu sensible se trouvait dans notre rayonnement, nul doute qu'il percevrait nos pensées tant elles s'échangent, drues, denses, chargées de joie.

« Noël, en route pour la rue aux Laines... débouche de la rue de Namur, je croise un passant journal ouvert. C'est *Le Soir*. Mon cœur bat. Est-ce le bon ?... Un coup d'œil rapide en passant. Il suffit. À l'angle supérieur gauche, notre cliché. Plus de doute. Mon sang ne fait qu'un tour. La distribution à la Porte de Namur s'est faite cinq minutes plus tôt que prévu. Mais, puisque le coup a réussi là-bas, c'est que le Boche ne l'a pas éventé. Je m'approche du kiosque. Deux lecteurs ont notre journal en main. Ils rient aux éclats... Le soir même, toute la Belgique riait, le lendemain, c'était au tour de l'Europe opprimée... »

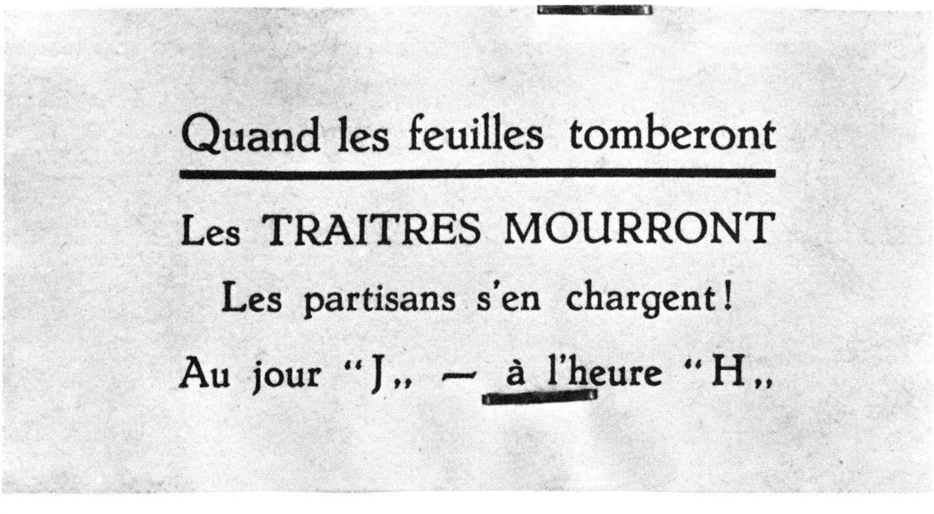

**Quand les feuilles tomberont**

**Les TRAITRES MOURRONT**

**Les partisans s'en chargent !**

**Au jour "J„ — à l'heure "H„**

*Un tract imprimé et diffusé par la Résistance prévenant les collaborateurs d'une mort prochaine.*

La réaction des autorités allemandes ne se fait pas attendre. À la mesure de la férocité de sa police secrète, la Gestapo est chargée de mener l'enquête. Le *Faux Soir* a-t-il été imprimé sur les presses du « vrai » ? Il faut se résigner à cette invraisemblance. Alors, il n'y a plus qu'à remonter la filière. Les marchands ? On n'en tire rien. Finalement, en février 1944, la Gestapo retrouve la presse, arrête Théo Mullier, l'imprimeur Wellens, le typographe Oorlynckx et le rotativiste Henri Vandevelde. Les deux premiers ne reviendront jamais des camps de la mort ; tout comme Louis Coquels, un distributeur, Léon Thiel, distributeur également et chef de la Brigade de protection des incendies, et Jean Plas, imprimeur des bandelettes. Les autres protagonistes arrêtés seront condamnés à des peines moins lourdes.

## *Andrée de Jongh, la grande dame du réseau « Comète »*

5 février 1942, Paul Henry de la Lindi, ex-officier de l'aéronautique militaire belge, ne tient plus en place. Voilà bien longtemps qu'il cherche une filière pour se rendre en Angleterre. L'heure du départ sonne enfin. Tous ces instants inoubliables ont été consignés dans un journal dont son fils André a bien voulu nous confier l'édition, il y a quelques années.

À Feignies, en ce mois de février 1942, Paul Henry de la Lindi, qui sera fusillé le 30 mai 1943 par les Allemands pour avoir transmis à Londres d'importants messages grâce à un réseau d'espionnage qu'il avait mis en place, nous raconte sa rencontre avec l'une de ces grandes dames qui écrivirent les plus belles pages de noblesse et de bravoure de notre résistance.

*Devant le Conseil de Guerre allemand comparaissent les auteurs de l'exécution de Paul Colin, journaliste collaborateur des journaux* Cassandre *et* Le Nouveau Journal. *De gauche à droite : Berthulot, Raskin et Fraiteur, tous Partisans armés.*

## CITATION A L'ORDRE DE L'ARMEE BELGE DES PARTISANS

◆◆◆◆◆◆◆◆◆◆

Ces dix hommes, de courage surhumain et de moral d'élite, ont formé au cours de l'année 1944, le noyau de la célèbre Brigade Spéciale du Corps 013 (Liége) de l'Armée Belge des Partisans, alors aux ordres de maître LEJOUR. Ils avaient été choisis parmi les plus valeureux Partisans dans les compagnies des premier et deuxième régiments du Corps de Liége. Indépendamment des sabotages audacieux dont ils furent chargés: tels que la destruction de l'U.T.M.I. en 1944, rue Darchis, la destruction totale d'un garage important au quai des Grosses-Battes, la destruction concertée de plusieurs pylônes à haute tension dans un vaste plan d'ensemble, la destruction de la voie ferrée près de Milmort.

Indépendamment de la récupération audacieuse d'armes et de munitions au détriment direct de l'ennemi, ils avaient été chargés de la protection du Corps contre les traîtres et les délateurs.

Ils accomplirent avec un rare et rude courage cette besogne particulièrement rebutante.

Tous participèrent à ce travail d'âpre justice avec une audace et un mépris total du danger et de la propagande dissolvante de l'ennemi, qui s'efforçait d'en faire des bandits dans l'esprit de la population.

Successivement, le commissaire en chef JOBA, CAJOT de Seraing, René MASSON, Jean LEONARD, Mariette LAWAREE, Léon DEFRENNE, Joséphine LERGOS et DELNOYE, tous traîtres ou dénonciateurs avérés, sont exécutés par leurs soins.

Le 10 mai 1944, dénoncés par un Belge, traître à son pays, ils furent arrêtés, puis soumis, sans que leur moral fût entamé, aux plus durs supplices physiques.

Les Allemands les condamnèrent à mort au cours d'un procès spectaculaire où leur commandant de Corps, maître LEJOUR, tombé également aux mains de l'occupant, leur rendit à la face de l'ennemi un éclatant hommage.

Ils furent fusillés le 15 juillet 1944 et supportèrent sans faiblesse l'ultime supplice.

Tous les dix ont bien mérité de l'Armée Belge des Partisans et de la Patrie.

THOMAS Richard dit JOHN
Né le 30-3-1923

PIQUON Lambert dit VICTOR
Né le 13-12-1911
Marié, deux enfants

HUBIN Armand dit ARSENE
Né à Modave le 9-3-1914

GHAYE François dit FERNAND
Né le 8-4-22
Chef adjoint de la Brigade

Otto BAUER dit ARMAND
Né à Liége, le 18-8-1892
Marié
Chef de la Brigade

BAWIN Marcel dit VAILLANT
Né le 2-7-1910
Marié, quatre enfants

DERENNE dit ANATOLE
Né le 18-12-1910
Marié, trois enfants

LEHANS Gaspard dit SERVAIS
Né le 16-6-1896
Marié, cinq enfants

MALPAS Désiré dit TOTO
Né le 26-6-1907
Marié, deux enfants

NIZET Léon dit BILLY
Né le 1-9-1923

Écoutons-le : « Nous voici arrivés à Feignies. Monsieur De Jongh nous invite à descendre pour nous présenter au guide définitif qui nous accompagnera jusqu'en Espagne. Nous le suivons à distance : il se dirige vers un groupe de trois jeunes femmes dont il embrasse l'une, et, comme par hasard, c'est la plus jolie ! Nous ne tarderons pas à savoir que c'est sa propre fille, "Dédée" ! Il nous présente à toutes les trois. Je comprends que deux d'entre elles nous accompagneront : Dédée et Elvire. L'autre partira avec monsieur De Jongh que nous remercions après l'avoir salué et nous remontons dans le train. Dès lors, l'expédition est au complet. Dédée en est le chef, et je n'en reviens pas ! C'est une frêle jeune fille qui paraît avoir vingt ans, très jolie, avenante, aimable, enjouée, simple. Elle semble avoir l'insouciance d'une jeune étudiante qui part en vacances après avoir réussi ses examens. Son père en parlant d'elle m'avait dit : "C'est un as !"... Quand au relais de Biarritz on me racontera ses invraisemblables exploits, on me dira : "C'est une fille extraordinaire !" À Madrid, un colonel anglais me dira d'elle : "C'est une pure héroïne de légende !" Ce n'est cependant qu'une douce petite fille de chez nous qui accomplit inlassablement, le plus simplement du monde, et toujours avec le sourire, le métier le plus périlleux qui soit : deux fois par mois, elle porte de Bruxelles à Bilbao le courrier du Deuxième Bureau anglais et elle en profite pour faire passer avec elle des types dans mon genre ou des Anglais restés en Belgique ou dont les avions y sont abattus. Voilà ! Ce voyage, c'est le quinzième qu'elle fait sans encombre, transportant au nez et à la barbe des Allemands des paquets de documents et des valises d'objets de toutes sortes volés aux occupants dans leurs bureaux et leurs usines ! Un seul de ces objets ou de ces papiers suffirait à la faire fusiller ! Je ne citerai de son héroïque histoire qu'un trait entre les mille qui m'ont été racontés à Biarritz : un jour, elle s'embarqua avec treize types à faire passer. À cette époque, il fallait traverser la Somme à la nage pour passer en France occupée. Or, pas un seul des treize nigauds qui l'accompagnaient ne savait nager ! Dédée a donc dû les passer en les soutenant d'une main, et en nageant de l'autre ! Mais il restait les bagages ! Elle dut par conséquent faire neuf traversées supplémentaires pour passer les bagages, de sorte que ce jour-là elle traversa la Somme vingt-deux fois dans les deux sens ! Quand je parlerai des quarante kilomètres de montagne qu'il faut faire à pied pour passer de France en Espagne, qu'on se souvienne qu'elle en est à son quinzième voyage ! Les Anglais, qui sont peu suspects de sentimentalisme, ne parlent d'elle

*Ce plan reprenant les voies, les aiguillages et la signalisation de la ligne Bruxelles-Mons et dérobé par des cheminots sera livré à la Résistance. Grâce à de telles indications, les sabotages des voies ferrées se multiplieront, désorganisant ainsi l'acheminement des troupes et des munitions, notamment au moment du débarquement de Normandie.*

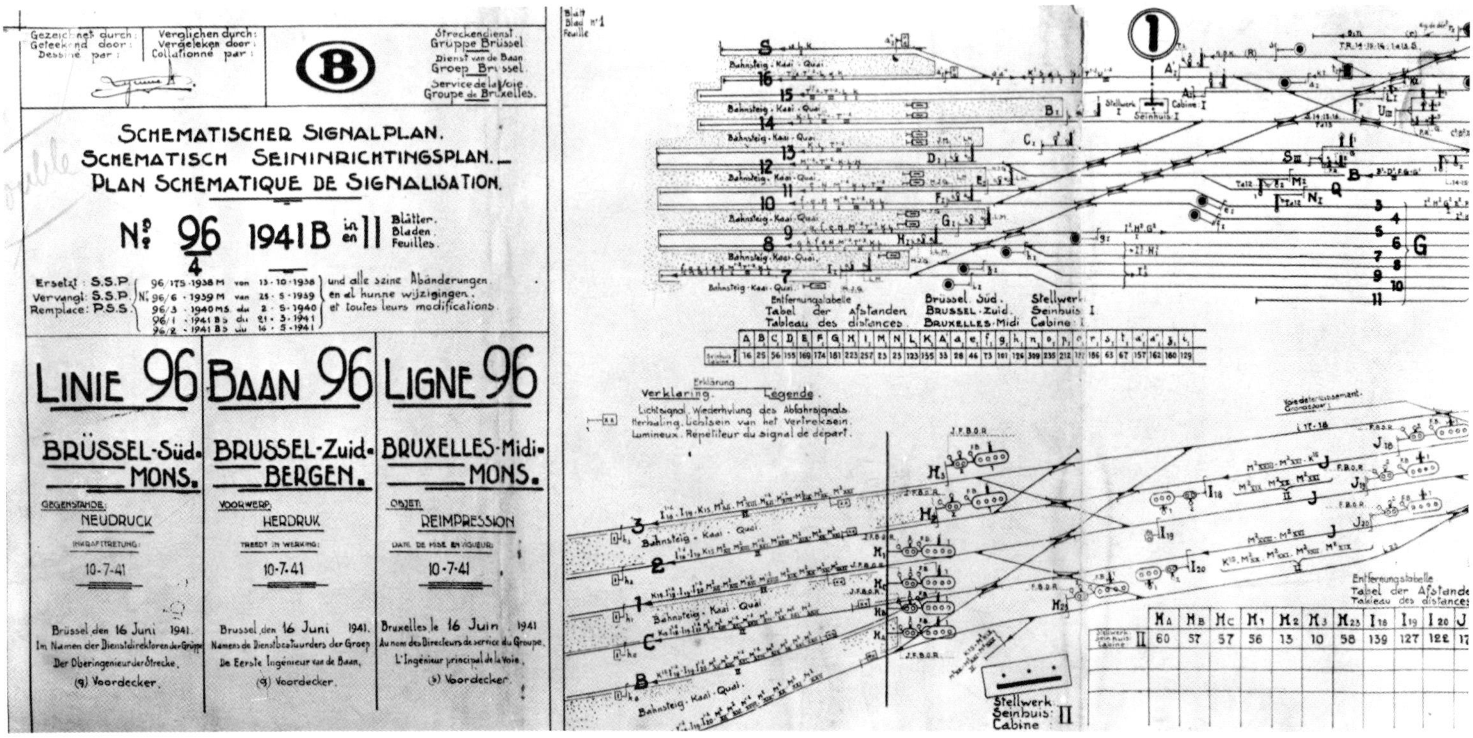

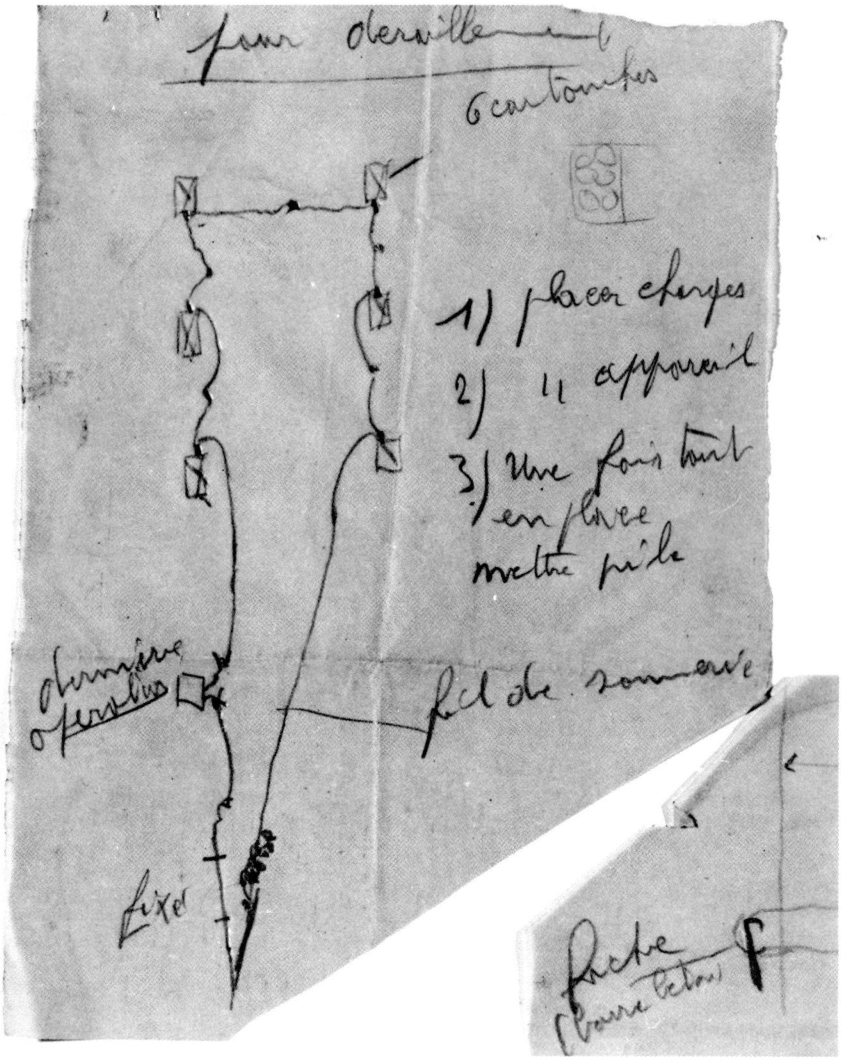


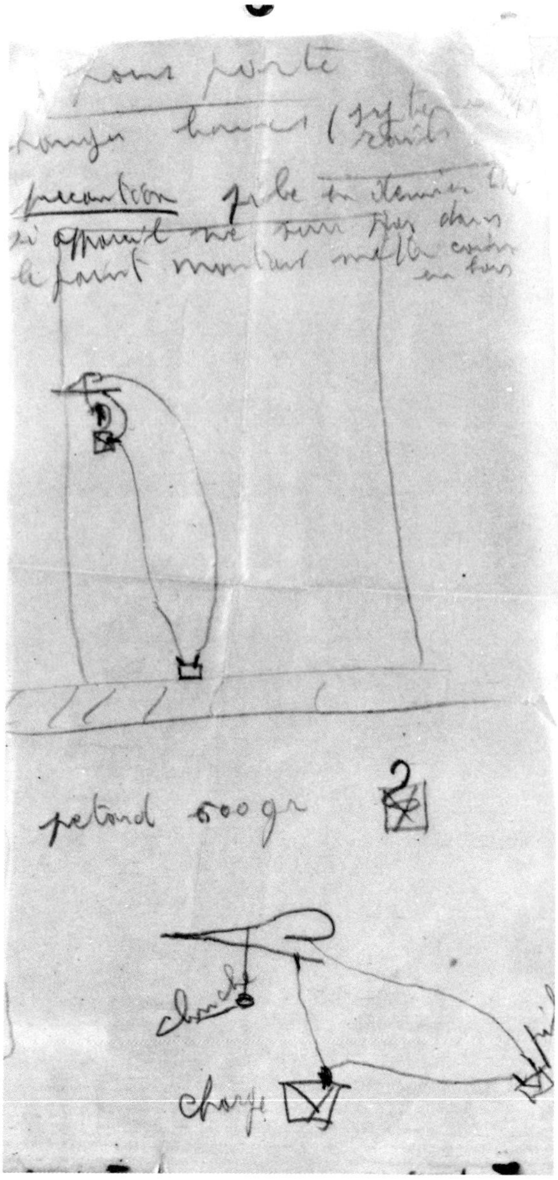


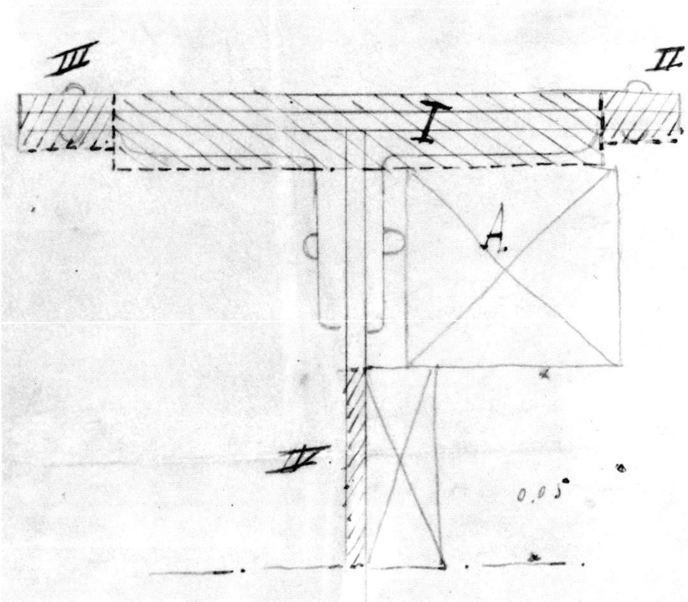


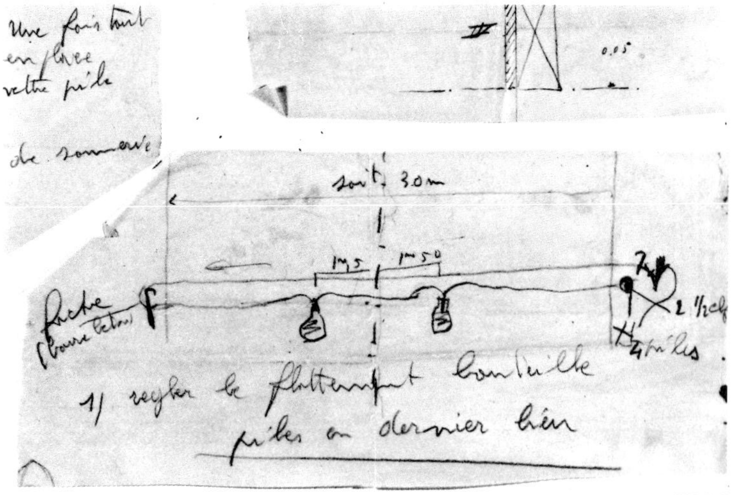


*Ces différents schémas sont en fait le petit manuel du parfait saboteur puisqu'ils indiquent ni plus ni moins où placer des charges pour faire sauter les rails de chemins de fer.*

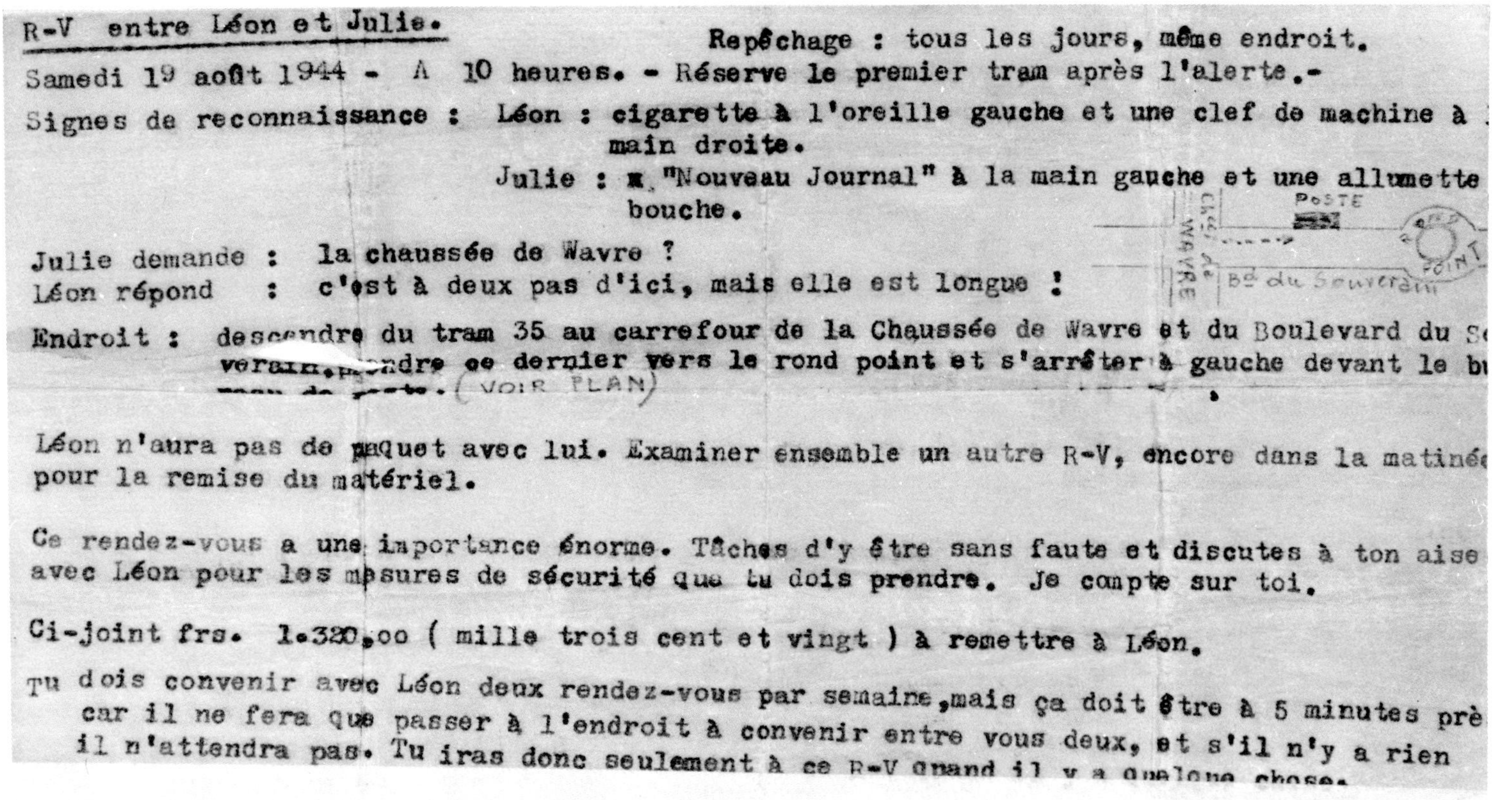

R-V entre Léon et Julie.

Repêchage : tous les jours, même endroit.

Samedi 19 août 1944 - A 10 heures. - Réserve le premier tram après l'alerte.-

Signes de reconnaissance : Léon : cigarette à l'oreille gauche et une clef de machine à
main droite.

Julie : "Nouveau Journal" à la main gauche et une allumette
bouche.

Julie demande : la chaussée de Wavre ?
Léon répond : c'est à deux pas d'ici, mais elle est longue !

Endroit : descendre du tram 35 au carrefour de la Chaussée de Wavre et du Boulevard du So
verain, prendre ce dernier vers le rond point et s'arrêter à gauche devant le bu
(VOIR PLAN)



Léon n'aura pas de paquet avec lui. Examiner ensemble un autre R-V, encore dans la matiné
pour la remise du matériel.

Ce rendez-vous a une importance énorme. Tâches d'y être sans faute et discutes à ton aise
avec Léon pour les mesures de sécurité que tu dois prendre. Je compte sur toi.

Ci-joint frs. 1.320,00 ( mille trois cent et vingt ) à remettre à Léon.

Tu dois convenir avec Léon deux rendez-vous par semaine, mais ça doit être à 5 minutes prè
car il ne fera que passer à l'endroit à convenir entre vous deux, et s'il n'y a rien
il n'attendra pas. Tu iras donc seulement à ce R-V quand il y a quelque chose.

*Quelques recommandations d'un chef de réseau pour un rendez-vous entre deux agents quelque part boulevard du Souverain, à Bruxelles, à deux semaines de la libération de la capitale.*

qu'avec une admiration qui confine à la ferveur : ils la considèrent comme une manière de synthèse d'héroïsme et de simplicité. On comprend qu'un tel métier ne puisse pas s'exercer perpétuellement sans aléas. Un jour, il y eut alerte chez Dédée qui n'eut que le temps de déguerpir par la porte de derrière et de disparaître. Les Allemands, heureusement, semblèrent se contenter des renseignements qu'on leur donna. Néanmoins, le "service" parvint à faire comprendre à Dédée qu'elle devait être sur ses gardes et qu'elle ferait bien de disparaître pour un certain temps, jusqu'à ce qu'on l'oublie. Il fut décidé qu'elle resterait à Biarritz. »

Le 10 mai 1940, Andrée De Jongh quitte Louvain pour Bruxelles. Se présentant à la Croix-Rouge pour venir en aide aux blessés, elle est affectée au poste de secours de la gare du Midi pour rejoindre ensuite l'hôpital Minnewater de Bruges où elle prodiguera des soins jusqu'à fin 1940.

Déjà, elle s'appliquait à « subtiliser » à l'occupant les blessés anglais en voie de guérison. Le subterfuge marchera impeccablement jusqu'à ce que les Allemands prennent le contrôle de la clinique. Andrée De Jongh revient à Bruxelles où elle rencontre des officiers belges et un civil, Arnold Deppé, réparateur de postes de T.S.F.

Avec eux, elle va cacher des soldats anglais. Pas pour longtemps puisqu'elle faillit être capturée en même temps que les officiers belges par les Allemands qui avaient repéré leur cachette.

Une révision de la stratégie s'imposait et c'est ainsi que naquit l'idée d'un réseau qui, à travers la France et l'Espagne, ramènerait les militaires qui avaient échappé à la capture, et leur permettrait de rejoindre l'Angleterre.

Mais laissons la parole à Andrée De Jongh qui s'est confiée en 1982 à l'écrivain Isabelle Gérard : « Arnold et moi, nous nous traitâmes mutuellement d'idiot et je lui suggérai de trouver un moyen plus efficace et une porte de sortie vers l'Angleterre. Nous exclûmes le littoral belge trop bien gardé et trop fortifié ainsi que la frontière suisse hérissée de défenses. Restait la zone non occupée en France et les Basses-Pyrénées à franchir pour se trouver sur le sol espagnol. Arnold Deppé pouvait contacter des contrebandiers, mais l'argent nous manquait pour organiser le réseau. J'ai donc vendu pour cinq cents francs mes maigres bijoux puis je suis allée taper mes relations. Il me manquait encore trois mille francs qui me furent donnés par la grande cantatrice

SOCIÉTÉ NATIONALE DES CHEMINS DE FER BELGES

INDUSTRIELS,
COMMERÇANTS,
AGRICULTEURS,

Hiver comme été,
CHAQUE JOUR
le chemin de fer SEUL
accepte
TOUS vos TRANSPORTS,
(Et vos transports de joie le jour
où ils prendront un billet sans retour)
pour
TOUTES DESTINATIONS.
Ses AGENCES COMMERCIALES
étudieront pour vous
des acheminements RAPIDES,
des prix de transport ÉCONOMIQUES

***Ecrivez ou téléphonez***
***aux Agences Commerciales :***

| | |
|---|---|
| d'**ANVERS,** *Place de Meir, 24, tél. 30.260 et 30.268* | de **GAND,** *Station Gand (St-Pierre), tél. 172.65.* |
| de **BRUXELLES,** *47, rue de l'Ecuyer, tél. 11.95.50* | de **HASSELT,** *38, Marché aux Avoines, tél. 265* |

*ou à toute station du réseau*

*Votre outil très fidèle est le chemin de fer*
*Mais aidez-nous d'abord à sortir de l'enfer*
*Où nous a tous plongés le satané Hitler.*

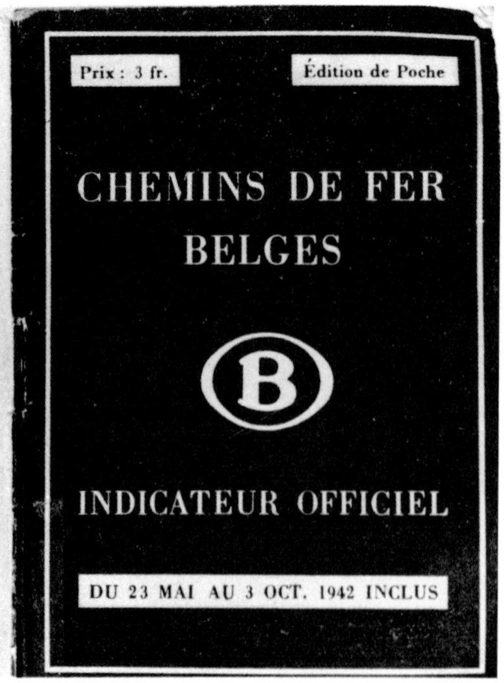

Prix : 3 fr. Édition de Poche

CHEMINS DE FER
BELGES

B

INDICATEUR OFFICIEL

DU 23 MAI AU 3 OCT. 1942 INCLUS

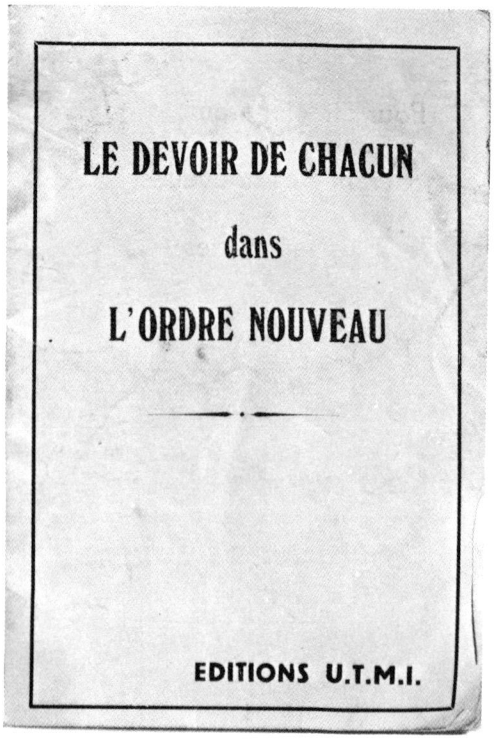

LE DEVOIR DE CHACUN
dans
L'ORDRE NOUVEAU

EDITIONS U.T.M.I.

*Rien n'est plus aisé que de dissimuler dans des ouvrages aussi répandus que l'indicateur officiel des chemins de fer ou encore des livres vantant les mérites de l'Ordre nouveau des instructions relatives au sabotage. Nous avons connu des journalistes participant à la presse clandestine qui acheminaient leur papier de la même manière.*

Livine Mertens. Elle vendit pour la bonne cause un superbe manteau de fourrure. Arnold Deppé s'adressa, lui, à la Société Générale dont un des administrateurs lui conseilla d'aller voir madame De Greef, ancienne secrétaire de direction de la "Nation belge" ; le mari de cette dame occupait la fonction d'interprète à la mairie d'Anglet et, sous le couvert de celle-ci, recueillait énormément de renseignements.

« Le mot de passe pour madame De Greef était "Gogo est mort", Gogo étant le petit chien chéri décédé peu de mois auparavant. Madame De Greef devint naturellement tante Go dans le réseau, et sa maison du bout du monde faisait face aux montagnes des Trois Couronnes marquant la frontière entre la France et l'Espagne.

« – Il fallait donc les franchir pour recouvrer la liberté ?

« – N'allez pas si vite, avant l'Espagne nous devions passer la Somme et imiter les papiers nécessaires pour sortir des gares de Biarritz et de Saint-Jean-de-Luz, où ne pouvaient descendre que les habitants de cette zone interdite. Les faux papiers ne créèrent aucune difficulté, la Somme était notre Rubicon.

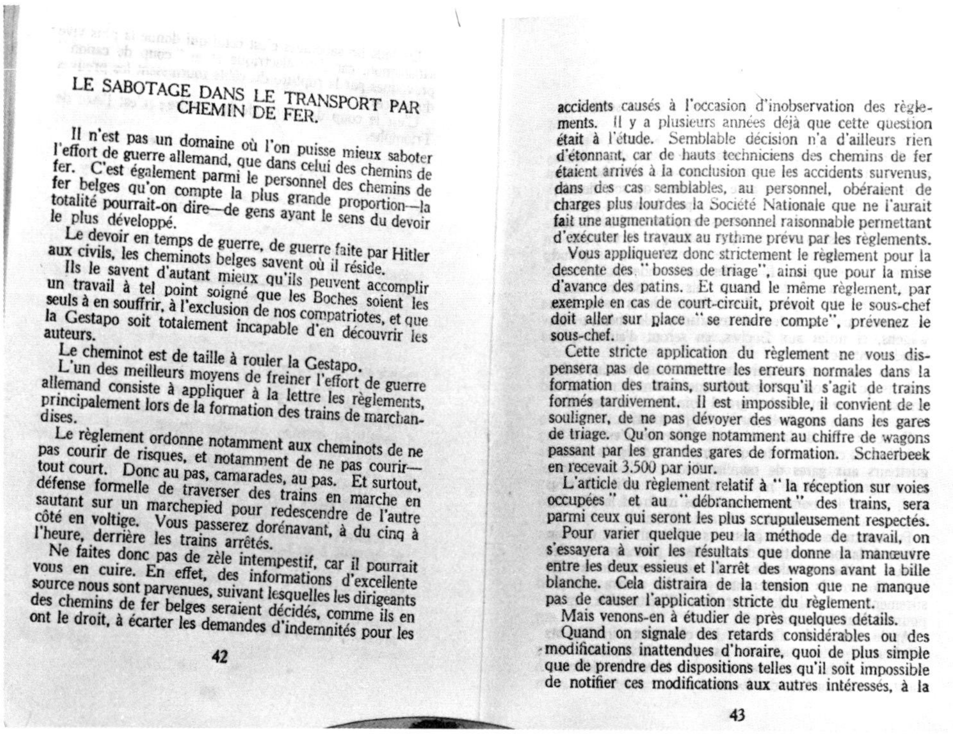

LE SABOTAGE DANS LE TRANSPORT PAR CHEMIN DE FER.

Il n'est pas un domaine où l'on puisse mieux saboter l'effort de guerre allemand, que dans celui des chemins de fer. C'est également parmi le personnel des chemins de fer belges qu'on compte la plus grande proportion—la totalité pourrait-on dire—de gens ayant le sens du devoir le plus développé.

Le devoir en temps de guerre, de guerre faite par Hitler aux civils, les cheminots belges savent où il réside.

Ils le savent d'autant mieux qu'ils peuvent accomplir un travail à tel point soigné que les Boches soient les seuls à en souffrir, à l'exclusion de nos compatriotes, et que la Gestapo soit totalement incapable d'en découvrir les auteurs.

Le cheminot est de taille à rouler la Gestapo.

L'un des meilleurs moyens de freiner l'effort de guerre allemand consiste à appliquer à la lettre les règlements, principalement lors de la formation des trains de marchandises.

Le règlement ordonne notamment aux cheminots de ne pas courir de risques, et notamment de ne pas courir— tout court. Donc au pas, camarades, au pas. Et surtout, défense formelle de traverser des trains en marche en sautant sur un marchepied pour redescendre de l'autre côté en voltige. Vous passerez dorénavant, à du cinq à l'heure, derrière les trains arrêtés.

Ne faites donc pas de zèle intempestif, car il pourrait vous en cuire. En effet, des informations d'excellente source nous sont parvenues, suivant lesquelles les dirigeants des chemins de fer belges seraient décidés, comme ils en ont le droit, à écarter les demandes d'indemnités pour les

42

accidents causés à l'occasion d'inobservation des règlements. Il y a plusieurs années déjà que cette question était à l'étude. Semblable décision n'a d'ailleurs rien d'étonnant, car de hauts techniciens des chemins de fer étaient arrivés à la conclusion que les accidents survenus, dans des cas semblables, au personnel, obéraient de charges plus lourdes la Société Nationale que ne l'aurait fait une augmentation de personnel raisonnable permettant d'exécuter les travaux au rythme prévu par les règlements.

Vous appliquerez donc strictement le règlement pour la descente des "bosses de triage", ainsi que pour la mise d'avance des patins. Et quand le même règlement, par exemple en cas de court-circuit, prévoit que le sous-chef doit aller sur place "se rendre compte", prévenez le sous-chef.

Cette stricte application du règlement ne vous dispensera pas de commettre les erreurs normales dans la formation des trains, surtout lorsqu'il s'agit de trains formés tardivement. Il est impossible, il convient de le souligner, de ne pas dévoyer des wagons dans les gares de triage. Qu'on songe notamment au chiffre de wagons passant par les grandes gares de formation. Schaerbeek en recevait 3.500 par jour.

L'article du règlement relatif à "la réception sur voies occupées" et au "débranchement" des trains, sera parmi ceux qui seront les plus scrupuleusement respectés.

Pour varier quelque peu la méthode de travail, on s'essayera à voir les résultats que donne la manœuvre entre les deux essieus et l'arrêt des wagons avant la bille blanche. Cela distraira de la tension que ne manque pas de causer l'application stricte du règlement.

Mais venons-en à étudier de près quelques détails.

Quand on signale des retards considérables ou des modifications inattendues d'horaire, quoi de plus simple que de prendre des dispositions telles qu'il soit impossible de notifier ces modifications aux autres intéressés, à la

43

fissuration désirée des boulons sur lesquels ils sont vissés. Lequel d'entre vous ignore l'effet destructif de pièces, d'assemblages du chassis, ou de cylindres, disloqués ?

Une telle nomenclature, fastidieuse à la longue, n'est limitée que par l'imagination. Un dernier mot pour la locomotive cependant : n'oubliez pas l'écrou ou toute pièce métallique peu encombrante qu'on laisse choir dans la cheminée. Du moment qu'aucune dimension n'est inférieure à 15 millimètres, l'immobilisation ultérieure d'une certaine durée est garantie, disons au moins dans 3 cas sur 5 !

**Lors des bombardements.**

Et ce qui est de la plus totale évidence, c'est que les hommes du chemin de fer qui auront été désignés comme guetteurs aux gares de marchandises ou de formation, auront grand soin de ne rien dire avant qu'il soit trop tard, quand les bombes incendiaires mettront le feu aux wagons ou aux stocks destinés aux allemands.

Par contre les mêmes guetteurs veilleront avec un soin jaloux à la préservation des matières premières ou des vivres réellement destinés à nos compatriotes. Et l'attention qu'ils apporteront à ceci, les mettra presque sûrement à l'abri des reproches d'inattention qu'on pourrait leur faire pour cela.

Après des raids d'avions, les cheminots intelligents récolteront soigneusement les plus déchiquetés des fragments d'obus allemands pour les introduire délicatement

16

*Les livres d'apprentissage de la langue française destinés aux troupes allemandes furent détournés par la Résistance qui les utilisaient pour saper le moral des soldats, notamment en leur décrivant, schémas à l'appui, tous les moyens pour se faire réformer.*

# 1000 Worte
## FRANZÖSISCH

10. HEFT — DEUTSCHER VERLAG — 28.–29. STUNDE

— Les enfants doivent se taire quand les
läßanfan düaw ßö tähr kan läh
Die Kinder müssen schweigen, wenn die

personnes âgées sont en conversation.
pärßonsahscheh ßontan konwärßaßion.
Erwachsenen sind in Unterhaltung.

— Mais Tante Célestine parle tout le temps!
mäh tant ßeläßtihn parl tu lö tan!
Aber Tante Cölestine spricht die ganze Zeit!

289 *

Rp
Kal. jodat. 10,0
Aqu. dest. ad 200,0

MDS
1 Esslöffel 3x
täglich in Wasser
nach den Mahlzeiten

3. Nov. 1942

die richtige Stelle gefunden hast. Du legst die Bandage an, wenn du schlafen gehst. Am nächsten Morgen wird dann das betreffende Glied „eingeschlafen" sein. Nachdem du das mehrere Nächte nacheinander wiederholt hast, wird sich das „Wiederaufwachen" des Gliedes immer länger hinauszögern.
Du wirst schon selbst bemerken, wann es Zeit ist, zum Arzt zu gehen. Geh lieber später, als früher, je längere Zeit hindurch du die Behandlung ausgeführt hast, ehe du zum Arzt gehst, desto bessere Wirkungen wirst du erzielen.
Beim Arzt beklagst du dich nur über das, was du

Abbildung 8.

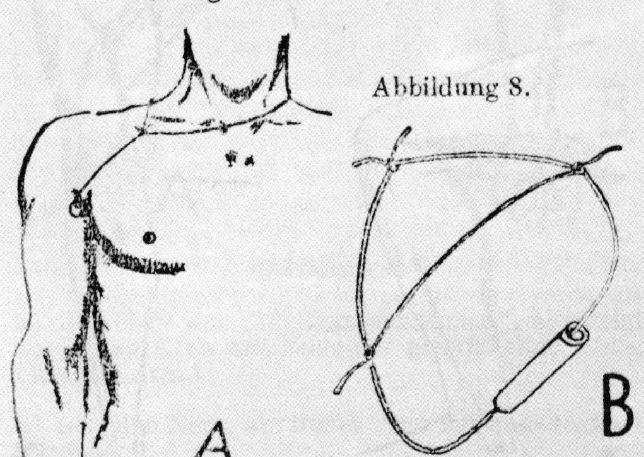


A) Vorrichtung, die einen Druck auf den Nerv in der Achselhöhle ausübt. In der Abbildung unter dem rechten Arm getragen.

B) Zeigt die Vorrichtung selbst, bestehend aus einem etwa 8 cm langen Stück Gummischlauch von der Stärke eines gewöhnlichen Gartenschlauchs und zwei Schnüren.

36

wirklich spürst. Auf Fragen antwortest du, daß es dir seit einiger Zeit dauernd passiert ist, daß am Morgen dein Fuß (oder welches Glied immer du behandelt hast) „eingeschlafen" war. Das ist natürlich immer wieder vorbeigegangen, hat aber offenbar immer etwas länger gedauert. Jetzt scheint es überhaupt nicht mehr weggehen zu wollen, und du kannst den Fuß (oder die Hand usw.) nicht recht gebrauchen. Beschreibe nur, was du wirklich fühlst, und laß den Doktor so viele Untersuchungen anstellen, wie er will. Mach es ihm leicht, und tu alles, was er dir sagt. Solange nicht herauskommt, daß du das Glied bandagiert hast, kannst du nicht hereinfallen. Falls die Gefühllosigkeit usw., die eintreten wird, zu schnell verschwindet, brauchst du nur weiter die Bandage anzulegen, wie vorher. Die Krankheit läßt sich beliebig verlängern, wenn nötig bis zum Kriegsende.
Aus den Abbildungen 6, 7 und 8 ersiehst du, wo und wie man die Bandage anlegt.* Beim Ellbogen und beim Knie läßt sich z.B. der Radiergummi gut mit einer abgeschnittenen Strumpflänge festhalten. Darüber kann man noch ein Taschentuch binden, um einen stärkeren Druck auf den Gummi auszuüben. Du solltest immer nur einen Nerv behandeln!
Du brauchst nicht zu befürchten, daß du dir einen dauernden Schaden zufügen wirst. Fortgesetzte

*Achtung! Die Bandage darf nicht zu stramm sitzen, sie soll nicht das Blut unterbinden, sondern nur den Gegenstand in der richtigen Lage halten und ihn einen Druck auf den Nerv ausüben lassen. Eine zu stramme Bandage und ein zu harter Gegenstand hinterlassen auch leicht Druckstellen, die der Doktor lieber nicht vorfinden sollte.

37

*Cette photo pour le moins réaliste montre un véhicule de l'armée allemande détruit par la Résistance.*

« – Là aussi vous avez trouvé des complices…

« – On m'indiqua à Corbie une paysanne possédant un bateau pour traverser la rivière. Vingt minutes d'intervalle entre deux patrouilles allemandes me paraissaient un temps suffisant pour arriver sur l'autre berge. J'organisai donc un premier convoi de treize personnes : des officiers de réserve belges et quelques civils dont une très digne dame anglaise.

« Nous avions compté sans les campeurs de l'été installés en bordure de l'eau. Une barque eût été trop facilement repérable, d'où nécessité de traverser à la nage. Pour moi, aucun problème, j'avais fait de la compétition, mais, sur mes treize fugitifs, cinq seulement pouvaient s'en tirer. Je passai donc un filin d'une rive à l'autre d'où l'on tirerait, ceinturés d'une bouée, ceux qui ne pouvaient se débrouiller dans l'élément liquide. Ma dame anglaise (en bloomer) bascula sans lâcher son parapluie. De repêchage en transport de bagages, vingt-trois fois je fis la navette. Mes "transportés" s'endormirent du sommeil du juste dans une ferme complice, puis prirent le train pour Amiens et arrivèrent sans encombre chez tante Go.

« – Les voilà sauvés !

« – Ne le croyez pas, les passeurs étaient bien au rendez-vous mais les Espagnols

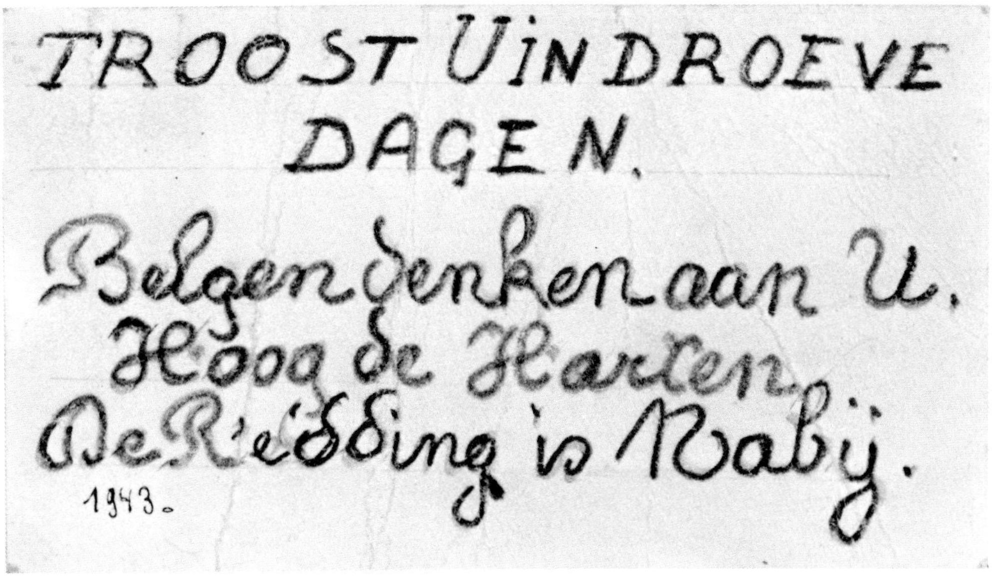

TROOST U IN DROEVE DAGEN.

Belgen denken aan U.
Hoog de Harten.
De Redding is Nabij.

1943.

*Ce message griffonné sur un bout de papier parvint clandestinement à un résistant retenu à l'hôpital d'Alost après avoir été blessé en action : « Les Belges pensent à vous, haut les cœurs ! La libération est proche ! » Quelques jours plus tard, ce fut chose faite puisqu'il fut libéré par ses amis.*

*Du même partisan, les cartes d'identité et de ravitaillement, fausses bien sûr !*

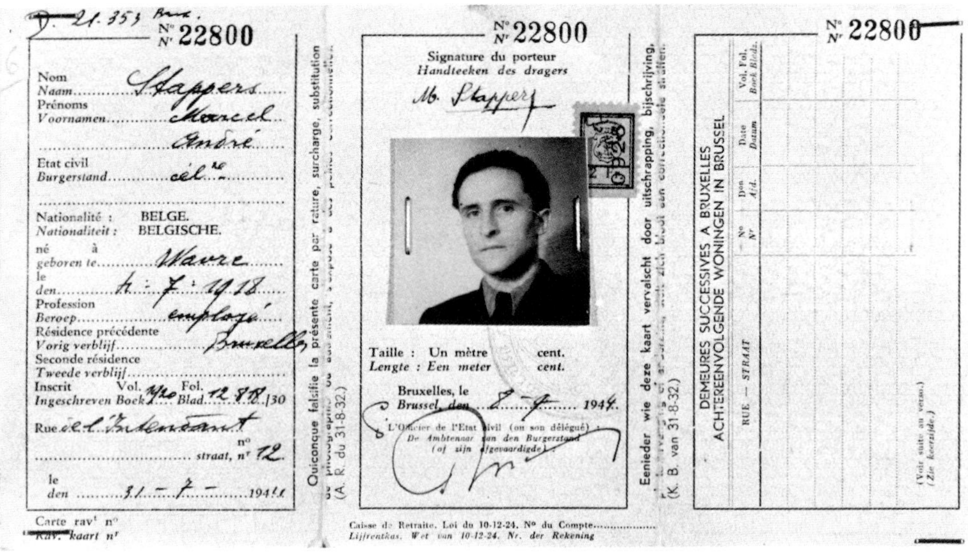

N° 22800

Nom / Naam: Stappers
Prénoms / Voornamen: Marcel André
Etat civil / Burgerstand: cél.re
Nationalité : BELGE. / Nationaliteit : BELGISCHE.
né à / geboren te: Wavre
le / den: 4-7-1918
Profession / Beroep: employé
Résidence précédente / Vorig verblijf: Bruxelles
Seconde résidence / Tweede verblijf:
Inscrit / Ingeschreven Vol. / Boek 42 Fol. / Blad 1288/130
Rue: de l'Intendant n° / straat, nr 12
le / den 31-7-1941
Carte ravt n° / Rav. kaart nr

N° 22800
Signature du porteur / Handteeken des dragers
M. Stappers
Taille : Un mètre cent. / Lengte : Een meter cent.
Bruxelles, le / Brussel, den 2-7-1944.
L'Officier de l'Etat Civil (ou son délégué) / De Ambtenaar van den Burgerstand (of zijn afgevaardigde)
Caisse de Retraite. Loi du 10-12-24. N° du Compte / Lijfrentkas. Wet van 10-12-24. Nr. der Rekening

N° 22800
DEMEURES SUCCESSIVES A BRUXELLES / ACHTEREENVOLGENDE WONINGEN IN BRUSSEL

Royaume de Belgique — Koninkrijk België
N° 447194
Adresse / Adres: r. Intendant N° 12
Carte d'identité / Identiteitskaart N° 21353
Nom / Naam: STAPPERS
Prénoms / Voornamen: Marcel
État Civil / Burgerlijke Stand: C.
Nationalité / Nationaliteit: B.
Né à / Geboren te: Wavre
Le / Den: 4-7-1918
Le Bourgmestre, — De Burgemeester, (ou son délégué — of zijn afgevaardigde)
Sceau de l'Administration Communale. Zegel van den Gemeentedienst.
Biffer mention inutile — Doorhalen wat niet past.
MINISTÈRE DES AFFAIRES ÉCONOMIQUES
MINISTERIE VAN ECONOMISCHE ZAKEN
TEXTILE-TEXTIEL

Inscriptions des personnes du ménage / Inschrijvingen van de personen van het gezin
CARTE DE CHEF DE MÉNAGE / KAART VAN GEZINSHOOFD
Electricité - Electriciteit: Oui-Ja — Non-Neen
Gaz — Gas: Oui-Ja — Non-Neen

Rationnement-Rantsoeneering MG-7 N° 447194
Rationnement-Rantsoeneering MG-8 N° 447194
Rationnement-Rantsoeneering MG-9 N° 447194
Rationnement-Rantsoeneering MG-10 N° 447194
Rationnement-Rantsoeneering MG-11 N° 447194

internèrent nos officiers dans leurs camps. »

Mais bientôt s'introduit dans le réseau « Comète » un agent double qui provoquera à Lille l'arrestation d'Arnold Deppé, Andrée, quant à elle, avait choisi de passer par Quiévrain et ce fut sa chance. Reconnue mais non arrêtée par un interprète allemand membre de la Gestapo, elle partira à la recherche de son compagnon.

Par oubli, elle ne se rendra pas dans le café où l'attend la police secrète nazie. Mais elle se sent traquée. C'est alors qu'elle prend contact avec un officier français qu'elle a aidé autrefois. Ce dernier réussit à prévenir monsieur De Jongh et sa famille. Dédée poursuit son voyage avec ses « passagers » et rejoint ainsi tante Go.

Mais encore fallait-il réussir à traverser les Pyrénées et surtout convaincre le guide basque que la frêle jeune fille qu'il avait devant lui en était tout à fait capable. C'est ainsi qu'elle se dirigea vers San Sebastian et de là vers Madrid par le train matinal des maraîchers pour remettre ses aviateurs à l'ambassade d'Angleterre.

Nouvelle question d'Isabelle Gérard à Andrée De Jongh :

« – Mais comment repériez-vous les aviateurs ?

« – Eh bien, les Allemands avaient la naïveté d'annoncer le nombre d'avions abattus au-dessus de nos territoires. J'avais constitué toute une brigade d'innocentes jeunes filles dont Dédée, Michou Dumon et Peggy Van Lier qui s'enquéraient auprès des commerçants des villages des chutes d'avions dans les campagnes. De fil en aiguille, nous interrogions le curé, l'instituteur et le médecin après avoir pris des renseignements sur leurs sentiments nationaux. Je dois dire à l'hon-

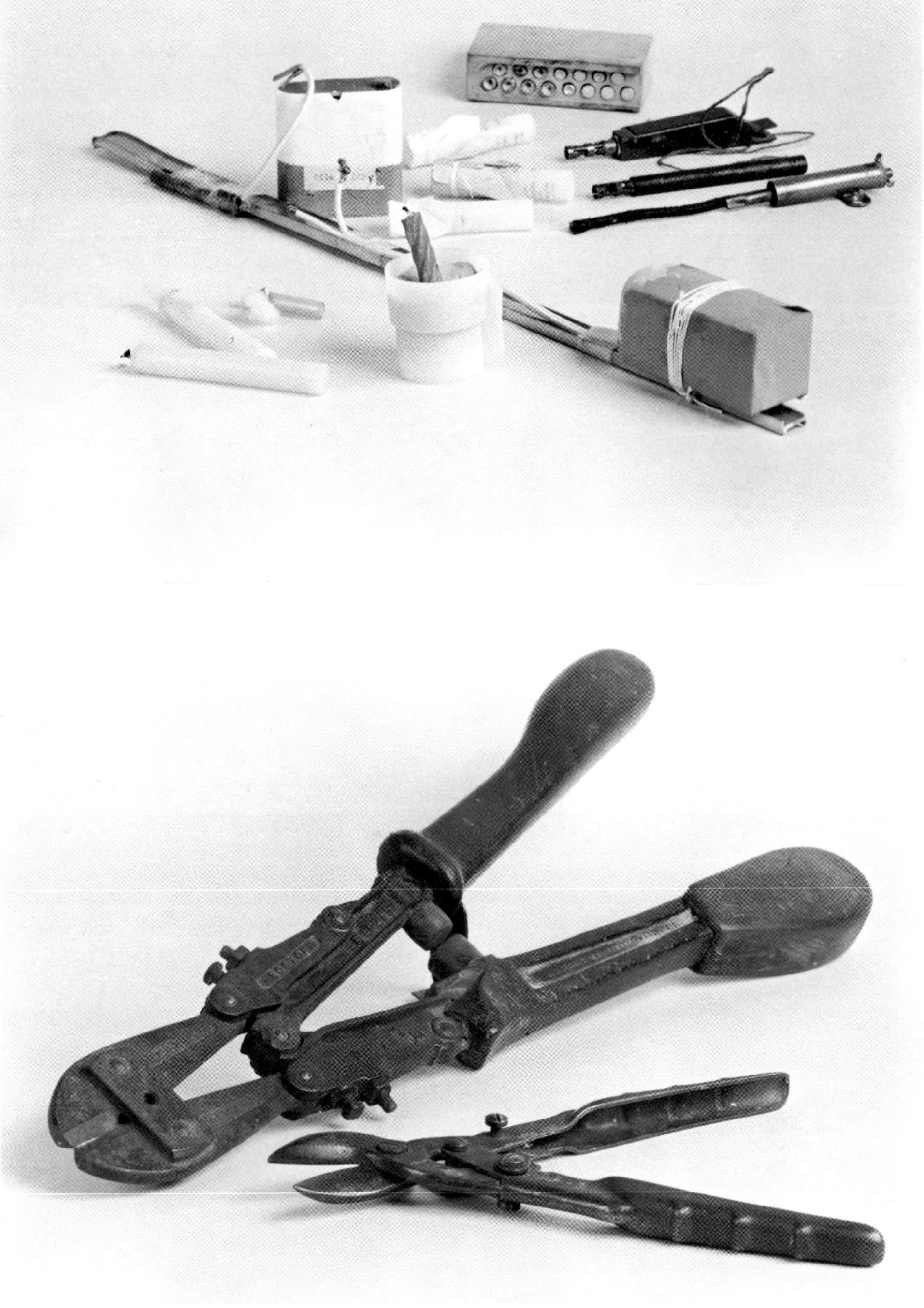

*En haut, tout un attirail pour dynamiter, avec notamment les détonateurs à ficelle et chimiques ; en bas, des cisailles pour couper les fils de fer barbelés ou les lignes téléphoniques aériennes.*

neur des Belges que jamais aucun aviateur tombé ne fut dénoncé. Les personnalités des villages savaient en général où ils se trouvaient et nous prenions contact avec eux.

« – Comment déceler si parmi eux ne se glissait pas un traître ?

« – Nous retrouvions ces gens dans une église et avions mis au point tout un interrogatoire. Par exemple, il fallait savoir ce qu'ils avaient mangé lors de leur dernier repas, car les carottes favorables à la vue se trouvaient toujours au menu des pilotes. Quand les réponses ne semblaient pas satisfaisantes, nous disparaissions en disant à nos "victimes" que nous allions chercher du secours. Entretemps, notre organisation s'était perfectionnée car Michaël Cresswell, diplomate à Madrid, nous vouait une confiance non pas aveugle mais très lucide. Je lui téléphonais quand j'arrivais avec un contingent. Un garagiste nous prenait en charge avec sa voiture. La voiture de l'ambassade nous rencontrait sur une route déserte et nous y déversions notre précieux chargement. »

Dédée avait décidé de ne plus rentrer en Belgique, tout comme son père qui organisait les refuges à Paris. À Bruxelles, elle pouvait néanmoins compter sur le soutien efficace du père Riquet et de Jean Greindl, chargés d'acheminer les aviateurs tombés au-dessus de notre pays.

Quant à notre héroïne, elle avait eu soin de former en France un assistant en la personne de Jean-François Nothomb qui, dans l'hypothèse d'une arrestation de Dédée, pouvait continuer à faire fonctionner parfaitement le réseau. Hypothèse qui se confirmera en janvier 1943.

Écoutons Andrée De Jongh : « J'avais remarqué dans la ferme où nous dormions avant le grand saut au-delà des Pyrénées que le domestique volait dans nos sacs. J'ai donc changé de refuge, mais le domestique de la première habitation a surgi dans la seconde et nous a dénoncés, puisqu'il ne pouvait plus nous dépouiller. »

Menacée de tortures, Dédée donne finalement son nom pour sauver tante Go, tout en refusant de livrer aux Allemands l'adresse de son père à Paris. Elle sera ensuite soumise au supplice de la faim sans pour autant parler, avant d'être transférée à Paris où elle subit encore de multiples interrogatoires. Elle se retrouvera finalement dans les griffes de la police allemande à Bruxelles qui l'enverra dans les camps avec l'étiquette « Nacht und Nebel ».

Ballottée de camp en camp, elle échappera à la marche de la mort : gravir la colline avant l'entrée du camp de Mauthausen dont elle sera libérée par la Croix-Rouge le 22 avril 1945.

Revenue au pays, Andrée De Jongh se consacrera aux plus démunis et parcourera le monde, notamment pour soigner les lépreux.

Huit cents aviateurs alliés devront au courage d'Andrée De Jongh et de son réseau « Comète » d'avoir pu reprendre le combat en même temps que de nombreux Belges qui purent ainsi intégrer les forces alliées et participer à la campagne de libération de l'Europe.

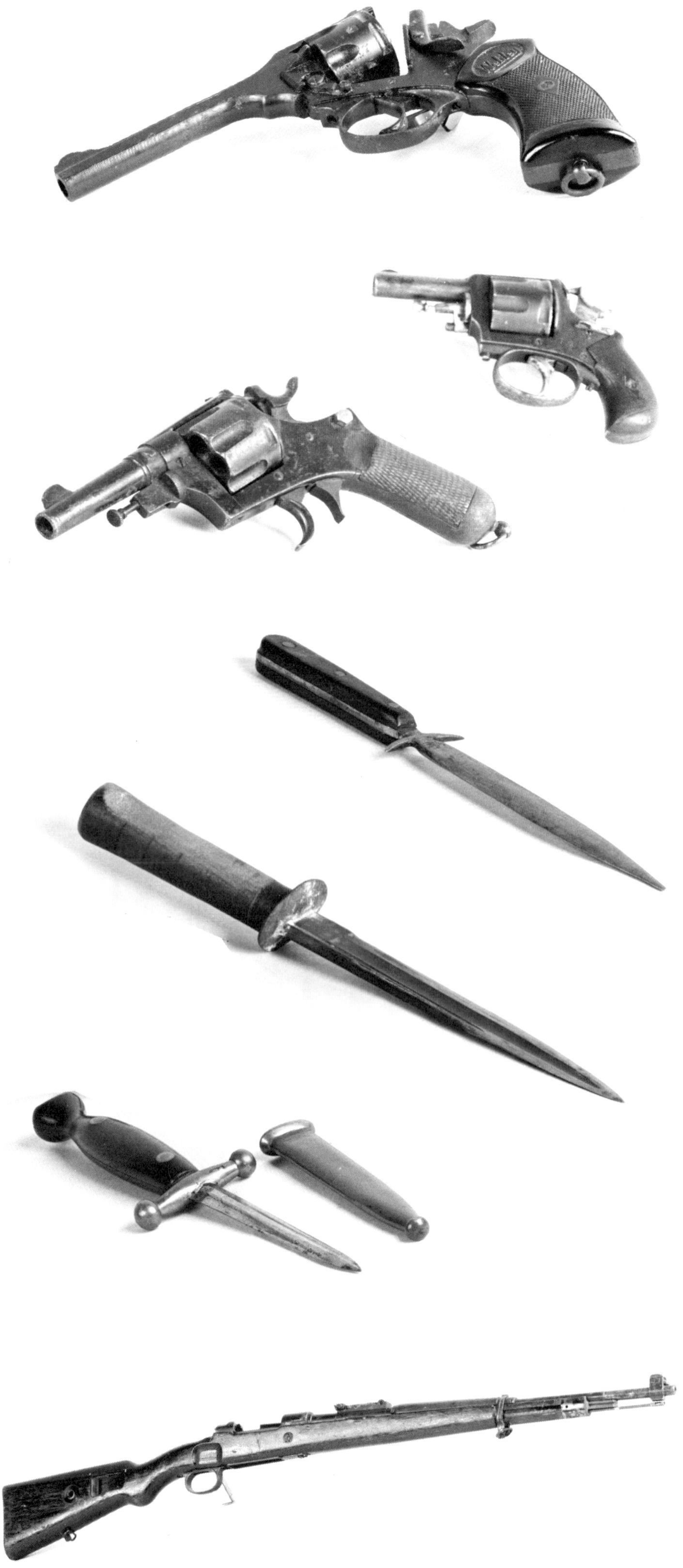

*Armes blanches, revolvers et fusils utilisés par la Résistance, dont certains appartenaient à l'armée belge et furent cachés après la capitulation du 28 mai 1940.*

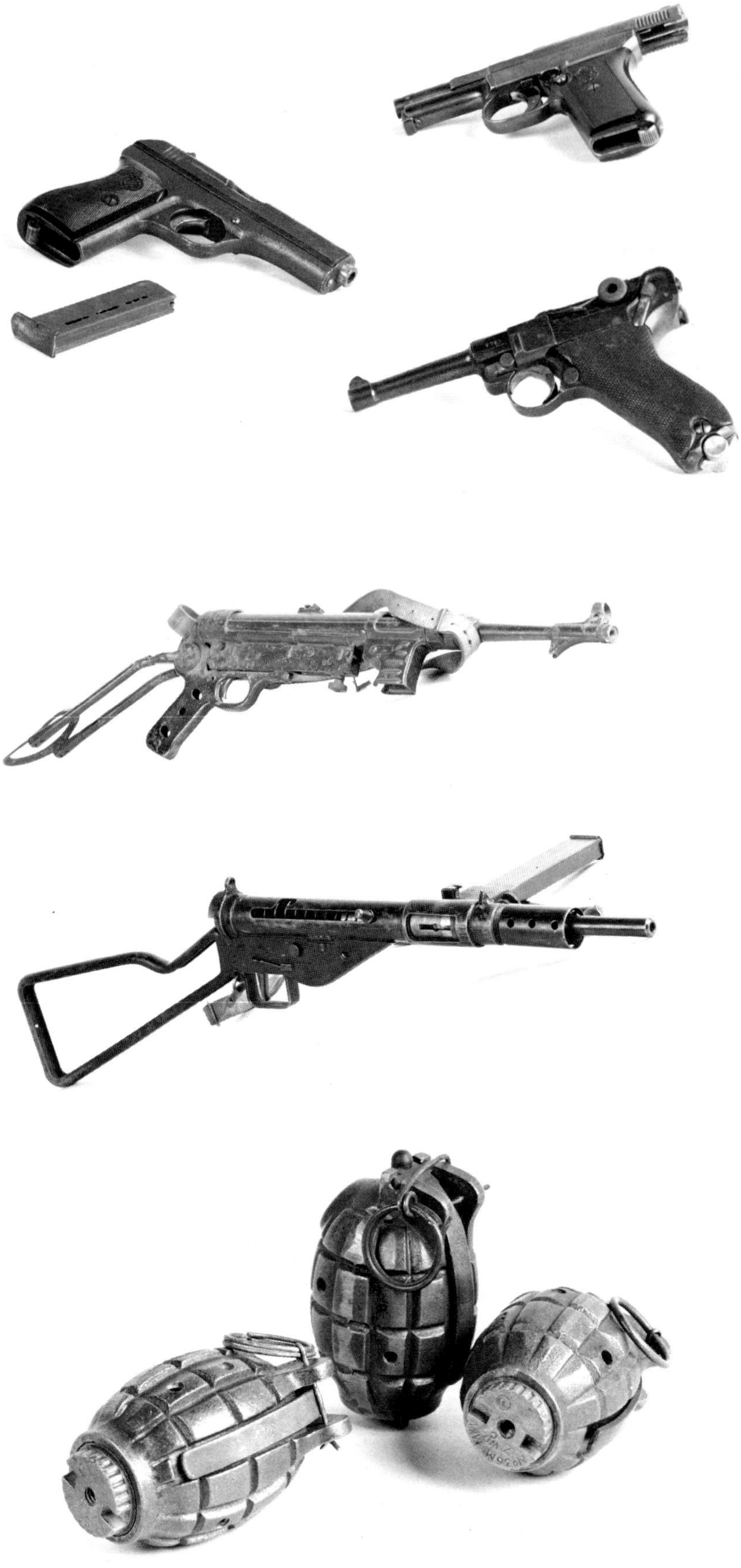

## WALTHÈRE DEWÉ ET « CLARENCE »

En juin 1940, Walthère Dewé, qui avait dirigé durant la Première Guerre mondiale le réseau « La Dame blanche », croit dur comme fer à la victoire de l'Angleterre : « L'Angleterre tiendra seule aussi longtemps qu'il sera nécessaire. Tôt ou tard, les États-Unis et l'Union Soviétique seront contraints à l'intervention. Qu'importe ! La grandeur de la cause exige que nous ne fixions aucune limite à notre devoir. Quoi qu'il arrive, nous irons jusqu'au bout ! »

Dès septembre 1939, Dewé avait créé avec quelques anciens amis de « La Dame blanche » le corps d'observation belge. Parmi ses membres, des hommes d'affaires, mais aussi des ingénieurs qui parcourent l'Allemagne nazie à la recherche de précieuses informations sur le fonctionnement de l'industrie d'armement ainsi que sur l'organisation de l'armée. Dewé sait que l'invasion est imminente et, le soir du 9 mai 1940, il confie ses craintes à ses amis dont l'avocat Paul Tschoffen qui note : « Il n'était pas découragé, non, son âme d'acier ignorait cette faiblesse, mais, dans son regard profond et clairvoyant, on lisait la tristesse et l'angoisse. En phrases un peu heurtées, toutes vibrantes d'une passion mal contenue, il nous dit sa certitude de l'invasion prochaine et dénonça la tragique insuffisance des mesures de défense. La technique de l'ingénieur et le souffle du visionnaire illuminaient ses avertissements de flamme et de clarté. On ne peut pas croire, concluait-il, on ne veut pas admettre, on préfère ignorer. C'est pourtant ainsi, il va être trop tard... »

*Cette panoplie est constituée d'armes prises à la Wehrmacht, achetées au marché noir ou parachutées par les Anglais, ces dernières devenant de plus en plus nombreuses à mesure que s'approchait la libération finale des pays occupés.*

Deux sabotages de cabines électriques effectués par le groupe du commandant Anguelhoff, le 15 décembre 1941. En haut, la cabine électrique de la « Bicoque »; en bas, la cabine de Marly.

Durant la campagne des dix-huit jours, Walthère Dewé ordonne à certains de ses agents de demeurer derrière les lignes ennemies, tout en abandonnant en Belgique des armes et quatre postes émetteurs que lui avaient confiés les services secrets britanniques. C'est encore Dewé qui galvanisera le personnel de la régie pour qu'il maintienne en état les réseaux de télécommunication malgré les replis successifs de l'armée belge.

Revenu en Belgique, Dewé s'y cachera aussitôt, sans pour autant oublier d'organiser son service qui s'étend bientôt du littoral aux cantons de l'Est, en passant par la France, la Hollande et... l'Allemagne. Le réseau « Clarence » comptera bientôt mille cinq cent quarante-sept agents répartis en neuf secteurs provinciaux, et qui échangeront huit cent soixante-douze messages radio avec Londres, quatre-vingt-douze courriers terrestres contenant cent soixante-trois rapports avec cartes.

Le réseau fut si performant qu'il reçut cet éloge du chef des services secrets britanniques Claude Dansey : « Par la qualité et la quantité des messages et documents qu'il fournit, "Clarence" occupe la première place parmi les réseaux de renseignements militaires de toute l'Europe. »

Mais Walthère Dewé est un homme traqué par la police allemande et petit à petit l'étau se resserre sur lui. Les efforts de la Gestapo demeurent toujours vains malgré les pressions exercées sur madame Dewé, qui inlassablement brouille les pistes pour protéger son mari.

Le professeur Henri Bernard a recueilli les confidences d'un proche collaborateur de Walthère Dewé : « De tous les émouvants souvenirs que nous conservons pieusement de notre chef, les plus caractéristiques peut-être sont ceux qui nous restent de son existence clandestine. Quelle vie ressemble à celle-là : si grande et si simple à la fois, si tragique, si humaine.

« Un homme traqué par l'envahisseur, lui échappant sans cesse et lui faisant dans ses propres lignes une guerre acharnée : le harcelant partout, organisant un réseau de contre-

*Sur la page ci-contre, les résultats d'autres opérations menées par le groupe Anguelhoff: la sous-station du baron Dhanis à Schaerbeek pulvérisée le 13 février 1942, et la cabine de la rue Idier à Auderghem détruite à son tour le 6 février 1944. Tandis que ci-dessus il ne reste pas grand-chose de la sous-station Teichmann dynamitée par les Milices patriotiques le 21 janvier 1944.*

espionnage irréductible. Continuellement sur la brèche, jamais en repos, jamais en sécurité. Déjouant les traquenards, bravant les dangers, contre-attaquant jour après jour en opposant sa volonté à toutes les influences funestes et gardant sa foi en les destinées de la Belgique, il savait insuffler son audacieuse conviction aux plus timorés, aux plus incrédules. Dirigeant, ordonnant, prévenant, n'oubliant rien ni personne ; sillonnant le pays entier et n'ayant jamais pour s'abriter que des refuges éphémères, des foyers d'emprunt ; tel nous nous rappelons le "Patron", gardant en éveil à travers tout ses clairvoyantes facultés de chef responsable.

« Séparé des siens qu'il aimait tant, ne voyant que de loin en loin sa femme adorée, ses enfants chéris, il s'ingéniait à créer un sentiment de famille entre les éléments de son entourage. À la solennité des séances secrètes, il donnait une ambiance amicale, confiante et joyeuse. Il n'avait garde d'y faire fi du pittoresque. Il ne manquait jamais de parler wallon aux agents de chez nous, encourageant les anecdotes plaisantes, et ce grand austère ne manquait pas de nous révéler ainsi un côté de sa nature enjouée et débordante de verve. Il tâchait que nos relations d'affilié à affilié fussent toujours empreintes de bonne entente ; s'efforçant à ce qu'il y eût en notre exil des réunions charmantes où, dès les questions graves résolues, des moments de choix fussent réservés à la littérature, à la philosophie, à des causeries de franche cordialité.

*Le 20 octobre 1941, une ordonnance prise par l'autorité occupante réquisitionnait dans tout le pays les métaux non ferreux et les cloches dans le but de les refondre pour approvisionner les usines d'armement, notamment pour fabriquer des canons et des obusiers. De nombreuses pièces furent détournées par la Résistance, tandis qu'une commission de sauvegarde présidée par de Beer put soustraire à l'occupant les pièces les plus anciennes et sauver les carillons. Est-il besoin de préciser que les fausses attestations se multiplièrent, tout comme apparurent aussi soudainement des carillons faits de cloches éparses. À Montignies-le-Tilleul, des cheminots parvinrent à déverser d'un wagon des cloches destinées à l'Allemagne qu'ils cachèrent à même le ballast. Les cloches furent récupérées après la fin des hostilités.*

« Il avait rencontré partout l'estime, la déférence, l'obéissance ; mais partout également, il avait attiré des sentiments d'affection profonde. On avait tant de réconfort à le voir, on se réjouissait tellement de la présence attendue. Dans tout son champ d'action il possédait des amis dévoués pour qui l'honneur redoutable de l'héberger était la plus précieuse des faveurs. Il leur avait une extrême reconnaissance de l'accueillir, de le comprendre, de lui offrir la possibilité de se créer des habitudes. »

Le 7 janvier 1944, Marie et Madeleine, les deux filles de Walthère Dewé, sont arrêtées. L'une d'elle, Madeleine, ne reviendra jamais de Ravensbrück. La souricière allait bientôt se refermer sur Dewé. Le 14 janvier, il apprend que Thérèse de Radiguès, soixante-dix-neuf ans, la doyenne du réseau, court un grand danger. Il se rend chez elle, avenue de la Couronne à Ixelles, pour la prévenir. La Gestapo l'y attend. Le chef de « Clarence » parvient à s'échapper. Mais le salut n'est que provisoire. Alors qu'il s'élance dans la rue de la Brasserie, un officier allemand lui barre la route, saisit son revolver et fait mouche au premier coup, à la grande colère des gestapistes qui voulaient capturer le fugitif vivant. Ils ignoreront toujours son identité.

Henri Demarque prendra sa succession et sera encore très actif durant l'offensive von Rundstedt.

Sur ses mille cinq cent quarante-sept membres, « Clarence » ne comptera que quarante-sept morts, un chiffre très faible si on le compare aux quinze mille résistants belges qui perdirent la vie durant la Seconde Guerre mondiale.

## *LE GROUPE G*

C'est en juillet 1940 que fut créé à Londres le « Special Operations Executive » chargé de coordonner sur le continent les actions de sabotage. Churchill en avait lui-même précisé la mission : « Mettez l'Europe à feu. » Un mois plus tard, les premiers parachutistes sont lâchés sur la France et les Pays-Bas. Dès mai 1941, ils le seront sur la Belgique.

Le gouvernement belge de Londres est pourtant quelque peu réticent sur les conséquences de ces parachutages pour la population civile. Que pouvaient apporter les actions de sabotage, surtout si elles provenaient de groupes isolés sur lesquels nos ministres n'avaient aucune autorité ? Aussi s'empressèrent-ils de soutenir le Groupe Général de Sabotage, en abrégé le Groupe G, qui allait bientôt devenir le principal coordinateur de toutes les opérations visant à détruire les infrastructures nécessaires à la machine de guerre allemande.

*Cette machine à imprimer sommaire servait à reproduire les tracts de la Résistance, ainsi que certains journaux clandestins dont les titres sont reproduits dans les quatre pages suivantes.*

NUMERO 15! SEPTEMBRE 1941

PRIX DU NUMERO.-Les boches ayant ruiné la Belgique,ce numéro est gratuit

# LA LIBRE BELGIQUE

*ressuscitée en 1940*

Acceptons provisoirement les sacrifices qui nous sont imposés et atten-

---

DÉCEMBRE 1941 – N° 3 MENSUEL Prix : 1 fr.

# LA MEUSE

JOURNAL DU FRONT WALLON POUR LA LIBÉRATION DU PAYS

**LE FRONT WALLON tend la main aux Flamands anti-hitlériens et à tous les peuples opprimés par**

**Les lâches, ce sont les Nazis et non les héros du sabotage!**

Qui donc a frappé le premier ? Hitler ou les saboteurs ?

---

# UNION BELGE

*La Louvière*

F.I.

ORGANE DE L'UNION DES GROUPEMENTS LUTTANT POUR L'INDEPENDANCE DU PAYS.

LISEZ ET FAITES LIRE.- MEFIEZ-VOUS DES ESPIONS.
NE DITES JAMAIS D'OU VOUS TENEZ CE JOURNAL.

---

15 NOVEMBRE 1943 PRIERE DE FAIRE CIRCULER CE JOURNAL N° 71

# LA LIBRE BELGIQUE

NOUVELLE SERIE DE GUERRE
FONDÉE LE 15 AOUT 1940

RÉDACTION ET ADMINISTRATION : OBERFELDKOMMANDANTUR, 1, PLACE DU TRONE, BRUXELLES
EDITEUR RESPONSABLE : PETER PAN, JARDIN D'EGMONT, BRUXELLES

---

AVRIL 1942. - N° 4.

LE NUMÉRO : 1,00 FR. MINIMUM.

# LIBERATION

ORGANE BRUXELLOIS DU FRONT DE L'INDEPENDANCE

**LA BELGIQUE PREPARE LA COMMEMORATION DU 10 MAI**

**Des manifestations de masses se dérouleront dans tous les centres du pays**

**Un boycott monstre de la presse vendue**

---

Juillet 1942 N° 1 Prix : 1 fr. minimum

# LES CLOCHES DE LA LIBERTE

ORGANE DU FRONT DE L'INDEPENDANCE POUR L'ARRONDISSEMENT DE LOUVAIN

**POURQUOI « Les Cloches de la Liberté »**

D... l'occupation de notre pays, quantité de feuilles clandestines ont | lons nous, absolument persuadés qu'ensemble nous atteindrons notre

En 1940 et 1941 les Hitleriens chantaient : « Wir fahren nach England »

---

N° 8 AVRIL 1941 PRIX 1 FRANC

# V L'ESPOIR V

ORGANE DE COMBAT ET DE LIBERATION NATIONALE

**Bilan**

Depuis sept semaines, l'Est de l'Europe est en feu. Les premiers communiqués allemands annoncèrent des succès foudroyants; puis, durant des semaines, ces com-

**Dans la magistrature belge**

A quoi rêvait la Cour d'Appel de Liège lorsqu'elle accoucha de ce monstrueux arrêt qui justifie la légalité de l'arrêt des secrétaires généraux relatif au droit pénal ad-

---

JUILLET - AOUT 1942.-

AIDEZ-NOUS dans notre PROPAGANDE.-

JOURNAL PATRIOTIQUE NON CENSURE N° 56.-

2ème ANNEE - 21e et 22e semaines .-

# LE COQ VICTORIEUX

---

N° 20. 14 Maart 1942.

Prys 1 fr.

# de waarheid

SOLIDARITEITSBLAD

OVER DE GRONDWET DER SOVJET-UNIE.

---

N° 8 AVRIL 1941 PRIX 1 FRANC

# V L'ESPOIR V

ORGANE DE COMBAT ET DE LIBERATION NATIONALE

**Bilan**

Depuis sept semaines, l'Est de l'Europe est en feu. Les premiers communiqués allemands annoncèrent des succès foudroyants; puis, durant des semaines, ces communiqués furent d'une discrétion remarquable; enfin voici que, depuis huit jours, ils redeviennent flamboyants.

Conclusion : ces communiqués répondent plus à des besoins psychologiques allemands qu'à des réalités militaires et ils ne peuvent être pris au sérieux. Il faut donc que, nous-mêmes, nous dressions le bilan de la situation si nous voulons que notre population y voie clair.

Bilan militaire et diplomatique

Les Allemands ont conquis de vastes territoires. Pour important que soit leur superficie, l'occupé de ces territoires ne leur donne toutefois aucun avantage décisif. D'ailleurs les batailles livrées par la Wehrmacht ont détru-

**Dans la magistrature belge**

A quoi rêvait la Cour d'Appel de Liège lorsqu'elle accoucha de ce monstrueux arrêt qui justifie la légalité de l'arrêt des secrétaires généraux relatif au droit pénal administratif par un modus vivendi intervenu entre eux et l'occupant ?

A quoi rêvaient la Cour de Cassation et la Cour d'Appel de Bruxelles, lorsqu'elles apprirent les arrestations simultanées des procureurs du roi de Bruxelles, Malines, Louvain et Charleroi, sans s'apercevoir que le plus élémentaire souci de dignité et d'indépendance leur commandait d'exiger la libération immédiate de ces magistrats et de suspendre, en cas de refus l'activité de la magistrature.

---

Provinciale Uitgave voor West-Vlaanderen van het Onafhankelijkheidsfront

September 42 Nr 9 Prijs 1 fr

# BELGIE VRIJ!

**Belgen! Heroveren wij de Onafhankelijkheid van ons land door den daadwerkelijken strijd nu en, bij de landing onzer geallieerden, door den natio-**

---

N° 8 – 2° ANNEE 1er JUILLET 1941

*DE TOUS LES PEUPLES DE LA GAULE* *EST LE PLUS BRAVE. (J. CESAR)*

# LE BELGE

ORGANE MENSUEL DU GROUPEMENT PATRIOTIQUE « AD AUGUSTA PER ANGUSTA ».

COUP D'ŒIL

***Le « Grand Jeu »***

*Toute guerre se déroule suivant certaines règles. Non pas qu'il s'agisse de phases bien établies qui peuvent, ne varietur, servir d'étalon en vue de fixer, pour n'importe quelle lutte de peuples indistinctement — et pendant les hostilités mêmes — le rythme des*

POLITIQUE INTERIEURE

***Efforts de germanisation***

Dans son discours retentissant, prononcé le 3 septembre 1933 à Nuremberg, Hitler disait textuellement et avec une vive satisfaction : « Une race numériquement insignifiante, mais culturellement féconde et disposant du don d'organisation, a, au cours de plusieurs siècles, submergé, absorbé ou soumis d'autres peuples ». L'orateur faisait allusion au Bran-

state immédiatement que les traîtres belges écrivent plus ignominieusement que leurs confrères allemands.

Malgré la souplesse hypocrite des Allemands — qui ont créé une presse officiellement libre, mais pratiquement asservie — l'immense majorité de la population s'abstient

---

# VRYHEID

Strijdblad van het Onafhankelijkheidsfront voor ... en Oostrozebeke.

Oktober 1942. Prijs; 0,75

II NOVEMBER 1918 -- II NOVEMBER 1942

Op II November gedenken alle Belgen, dien ... den dag van de ... van ons land van het juk der Duitsche bezetting. Belft de ...

N° 2 MARS 1942

# RALLIEMENT

Organe de défense du Personnel d'expression française des Chemins de Fer, Postes, Téléphone et Télégraphe, contre le germanisme, la dictature et l'exploitation capitaliste.

EDITORIAL

...que nous sommes des démocrates et que nous croyons en l'aptitude de la Nation à choisir sa voie quand la

---

Décembre 1943.- N° 2.- Le numéro : 1 fr.

# SPORT LIBRE

Organe affilié au Front de l'Indépendance

NI FLEURS, NI COURONNES

Un silence de mort plane actuellement autour du fameux Commissariat

---

SEPTEMBRE 1943.

# STRIJDWIL

VOOR EEN SYNDIKAAL STRIJDCOMITEIT.

Hier willen wij eenuiteenzetting geven waarom het oprichten van een

---

# INWENDIG BULLETIJN VAN HET O.F.

KENTEEKEN VAN HET O.F.: DE GOEDENDAG ORGAAN EN LEUZE: BELG. VRIJ ! einde Juni 1942

---

N° 1 December 1943 Minimumprijs 5 fr.

# VOGELVRIJ

Dit blad wordt U verkocht DOOR en VOOR de jongens die weigeren naar Duitschland te vertrekken.
De opbrengst dient om hen te ondersteunen in hun verzet.
De organisatie der Dienstplichtweigeraars en "VOGELVRIJ" zijn aangesloten bij JEUGDFRONT (O. F.)

---

PRIX 1 FRANC 7 NOVEMBRE 1943

# L'ETINCELLE

ORGANE DE LA FEDERATION CAROLOREGIENNE DU PARTI COMMUNISTE

LA VICTOIRE EST A NOUS

Le 7 Novembre, le drapeau rouge flottera sur nos terrils, dans nos corons, sur les toits de nos usines, pour célébrer la gloire im-

---

2e année. N° II.- Septembre 1943. Un franc.

# LE COMBATTANT

Organe de Ralliement et de Lutte de l'Union des Combattants de 40 et Assimilés. Adhérant au Front de l'Indépendance.

---

# DE KLAROEN

PlaatselijkOrgaan van het ONAFHANKELIJKHEIDSFRONT.

Nummer 1. November 1943. Prijs: minimum 1 fr.

In 't Gelid.

---

# ART ET LIBERTE

N° 2 Mars 1942 — Organe des Artistes partisans du Front de l'Indépendance — Prix: 1.- fr

## APRES L'U.L.B. LE CONSERVATOIRE DE LIÈGE EST MENACÉ

Les élèves du Conservatoire de Liège nous adressent le brûlant appel que nous publions ci-dessous.

Les faits qu'ils y exposent montrent que la liberté artistique n'existe plus chez nous, tout comme d'ailleurs en Allemagne même et dans les autres pays asservis par elle. Ce manifeste montre aussi à quel point nous avions raison de lancer "ART ET LIBERTE" pour travailler à l'union de tous les artistes patriotes, pour les amener à rejoindre le vaste Front de l'Indépendance qui lutte pour la libération de notre pays.

Nous voudrions surtout que cet appel touche ceux de nos confrères, qu'ils soient peintres ou musiciens, qui acceptent d'aller exposer ou jouer en Allemagne. Nous voudrions qu'ils comprennent qu'en agissant de la sorte ils se font, volontairement ou involontairement, les complices de ceux qui, après avoir voulu détruire l'U.L.B. s'en prennent maintenant au Conservatoire de Liège.

## JEUNES ARTISTES, AU COMBAT !

Les Allemands tentent de nazifier nos institutions, nos écoles, nos universités.
Notre Conservatoire est menacé par la vermine

JEUNES PATRIOTES, épris de liberté, pleins de courage, nous prendrons exemple sur les vaillants étudiants de l'Université Libre de Bruxelles, qui

---

# LA VOIX DES FEMMES

NUMERO SPECIAL GRATUIT 8 MARS 1942

Message à toutes les femmes

---

# LE MEDECIN BELGE

JOURNAL DE COMBAT D'ESCULAPE

---

Prijs : 1 Frank Décembre 1942 — Numéro 9

ORGAAN VAN HET ONAFHANKELIJKHEIDSFRONT Prix : 1 franc

# RONSE VRIJ - RENAIX LIBRE

December 1942 — Nummer 9 ORGANE DU FRONT DE L'INDEPENDANCE

Verantwoordelijk uitgever : VON DER VOGEL Editeur responsable : VON DER VOGEL

---

JANVIER 1943. LE NUMERO : UN FRANC.

PAUVRE ET HONNETE

# Le Peuple

ORGANE DE COMBAT SOCIALISTE

EDITORIAL

La Crise Judiciaire

---

# LA VOLONTE

Fr.0.50 novembre 1942.
Bulletin mensuel des Policiers du Brabant, affilié au Front de l'Indépendance.

7 novembre 1917 - 11 novembre 1942.

Il y a 25 ans, le peuple russe secouait définitivement le joug

---

DÉCEMBRE 1943 No 3

# MEDECINE LIBRE

Abon. : 100 frs. minim.
Le Num. : 5 frs. minim.

L'Ordre des Médecins en échec

Donc, le 3 juillet dernier, Schuind, Secrétaire Général du Ministère de la Justice transmettait aux Procureurs Généraux les listes de nos confrères non

sur base de la loi du 7 septembre 1939 ce qui réduisait quasi à néant le contrôle des Cours et Tribunaux sur la légalité des arrêtés

**INDEPENDANCE**

Organe Carolorégien du Front de l'Indépendance

1 Février 1944 — No 14 Prix : 1 fr. minimum

QUE SE PASSE-T-IL EN ALLEMAGNE ?

Pour bien comprendre ce qui se passe en Allemagne, il faut se rendre compte qu'actuellement ce pays est pour ainsi dire divisé en deux zônes. - La zône bombardée

---

JANVIER-FÉVRIER 1944 LE NUMÉRO : 1 FRANC

**L'ESPOIR**

ORGANE DE COMBAT ET DE LIBÉRATION NATIONALE

ÉDITORIAL

Troisième Anniversaire | Les hommes à abattre | Ils suent la peur

---

BULLETIN INTÉRIEUR

DU FRONT DE L'INDÉPENDANCE

---

**STRIJD**

Orgaan van het Onafhankelijkheidsfront

*Antwoord aan de Nazi-leugenaars.*

In haar uitzending van 13 Juli 1944 heeft Radio-België gezegd :

De mofsche pers en de in haar dienst staande bla-

---

N. 4 - AOUT 1944 LE NUMERO : 2 francs

**NOUS les JEUNES**

Organe mensuel du Rassemblement National de la Jeunesse affilié au Front de l'Indépendance

---

NOUVELLE SERIE : No 72 7 AOUT 1944 PRIX : 1 FRANC

**LE DRAPEAU ROUGE**

ORGANE CENTRAL DU PARTI COMMUNISTE DE BELGIQUE

Fondateur : Joseph JACQUEMOTTE

*Les patriotes français insurgés ont libéré de nombreux villages et des villes. Chez nous, l'Insurrection Nationale est proche. Le P.C. qui, dans son combat d'avant-poste, a payé un lourd tribut, y participera de toutes ses forces. Il lui faut des milliers de nouveaux membres. Lecteurs, sympatisants, patriotes anti-attentistes, adhérez au Parti Communiste!*

C'EST LA LUTTE FINALE

La Belgique en lutte pour sa libération

Le Haut Commandement interallié, dans

---

**LE PARTISAN**

Faire connaître le communiqué et les articles de ce journal, c'est contribuer à la lutte des Partisans Belges.

ORGANE DE COMBAT DES PARTISANS BELGES.

2 Mai 1944. N° 18 Prix:1 Fr.

COMMUNIQUE DU HAUT COMMANDEMENT DES PARTISANS BELGES.

Communiqué partiel pour la période

"Hommes du maquis c'est à vous que je m'adresse".

---

No 6 - FÉVRIER 1944 LE NUMÉRO :

**FRONT**

ORGANE NATIONAL du FRONT DE L'INDÉPENDANCE

*HORS DU PAYS L'OCCUPANT!*

FRONT UNIQUE CONTRE HITLER

---

**VROUWEN INDEN STRIJD**

ORGAAN DER VROUWENUNIE VAN HET BRUSSELSCHE

Toetredend tot het O. F.

MEI 1944.

NUMMER 2.

MINIMUMPRIJS : 1.50 Fr.

OUDAT " MOEDERKENSDAG " OPNIEUW EEN | En zoo noodig ,laten wij ons zelve be-

---

Num. 2 LE 6 Mai 1944 Prix : 2 frs.

**L'UNITÉ PATRIOTIQUE**

Organe du Front de l'Indépendance du Borinage

« HORS DU PAYS L'OCCUPANT »

---

Anti-Nazistisch Vlasblad Januari 1944

**DE VLASSER**

HOOG DE MOED EN NIET VERSAGEN!

---

28 Juillet 1944. Numéro 14. Prix 1 F.

**L'ANTI-BOCHE.**

- AFFILIE AU FRONT DE L'INDEPENDANCE.-

---

DÉCEMBRE 1943 SPÉCIAL NOËL-NOUVEL AN LE NUMÉRO : 2 FRANCS

PAUVRE ET HONNÊTE

**Le Peuple**

ORGANE CENTRAL DU PARTI SOCIALISTE (P. S. B.)

Centrales bruxelloise et wallonne

AUX TRAVAILLEURS DES PEUPLES LIBRES ET OPPRIMÉS, A LA NATION BELGE, LE P. S. B. ADRESSE...

---

**De Vrije Belg**

GEWEST: LYK ORGAAN VAN HET ...

---

N° 6. NOVEMBRE 1943 PRIX ELASTIQUE

**LA RESISTANCE BELGE**

ORGANE OFFICIEL DU FRONT DE L'INDEPENDANCE

FEDERATION DE HUY-WAREMME-ANDENNE & OURTHE & AMBLEVE.

---

JUIN 1943. Le numéro : 1 franc, minimum.

**LA RÉSISTANCE**

TOURNAI-ATH

---

**Vaincre**

Janvier 1944

Prix : 1 Fr.

ORGANE DE COMBAT DU FRONT DE L'INDÉPENDANCE

DES RÉGIONS DU CENTRE, DE SOIGNIES ET DE BRAINE-LE-COMTE

Numéro 4. Prix : 1 fr. 50 Décembre 1943.

F.S.I SOLIDARITE

Organe de « Solidarité-Croix-Rouge du Front de l'Indépendance ».

N° 31 Prière de faire circuler Septembre 1943

La Voix des Belges

Battus parfois, abattus jamais !

EN FACE DE L'ALLEMAGNE

N° 9 SEPTEMBRE 1943 Prix 1 fr

L'ÉCLAIREUR

ORGANE DE LA FÉDÉRATION DE MOUSCRON
DU PARTI COMMUNISTE

EN AVANT VERS LA VICTOIRE !

Janvier 1944 Prix minimum
N° 1 2 frs

La Voix de la

RESISTANCE

Organe mensuel de Combat et de Solidarité
du Front de l'Indépendance

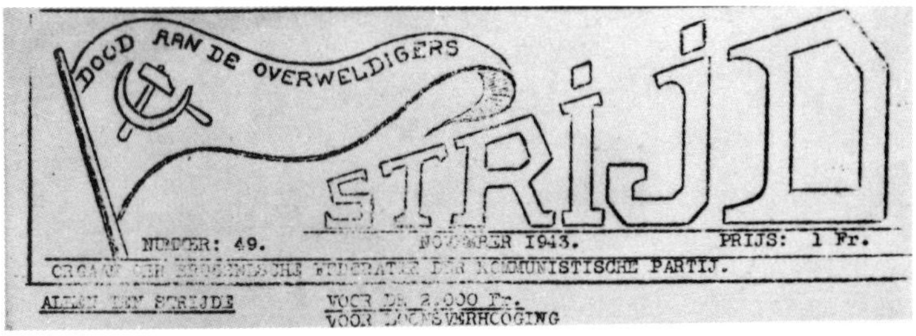
DOOD AAN DE OVERWELDIGERS

STRIJD

NUMMER: 49. NOVEMBER 1943. PRIJS: 1 Fr.

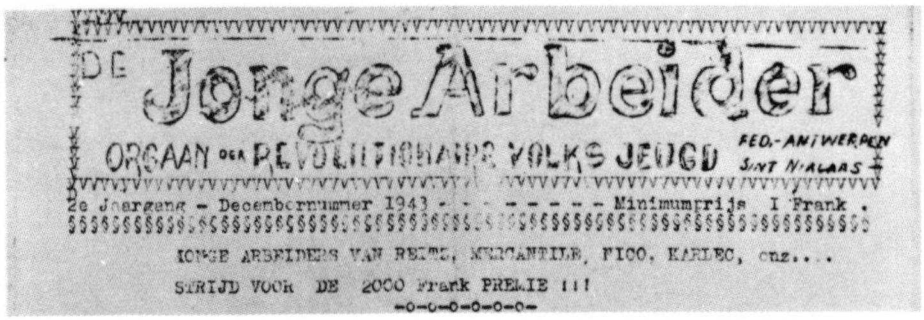
De Jonge Arbeider

ORGAAN der REVOLUTIONAIRE VOLKS JEUGD FED.-ANTWERPEN SINT NIKLAAS

2e Jaargang - Decembernummer 1943 - - - - - - - Minimumprijs 1 Frank .

JONGE ARBEIDERS VAN REITZ, MERCANTILE, FICO, KARLEC, enz...

STRIJD VOOR DE 2000 Frank PREMIE !!!

SOLIDARITEIT

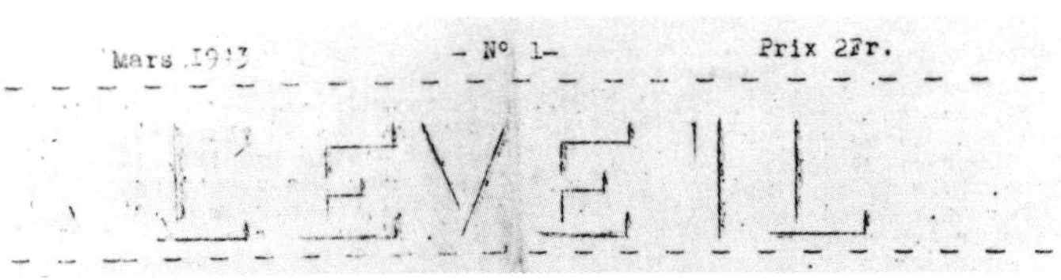
Mars 1943 - N° 1- Prix 2Fr.

L'EVEIL

Le Groupe G naquit au sein d'intellectuels fraîchement diplômés de l'Université Libre de Bruxelles, tous membres du Cercle du Libre Examen, et qui avaient souscrit en 1937 à une déclaration qui précisait : « Contre tous ceux qui veulent imposer le silence à la pensée humaine, nous sommes prêts à nous unir au-delà des barrières idéologiques qui peuvent nous séparer. Nous avons tous le même espoir : celui d'une vie plus large, plus riche, dans la paix et la fraternité. »

Parachuté le 28 janvier 1942, André Wendelen avait pour mission soit de créer, soit encore d'entrer en relation avec un groupe de sabotage déjà organisé. Cet ancien de l'U.L.B. se mit tout naturellement en rapport avec ses anciens amis du Libre Examen. C'est ainsi qu'il rencontra les quatre fondateurs du Groupe G : Jean Burgers qui bientôt dirigera le Groupe, Robert Leclercq qui assurera la direction du service de renseignements, Henri Neuman qui sera placé à la tête du service d'action et enfin Richard Altenhoff qui coordonnera la logistique.

Réparti entre trois groupes présents à Liège, à Bruxelles et à Namur, ce qui allait devenir le Groupe G fut rapidement opérationnel puisque, dès avril 1942, Wendelen en personne assura la destruction d'un pylône à haute tension sur la ligne ferrée Cologne-Liège. Le même mois, il reçut de Londres, par la voie des airs, du matériel de sabotage qu'il s'empressa d'utiliser pour détruire des maisons de collaborateurs notoires ainsi que diverses installations industrielles et ferroviaires.

Début 1943, l'organisation du Groupe G est achevée et, jusqu'à la fin de la guerre, quatre mille quarante-six personnes, très exactement, le rejoindront. De libre penseur à ses débuts, le Groupe se diversifia au point qu'on y retrouva bientôt aussi bien des prêtres que des agnostiques, des agriculteurs que des ouvriers, des industriels que des employés, qui tous n'avaient qu'un but et non des moindres : restaurer en Belgique la démocratie.

Malheureusement pour le Groupe G, ses fondateurs allaient connaître des sorts divers. En juillet 1943, Richard Altenhoff est capturé, et c'est René Evalenko qui le remplacera au poste de responsable du matériel. En mars 1944, c'est au tour de Burgers d'être arrêté, Robert Leclercq, l'un des quatre fondateurs du Groupe, deviendra alors le coordinateur.

Fait remarquable, le Groupe G pouvait compter sur l'appui d'éminents professeurs de l'U.L.B. comme le célèbre Max Cosyns, l'assistant du professeur Picard, ou encore le philosophe Jean Lameere.

Sur le terrain, c'était sans aucun doute les routes et le matériel roulant des chemins de fer qui paraissaient les plus vulnérables. Rien de plus aisé, en effet, que d'altérer l'huile des lubrifiants, de couper les câbles de freins entre les wagons ou encore de desserrer des billes sur lesquelles étaient fixées des sections de rails.

Par contre, la destruction ou l'obstruction de ponts et de tunnels requéraient plus de moyens techniques et plus de professionnalisme, comme ce fut le cas à Luttre, le 15 août 1944, quand vingt et un membres du Groupe G

*Page suivante : La « une » du* Faux Soir *paru le 9 novembre 1943.*

# LE SOIR

SERVICES BERLINOIS : 79-80, Zimmerstrasse, Berlin, S. W. 68, Tél. 17.16.58 ● SERVICES PARISIENS : 1, boul. Malesherbes, Paris (8e). Tél. Anjou 11.90

57me ANNEE. — N° 263. ● ● ● ● ● ●

60 Cmes En province : 75 cm.

REDACTION : 21, PLACE DE LOUVAIN, BRUXELLES
TELEPHONES : 17.74.00 et 17.79.30 (30 lignes)
COMPTE CHEQUES-POSTAUX N° 713.334

Mardi 9 novembre 1943

EDITION DE 17 HEURES



## EN PLEINE ACTION

# ANNIVERSAIRE

Vingt-cinq ans se sont écoulés depuis que l'Allemagne a subi une défaite militaire sans précédent.

Si je salue cet anniversaire, ce n'est pas parce que le germanisme nazi va mordre la poussière un quart de siècle après le germanisme impérial, mais uniquement parce que ce jour me fournit l'occasion publique de remercier mes amis de la Propaganda Abteilung du geste élégant qu'ils viennent d'avoir à mon égard.

Ils me donnent aujourd'hui la permission d'écrire dans ces colonnes absolument ce qu'il me plait. Eh bien, vous me croirez si vous le voulez, après trois ans de contrainte et de surveillance étroite, cette liberté me gêne. J'ai tellement perdu l'habitude de l'indépendance. Que mes lecteurs se mettent à ma place et excusent d'avance ma gaucherie.

Tant de bruits circulent actuellement sur mon compte qu'une mise au point s'impose. On sait que le cours des événements militaires m'ayant fâcheusement impressionné, j'ai prononcé dans les premiers jours de septembre devant mes collaborateurs sidérés, un réquisitoire de tonnerre de Dieu contre le pouvoir occupant; discours tellement héroïque qu'aussitôt, ainsi que je l'espérais du fond du cœur, je fus jeté sur la paille humide de Saint-Gilles.

Malgré le soin que j'ai pris de propager clandestinement le texte de mes paroles, le sens véritable de celles-ci n'a pas été compris; je reviendrai donc ici brièvement sur les propos tenus aux pâles survivants de mon équipe.

Je leur ai expliqué en premier lieu pourquoi je ne regrettais pas d'avoir, dès septembre 1940, collaboré au journalisme d'occupation. Comment regretterais-je, en effet, cette fructueuse période? Comment aurais-je notamment des remords vis-à-vis des propriétaires du journal dépossédés — manu militari — pour mon plus grand profit et celui de ma clique de folliculaires stipendiés? Il faut que tout le monde vive.

J'ai exposé ensuite, combien il était légitime pour un Belge de jouer la carte allemande jusqu'au jour toutefois où la victoire changerait de camp.

Ma justification est donc très simple. Je ne suis pas aussi délicieusement compliqué que Robert Poulet; ce dernier se proclame de droite au point de vue politique et de gauche au point de vue social, prétention calquée d'ailleurs sur celle des nazis (national-socialisme).

Je suis un type pratique, moi. Et j'ai fait des études classiques, moi. « La raison du plus fort est toujours la meilleure ». Voilà mon évangile et je n'en démordrai pas. Je plains l'agneau assurément, mais enfin que puis-je pour lui? J'ai même découvert que le moyen le plus sûr de sauver ce que mes amis distingués et moi appelons « l'essentiel », c'était de hurler avec le loup.

Voilà ce que j'ai fait depuis trois ans; je ne m'en repentirais, évidemment, que si les Cours Martiales qui fonctionneront après la libération du territoire pour le châtiment des traîtres, se trouvaient composées de juges obtus, fâcheusement dépourvus du sens des nuances.

Mais enfin, puisqu'il faut tout prévoir, je désirais depuis quelque temps me constituer un bon petit dossier avant qu'il ne fût trop tard.

C'est pourquoi, je me suis livré devant mes auditeurs éberlués à une attaque pleine de verve et de vivacité contre le pouvoir occupant; sans renier ma conduite antérieure, j'ai tenté de rejeter sur celui-ci l'échec d'une collaboration qui apparût ainsi avoir été poursuivie par moi, avec naïveté peut-être, mais avec une bonne foi évidente.

Le malheur, c'est qu'à raison de ma valeur et de ma réputation, j'ai autant de peine à faire croire à ma naïveté qu'à ma bonne foi.

Comment expliquer en effet qu'un homme aussi intelligent et astucieux que je le suis, mette plus de trois ans à s'apercevoir que les dirigeants du troisième Reich n'ont pas la capacité politique nécessaire pour asservir l'Europe sous couleur de la fédérer. Comment n'ai-je pas compris plus tôt que l'Allemand est dépourvu de ce sens psychologique qui lui permettrait d'exploiter cette combinaison d'hypocrisie et de force brutale dont il a toujours eu le secret?

N'est-ce pas avouer moi-même que je manque de flair autant que de scrupules, et mes moqueries contre la lourdeur d'esprit germanique ne se retournent-elles pas contre moi?

Car enfin, si je me gausse aujourd'hui d'Hitler et du Doktor Dietrich qui annonçaient à la fin de l'été 1941 la destruction radicale de l'armée russe, les manchettes du « Soir » sont là pour démontrer que je partageais ces illusions ou que je concourais sciemment à cette propagande mensongère.

Raymond DE BECKER.

(Voir suite en deuxième page).

### Avis important

*En dehors des journaux vendus dans les aubettes de Bruxelles, une partie du tirage de ce numéro du « Soir » sera écoulée au profit du « F. I. » au prix minimum de 10 FRANCS l'exemplaire.*

# La Conférence de Berlin

## « Capitulation sans conditions »

(de notre correspondant particulier de Berlin).

### L'arrivée de M. Mussolini

Les trains fascistes arrivent toujours à l'heure si bien que le train de M. Mussolini est en avance sur l'horaire lorsqu'il entre dans la gare d'Anhalt. Brève sonnerie de clairon: le Duce descend et en attendant le Führer fait les cent pas romains sur le quai. Mais voici le Führer...

— Duce, s'écrie le Führer.

— Führer.

Et leurs voix s'étranglent d'émotion. La musique attaque alors le morceau favori du Führer « Ich hatte einen Kameraden », morceau qui arrache des larmes à la garde d'honneur.

### A la Wilhelmstrasse

Tandis que s'éteignent les « vivats » de la foule rangée sur les trottoirs, les grands hommes pénètrent dans l'abri d'honneur de la Wilhelmstrasse où les rejoint aussitôt le Tenno, car le Japon participe aussi à la Conférence.

— Prenez la peine de vous asseoir, dit le Führer.

— Inutile, clame le Duce, nous sommes d'accord.

— D'accord, dit le Tenno.

— D'accord?

— D'accord, d'accord, d'accord.

La Conférence de Berlin est terminée.

Au même moment, dans l'Abri de la Propagande, le Docteur Goebbels entreprend, devant les quatre cents journalistes européens accrédités à Berlin, le commentaire des résultats de la Conférence. On aura une idée de l'importance de ce discours quand je vous dirai que, commencé à quatre heures, il s'est achevé à huit heures et demie. Le Docteur Goebbels a rappelé d'abord les injustices du Traité de Versailles, les horreurs de la République de Weimar et de la liberté de la presse. Puis, dans une synthèse magistrale, il a rappelé tous les efforts du Führer en faveur de la paix: Munich, l'envoi de Rudolf Hess en Angleterre, etc... Et d'une voix vibrante il acheva: « Puisque les judéo-ploutocrates n'ont accepté aucune de ces propositions, tant pis pour eux, ce sera la capitulation sans conditions ».

Les invités du Führer se répandent ensuite dans les salons, où les honneurs d'un buffet spartiate sont faits par le Maréchal Goering, revêtu d'une simple et seyante tenue de combattant de Stalingrad. Nos compatriotes sont nombreux à la réunion où l'on ne déguste que des produits européens: champagne, foie gras, caviar de la Volga, etc... Reconnu dans l'assistance: le leider Dr Elias, le Lieutenant Colonel Doktor Van Coppenolle, chef de la Rijkswacht, l'Obersturmbahngefreitersonderhauptmannaführer Léon Degrelle, arborant la Croix de Stoeffer de Première classe avec feuilles de pissenlit, récompense de ses succès dans le COCASSE (pardon dans le CAUCASE), le Dr De Winter, vainqueur du Colza, le Dr Grauls, revêtu de l'uniforme de gala de philologue germanique de première classe, le Dr en philosophie De Vleeschauwer, le leider de l'enseignement supérieur, le Dr en philologie Van Roosbroeck, professeur Dr Jacob des Universités de Hambourg et de Gand (on se souvient que l'Université de Bruxelles s'est déshonorée en refusant de nommer ces éminentes personnalités membres de son corps enseignant), l'avocat Doktor Juris Dubois ex Clavier, conseiller juridique du Militärverwaltungschef l'avocat Doktor Juris Borginon, père des « Grandes » agglomérations, enfin la fesse aimable, le Procureur Général von Collart K. K.

### L'avenir de l'Europe

Ainsi le sort en est jeté: « capitulation sans conditions ».

On se montre très réservé à Berlin quant à l'époque probable à laquelle on peut s'attendre à voir capituler sans conditions la Russie, l'Angleterre, les Etats-Unis, la Chine, le Brésil, sans compter les dissidents gaullistes et l'ex-gouvernement Pierlot.

Mais c'est là un point qui malgré son importance demeure secondaire. Déjà toutes les dispositions sont prises pour l'organisation de l'Europe de demain: on sait déjà qu'elle sera divisée en vastes territoires dirigés chacun par un Militärbefehlshaber assisté d'un Militärverwaltungschef et de Secrétaires Généraux pris dans la population indigène. A son tour chaque territoire sera réparti entre un certain nombre d'Oberfeldkommandanturen. Les Allemands éviteront soigneusement l'erreur commise par les Anglais en Algérie et ailleurs, et qui consiste à laisser la bride sur le cou aux indigènes: ce système amène immédiatement la famine, le choléra et la franc-maçonnerie. Chacun pourra circuler à sa guise dans l'espace européen: il lui suffira de se munir d'un passierschein à la plus proche Prüfstelle, qui ne le refusera jamais dans les cas d'urgence et sur la recommandation d'un autre service allemand. Les cordons douaniers qui ont fait tant de mal perdront naturellement leur signification politique et ne seront maintenus que dans un but purement fiscal.

Cette simple esquisse de la vie dans le futur paradis européen justifie, et au-delà, tous les sacrifices demandés par le Führer aux peuples européens pour la lutte contre la judéo-ploutocratie bolchévique. Le moment est venu de rappeler la parole de « Mein Kampf »: « C'est dans le sang et les larmes que lèveront les moissons du monde futur ».

Léopold JAUMONET.

# UN DOCUMENT

*Depuis trois ans, nous n'avons rien négligé pour documenter objectivement nos lecteurs sur les événements du front extérieur et du front intérieur. Nous n'avons pas toujours été servis par la chance qui n'a cessé de favoriser la propagande allemande, dont les découvertes ont toujours providentiellement coïncidé avec les nécessités de la politique.*

*Aujourd'hui nous avons la bonne fortune de mettre sous les yeux des amis du « Soir » un appel du* FRONT DE L'INDEPENDANCE *dont personne ne méconnaîtra l'intérêt.*

### NOUS SOMMES EN PREMIERE LIGNE

**Nous sommes en première ligne, sur le plus immense des fronts.**

**Nous sommes en première ligne, depuis le jour où nous avons senti monter en nous, brûlantes comme une lave, notre passion de justice et notre haine de l'envahisseur. De ces sentiments est né le FRONT DE L'INDEPENDANCE.**

**Que voulons-nous? Chasser l'envahisseur, libérer la patrie, rendre au pays ses libertés. Un point c'est tout. Mais c'est énorme. Car un tel programme comporte à la fois l'écroulement du nazisme et le triomphe des Nations Unies, le châtiment des traîtres, la mise à l'écart des lâches et des collaborateurs, la restauration des hautes valeurs spirituelles sans lesquelles le monde est voué au chaos, à la ruine, au désespoir.**

**Comment réaliserons-nous cette tâche? En nous groupant. Le F. I., c'est la coalition contre Hitler. C'est le fraternel coude-à-coude du catholique et du communiste, du socialiste et du libéral, de l'athée et du croyant, de l'artisan et de l'intellectuel, de l'ouvrier et du fonctionnaire. Hier encore, ils s'ignoraient ou se combattaient. Aujourd'hui, ils se tendent la main, et aussitôt, partent à l'assaut, parce que l'heure H. ce n'est pas demain. L'heure H, c'est aujourd'hui, c'est tout de suite. Nous ne pouvons plus attendre. Nous finirons par en mourir.**

**Et nous voulons vivre. Le FRONT DE L'INDEPENDANCE, c'est un acte de foi. Un acte, entendez-vous bien! Non point un mot, une phrase, une idée. C'est un acte. Nous sommes des soldats. Un ministre belge, hier encore, saluait dans les combattants du front intérieur une élite militante. Nous sommes cette élite. Nous, c'est-à-dire le F. I., c'est-à-dire des milliers et des milliers de Belges, Flamands et Wallons, redoutés par les traîtres et vomis par Reeder. Un immense corps franc qui couvre le pays entier de ses patrouilles. Une formidable armée, omnipotente et silencieuse, et qui jamais ne capitulera.**

**D'aucuns vous disent: « La victoire est proche. A quoi bon lutter encore? ». Ceux-là cherchent un prétexte, une porte de sortie. La victoire, c'est à nous de la conquérir, nous, les soldats. Et ce deuxième front dont on nous parle depuis si longtemps, ce deuxième front qui se créera sur nos rivages, c'est à nous, par notre action quotidienne, qu'il appartient de le préparer.**

**Qu'elle est belle, exaltante et semée de périls, la tâche qui nous est dévolue: la patrie à libérer, nos morts à venger: héros des Ardennes et de la Lys, et vous encore, martyrs sanglants du camp de Breendonck, patriotes odieusement torturés par une Gestapo que son sadisme ronge à la manière d'un chancre! Des morts à venger. Une patrie à reconquérir. Un monde à refaire. C'est ce qui explique le F. I. C'est ce qui explique aussi la naissance, en plein bataille, de ce journal « FRONT » qui devient, dès à présent, l'organe national du FRONT DE L'INDEPENDANCE, diffusé à travers le pays entier, rejoignant l'action courageuse et tenace de « Libération » et de « La Meuse », d'« Indépendance » et du « Vrijheidsklok », de « België Vrij » et du « Sanglier des Ardennes », de « La Résistance » et de « Pourquoi pas nous? » et de tant d'autres feuilles F. I. paraissant dans toutes nos provinces.**

**« FRONT » jouera le rôle d'un bulletin aux armées, aux armées invincibles du soulèvement national contre Hitler et ses valets. Il appelle tous les patriotes et sonne leur ralliement autour du F. I. Il les convie à redoubler d'ardeur dans la lutte, et à se grouper, de plus en plus [illegible], à s'organiser [illegible] dans les villes et les villages, à l'usine et au bureau, dans les rues et les quartiers — pour la grande bataille libératrice qui a commencé le jour où le premier Belge a dit « non » à Hitler, le jour où le premier partisan a couché pour toujours un traître dans son sang, le jour où le premier patriote a fait dérailler un train ennemi.**

**Nous sommes en première ligne, sur le plus immense des fronts.**

**Hors du pays l'occupant! Tous unis pour la libération de la Patrie!**

**A diverses occasions, et notamment le 6 septembre, au cours d'une émission Radio-Nationale Belge, le gouvernement belge de Londres a mis en évidence l'action résolue et coordonnée du F. I. qui veut réunir en un seul bloc les activités de tous les groupements, organisations, partis, mouvements, etc., à quelque tendance qu'ils appartiennent, pourvu qu'ils soient animés du même idéal: chasser l'occupant, libérer le pays. La Radio belge de Londres a invité nos compatriotes à soutenir le F. I. et à appuyer l'action de « SOLIDARITE », Croix-Rouge du F. I., qui vient en aide aux victimes de la répression nazie.**

### RECTIFICATION

**Notre metteur en page a commis une erreur. Veuillez l'en excuser. Les deux photos séparées ne devaient en faire qu'une.**

**M. Hitler entendant vombrir au-dessus de lui les forteresses volantes, est manifestement pris d'épouvante. Notre reporter l'a saisi au moment précis où il reprend pour son compte les paroles du Kaiser. « Dass habe ich nicht gewohlt ». « JE N'AI PAS VOULU CELA ».**

# Stratégie Efficace

## *Berlin admet que la situation est des plus sérieuses.*

*CORR. PART. BERLIN.* — Pour rendre plus intelligible ce commentaire officieux des opérations militaires, rappelons les principales sources auxquelles nous avons l'habitude d'avoir recours.

*Les milieux militaires berlinois bien informés.*

*Les milieux militaires berlinois généralement bien informés.*

*Les cercles compétents.*

*Les sphères dirigeantes.*

*Les plus hautes instances.*

*Les personnalités les plus en vue de la capitale du Reich.*

*L'homme de la rue en ruines.*

*Le soldat du front percé.*

On ne se dissimule pas à Berlin, où le calme apparent voile une certaine anxiété non dénuée de quelque vague espoir, que les opérations de l'Est sont entrées — ou vont entrer prochainement selon l'angle où l'on envisage la situation — dans une phase nouvelle qui ne se différenciera guère de la précédente en dépit de certains changements, marqués à la fois par des surprises brutales et par une absence complète de solution de continuité. Je m'explique. On peut dire, sans crainte d'être démenti même par la propagande de Moscou, que la campagne d'hiver fait suite à la campagne d'été, grâce à la campagne d'automne. Celle-ci, si on nous permet cette comparaison, forme en quelque sorte et toute proportion gardée, un maillon intermédiaire entre la campagne d'été et celle d'hiver. Si bien que le déroulement de ces trois campagnes dans l'ordre chronologique indique que l'Etat-Major allemand n'a perdu à aucun moment le contrôle sur la succession des saisons, élément dont l'importance ne saurait être sous-estimée.

On sait aussi que le Haut Commandement allemand accompagne ses rares commentaires de réserves verbales d'autant plus nombreuses que ses réserves militaires sont plus réduites.

On comprendra, dans ces conditions, combien il est difficile et même périlleux, pour le correspondant d'un journal de la citadelle Europe, de soulever un coin du voile qui entoure les événements, lorsque les hautes autorités responsables de ces événements devant l'Histoire, restent aussi impénétrables et aussi réticentes.

Conscients de notre devoir de publiciste et préoccupés de notre gagne-pain, tâchons cependant de délayer les brefs renseignements qu'on veut bien nous autoriser à vous faire connaître.

Il est prématuré de parler de la campagne d'hiver dont le commencement n'a pas encore été officiellement annoncé; il est trop tard pour parler de la campagne d'été dont les résultats sont acquis et il est imprudent, sans risquer de nuire au succès des opérations engagées, de commenter la campagne d'automne qui se déroule actuellement sous nos yeux. (Sous nos yeux: c'est là, bien entendu, pour notre correspondant une façon de parler. N. D. L. R.)

La circonstance que, pour la première fois, le nom d'Odessa est mentionné dans le communiqué, paraît bien ne pas être due au hasard; elle traduit au contraire — suivant certaines indications — l'intention bien marquée du commandement allemand de comprendre prochainement ce grand port dans la zone de recul provisoirement définitif.

On souligne ici complaisamment avec quelle virtuosité la stratégie allemande s'est toujours modelée sur les nécessités de l'heure et avec quel bonheur dans l'expression, la propagande a su en baptiser les trouvailles les plus ingénieuses. A la tactique des îlots, à la retraite en hérisson — à la résistance en porc-épic a succédé la défense élastique. Le succès de celle-ci ne doit plus être mis en relief; outre qu'elle apporte le plus éclatant démenti à l'affirmation mensongère que le Reich manque de caoutchouc, elle démontre aux moins clairvoyants combien peu intellectuellement évoluée demeure la conception que Staline et ses généraux se font de la guerre moderne.

A la défense élastique, ils n'ont réussi à opposer jusqu'ici que l'attaque sans trêve et sans répit. Il faut avouer que cette manière de conduire la guerre, si elle entraîne des avantages substantiels, est d'une monotonie désespérante pour tout critique militaire digne de ce nom.

On comprend difficilement qu'averti par la propagande allemande des dangers graves auxquels il s'expose en persévérant à combattre dans ces conditions scientifiquement inégales, l'Etat-Major des Soviets persiste à s'accrocher aux troupes allemandes qui décrochent. Cette obstination aveugle pourrait avoir des conséquences que seuls les bons observateurs commencent à apercevoir.

Nous ne trahirons pas un secret en disant que le relevé des pertes russes, telles qu'elles sont avouées par les Allemands eux-mêmes, conduit à cette constatation que, depuis juin 1941, l'armée bolchevique a été anéantie six fois et demie, suivant les estimations les plus prudentes. C'est peu de chose, direz-vous. Soit. Mais il est à prévoir que lorsque sous les coups forcenés de la défense élastique, la puissance militaire des Soviets aura été totalement annihilée pour la 19me ou la 20me fois, on sera en droit de se demander si le véritable vainqueur de la guerre est bien celui qu'on pense.

Enfin, il faut souligner comme une victoire nouvelle de l'organisation du Troisième Reich, la transplantation de cités russes tout entières à plusieurs centaines de kilomètres en arrière du front. Rien n'est plus susceptible de décourager le combattant russe que cette lutte pour la conquête de villes motorisées qui s'éloignent au fur et à mesure qu'il croyait s'en approcher.

Le moins qu'on puisse dire c'est que l'instant de la phase du moment de l'heure du tournant de cette guerre est crucial, que différentes hypothèses peuvent être envisagées et qu'un avenir prochain nous dira rapidement si nous avons vu clair, à moins qu'il ne faille attendre encore un peu plus longtemps pour porter un jugement raisonné sur des faits complexes et lourds de conséquences imprévisibles.

Maurice Georges OLIVIER

(prêté au « Soir » par « Le Nouveau Journal »)

### Communiqué allemand

Quartier Général du Fuehrer, 9 nov.

Le haut commandement des forces armées allemandes communique:

Sur le front de l'Est, en dépit des changements notables, la situation reste inchangée.

Dans le triangle en forme de trapèze Krementchoug-Odessa-Dniepopetrovsk-Melitopol, les tentatives de percée de l'ennemi ont été partout couronnées de succès sauf aux endroits du front où nos soldats se rendant en masse ont, par cette habile manœuvre, entravé les progrès des Soviets.

Dans le cadre gigantesque d'une défense élastique colossale, toutes les villes situées sur la voie ferrée Leningrad-Berditchev ont été évacuées nuitamment et sur la pointe des pieds.

Non seulement toutes ces localités ont été méthodiquement pillées pour leur enlever toute utilité militaire, mais un certain nombre d'entre elles ont été transportées en Poméranie sans que l'ennemi ou que les habitants eux-mêmes aient eu le temps de s'en apercevoir.

Dans les autres secteurs du front, l'armée allemande continue à enregistrer de considérables triomphes défensifs.

En huit jours, les Soviets ont perdu deux fois plus d'hommes et de matériel qu'ils n'en avaient engagés dans les opérations.

Sur le front de l'Italie du Sud, le décrochage plus lentement exécuté permet aux ennemis de suivre les opérations de fort près.

Dans la nuit du 8 au 9 novembre, un avion de combat allemand du type « Représaille » a réussi à apercevoir les côtes de l'Angleterre, tandis qu'un nombre considérable de bombardiers lourds anglo-américains a exécuté des attaques massives sur des villes allemandes, galvanisant une fois de plus notre industrie de guerre et le moral de nos populations.

LA SEMAINE INTERNATIONALE

# Du décrochage à la victoire défensive

par Julien VERPLAETSE

*Il est grand temps que nous mettions de l'ordre dans nos idées, parmi lesquelles les événements, par leur précipitation même, ont une fâcheuse tendance à créer un désarroi hautement préjudiciable à une saine compréhension du déroulement normal de cette guerre délibérément totale.*

*Que se passe-t-il sur le front de l'Est? Pour le comprendre, il suffit de lire, entre les lignes, les communiqués de la Wehrmacht, ou entre les ondes, les commentaires de Sertorius et de Ditmar. Il se passe exactement ce qu'en termes militaires on appelle un triomphal décrochage. La Wehrmacht, constamment enrichie d'apports nouveaux, grâce notamment à la contribution de plus en plus puissante de l'armée italienne à la guerre sur tous les fronts, n'a pas fini d'étonner le monde. Elle décroche depuis Stalingrad, c'est-à-dire depuis un an. Il est vrai que, de temps à autre, ces décrochages rendent inévitable l'encerclement, par l'Armée Rouge, de quelques centaines de milliers de défenseurs de l'Occident. Mais on sait que la Wehrmacht n'en est pas à quelques millions d'hommes près. L'essentiel c'est qu'elle tienne. Et elle tient.*

*On l'a vu successivement à Orel, à Kharkov, à Smolensk, à Dniepopetrovsk, et en d'innombrables autres lieux. Les prétendus stratèges de l'Armée Rouge croyaient que nous allions défendre ces villes. Quelle incommensurable naïveté! Comme si Orel ou Kharkov pouvaient intéresser la Wehrmacht! Qu'importent les plus redoutables points d'appui, dès le moment où il apparaît clairement que leur défense ne rendrait aucun service à l'objectif final poursuivi par le Haut commandement allemand? Or, cet objectif allemand, quel est-il?*

*D'aucuns ont cru, le jour où les armées du Reich se précipitaient à la fois*

(Voir suite en deuxième page).

Dass habe ich.::

# NOUVELLES DU PAYS

### Cinq cents grammes de pain à partir du 11 novembre

La Corporation Nationale de l'Agriculture et de l'Alimentation communique :

Grâce à un accord intervenu entre M. Piet Meeuwissen, chef de la C. N. A. A. et l'administrateur militaire Reeder, la ration de pain pourra être portée à 500 grammes à partir du 11 novembre, 25me anniversaire de la libération du territoire.

Cette mesure a pu être prise grâce à trois facteurs qui dominent, actuellement, la situation alimentaire du pays:

1° La récolte de l'Ukraine a été particulièrement abondante cette année. Des millions de tonnes de blé ont pu être acheminées de Russie par la Belgique, sans passer par l'Allemagne, ce qui, géographiquement, constitue un tour de force, d'autant plus que ces quantités ont été transportées dans des camions de la Wehrmacht, dépourvus d'essence et juchés sur des wagons. Parmi les meilleurs blés qui nous parviendront et seront, dès le 11 novembre, incorporés à notre pain, citons le blé de Zaporoje, le blé de Dniepopetrovsk, le blé de Mélitopol, le blé de Krivoirog. On espère d'ici peu importer en Belgique du blé de Crimée.

2° La classe paysanne a fourni, cette année, des prestations remarquables, nourrissant notamment à ses frais des dizaines de milliers de réfractaires. En outre, la répartition judicieuse des timbres de ravitaillement, par les soins des partisans, a permis de normaliser l'acheminement des céréales vers les consommateurs.

3° L'autorité allemande a estimé qu'il fallait, par un geste retentissant, marquer le 25me anniversaire de la libération du territoire. Le pain qui sera mangé le 11 novembre sera aussi blanc que la cravate de Pierre Laval. Le pain gris des premières années de la guerre sera réservé à la consommation porcine, donc aux ressortissants de la Wehrmacht.

Cette nouvelle sera accueillie par la population avec l'enthousiasme discipliné qui s'impose, et qui se traduira, le 11 novembre, par une série de manifestations patriotiques placées sous le signe des slogans du Front de l'Indépendance: Hors du pays l'occupant! Tous unis pour la libération de la Belgique!

### Il n'y aura plus de taudis

On sait l'ardente campagne qui a été menée dans nos colonnes contre les taudis, dernière survivance de l'exécrable régime Pierlot.

Désireuse de participer effectivement à la lutte contre les taudis, et de marquer, par un geste retentissant le 25me anniversaire de la libération de la Belgique, l'autorité allemande a décidé de mettre à la disposition des indigents, titulaires des cartes rose, jaune, verte, indigo, bleuâtre, vert de gris, coq de roche et rouge Staline, tous les immeubles, gratte-ciel, buildings, appartements multiples précédemment occupés par la Wehrmacht.

Les titulaires des cartes rose, jaune, verte, indigo, sont invités à se présenter le 11 novembre à la Ortskommandantur.

Les titulaires des cartes bleuâtre, vert de gris, coq de roche et rouge Staline, sont invités à se présenter le 11 novembre à l'immeuble Shell, service des « Grosse Katastrofen am Oestern Front ».

Les cartes devront être revêtues de la signature (paraphe compris) de M. Heymans, président du Secours d'Hiver et de M. Bacq, échevin de Bruxelles.

### Deux catégories de tabac : le KROTIN A et le KROTIN B

Le Service Interministériel des Corporations Réunies du Tabac (C. R. T.) et de la Récupération Systématique des Défécations Chevalines (R. S. D. C.) communique qu'à partir du 11 novembre 1943, et d'accord avec l'administrateur militaire Reeder, la composition du tabac sera la suivante: Krotin catégorie A. provenant des étalons reproducteurs; Krotin catégorie B. provenant des juments reproductrices.

Ces tabacs sélectionnés proviennent des haras les plus réputés de nos régions agricoles. Parmi les chevaux dont on a, pour la circonstance, scientifiquement récupéré les défécations, citons les sujets suivants, universellement réputés:

Vainqueur, de Stalingrad;
Collaborateur, de Marche-en-Famenne;
Ordre Nouveau, de Berchtesgaden;
Elastique, de Melitopol;
Rasibus, de Hambourg;
Morne Plaine, de Cologne;
Capitulation, de Berlin.

Les tabacs provenant de ces sources diverses sont méthodiquement sélectionnés et réservés au commerce brun.

Pour se procurer des tabacs, cigares et cigarettes des catégories KROTIN A et B, les fumeurs sont priés: 1°) de se procurer un certificat de bonne vie et mœurs; 2°) d'être Aryens; 3°) de s'inscrire au plus tôt chez le détaillant en légumes le plus proche, qui lui-même se mettra en rapport avec le distributeur de soutien-gorges du rayon, qui lui-même interviendra auprès de la biscuiterie Van Loo, afin qu'une enquête soit ouverte sur les opinions politiques du candidat fumeur; 4°) d'observer strictement entre chien et loup, les règles de l'occultation; 5° de remplir le formulaire W. K. R. P., délivré par le sous-chef de bureau de la section C. B. du gouvernement provincial, formulaire par lequel le fumeur s'engage à ne jamais consommer dans l'avenir de cigarettes anglaises, à ne jamais boire une goutte de vodka et à répéter chaque matin, pour se mettre de bonne humeur, la formule « Rex vaincra » (de préférence une demi-heure après le petit déjeuner).

On le voit, les formalités ont été réduites à leur plus simple expression. Elles permettront aux bénéficiaires: 1°) de fumer du bon tabac; 2°) de lutter contre le commerce noir en encourageant le commerce brun; 3°) d'assurer un rendement cent pour cent à l'élevage chevalin en Belgique, et, partant, de contribuer efficacement au bien-être de la collectivité nationale.

## UN FAIT entre 1000

### Le « Je m'en affichisme »

*Les humoristes, ces forçats de la gaîté, déplorent que les tableaux des musées et des salles d'exposition soient muets et silencieux. Que de bêtises géniales échappent ainsi au patrimoine comique de l'humanité.*

*Ce qui est vrai des tableaux, me disais-je, doit l'être des affiches qui transforment nos rues non seulement en musées de plein air mais en bibliothèques gratuites.*

*Heureux public qui, sans bourse délier, prend ainsi connaissance du dernier arrêté sur le rationnement des boutons de col ou de l'ordonnance prescrivant, sous peine de mort, de cultiver du colza à l'ombre des géraniums en pot.*

*A l'affût d'un « fait entre mille », j'ai donc avisé un bon coin de muraille où se déployaient côte à côte trois affiches qui font honneur aux artistes qui les ont conçues.*

*Elles montrent respectivement: un gendarme belge visiblement engraissé au marché noir, plusieurs photographies de travailleurs belges embauchés en Allemagne et qui exhibent des faces hilarantes, enfin une horde de soldats bolchevistes du type mongol-standard tout rouges de honte d'avoir mitraillé trois êtres sans défense qui gisent au premier plan, une femme, un bébé et une voiture d'enfant. Déguisé en chien d'aveugle, j'ai guetté les réactions des passants. Eh bien, il n'y a pas de quoi être fier.*

*La plupart des gens montrent à l'égard de ces affiches un... je m'en affichisme méprisant.*

*On s'arrête rarement et c'est pour échanger des clins d'yeux entendus ou pour réprimer avec peine un rire indécent.*

*Parfois quelque gamin s'approche et d'un crayon maladroit écrit sur la silhouette du brave gendarme: Van Koppenolle van Kopaf » ou quelques grafitti aussi insanes. Un jeune homme qui se croit plaisant, le pauvre, fait remarquer à propos de l'affiche n° 2 couverte d'attestations vibrantes: « Cette publicité me fait songer à celle des pilules Pink. Pourquoi n'a-t-on pas ajouté ce slogan: « La déportation en Allemagne guérit le travailleur européen de tous les maux, même du bombardement aérien ».*

*Enfin, citons comme comble d'incompréhension stupide le dialogue échangé entre un couple des Marolles.*

*« Zeid ien, Jef, combien ce qui en a, op dane strondpapier, des soldats rouges dessinéie dessus. Tu saurais pas les comptéie, hein Jef.*

*— Faut pas demandei, Miche, s'ils savent être si nombreux pour jetei une voiture d'enfant par terre, combien qui en a des mille et des cent pour met Hitler sur son derrière ».*

*L'on assure que la Gestapo avait voulu placer un microphone derrière toutes les affiches de propagande avec un fil direct relié au bureau d'Himmler. J'y suis violemment opposé, à Bruxelles en tous cas. Ce que j'ai recueilli en quelques heures me suffit; si Himmler avait été à ma place, s'il avait ouï tout ce que j'ai entendu, il aurait été capable de mourir d'un coup de sang, lui le moins sanguinaire des hommes.*

Paul KINET

*Je signe à partir d'aujourd'hui de mon nom. J'ai appris en effet que les anglophiles traduisaient mes initiales P. K. par « Propaganda Ketje » et je veux mettre fin à cette méchanceté gratuite.*

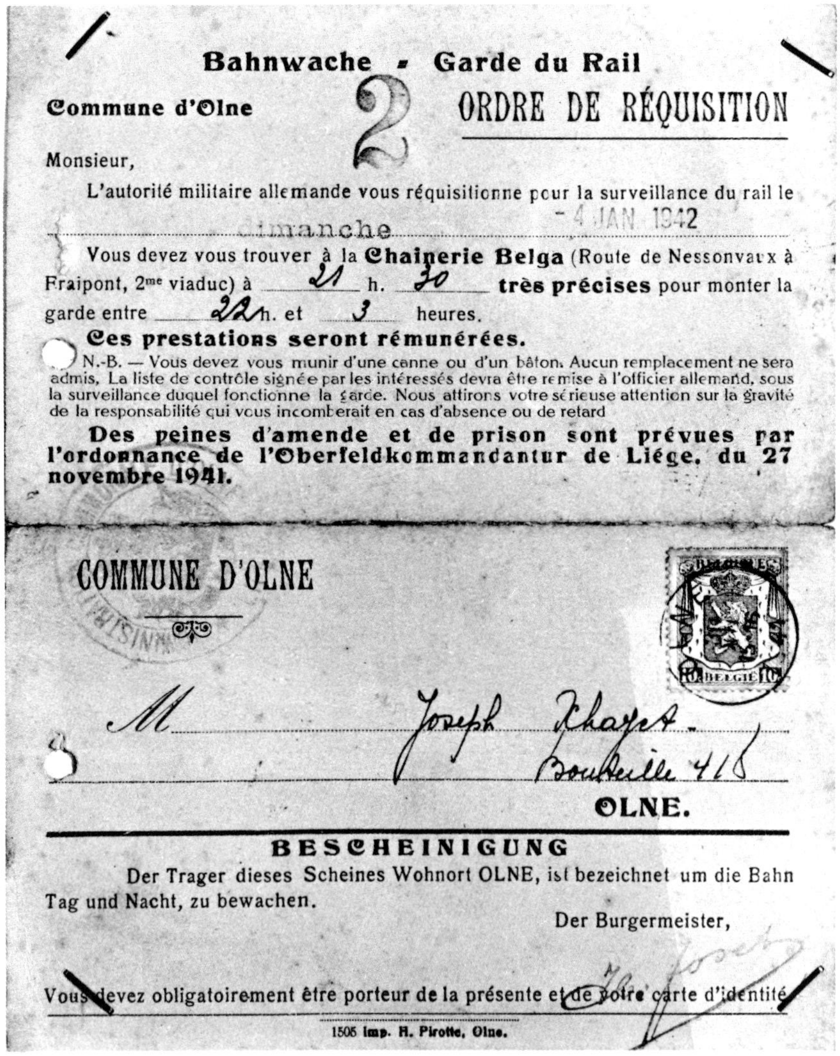

Bahnwache • Garde du Rail

Commune d'Olne

2

ORDRE DE RÉQUISITION

Monsieur,

L'autorité militaire allemande vous réquisitionne pour la surveillance du rail le

dimanche - 4 JAN 1942

Vous devez vous trouver à la Chainerie Belga (Route de Nessonvaux à Fraipont, 2me viaduc) à 21 h. 30 très précises pour monter la garde entre 22 h. et 3 heures.

Ces prestations seront rémunérées.

N.-B. — Vous devez vous munir d'une canne ou d'un bâton. Aucun remplacement ne sera admis. La liste de contrôle signée par les intéressés devra être remise à l'officier allemand, sous la surveillance duquel fonctionne la garde. Nous attirons votre sérieuse attention sur la gravité de la responsabilité qui vous incomberait en cas d'absence ou de retard

Des peines d'amende et de prison sont prévues par l'ordonnance de l'Oberfeldkommandantur de Liège, du 27 novembre 1941.

COMMUNE D'OLNE

BELGIË BELGIQUE

M Joseph Xhayet

Bouteille 418

OLNE.

BESCHEINIGUNG

Der Trager dieses Scheines Wohnort OLNE, ist bezeichnet um die Bahn Tag und Nacht, zu bewachen.

Der Burgermeister,

Vous devez obligatoirement être porteur de la présente et de votre carte d'identité

1505 Imp. H. Pirotte, Olne.

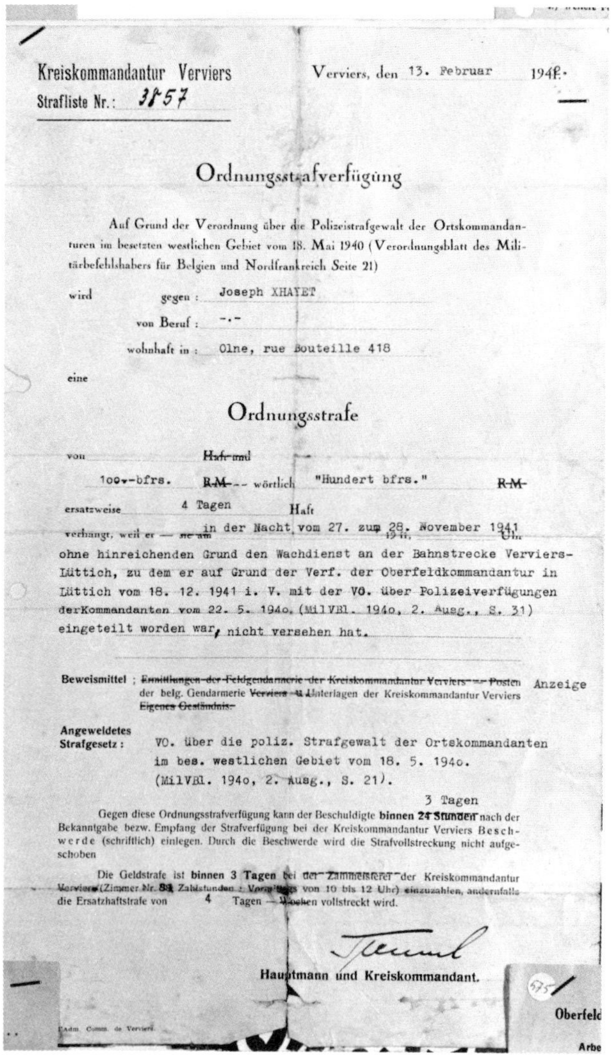

Kreiskommandantur Verviers

Strafliste Nr.: 3857

Verviers, den 13. Februar 1942.

Ordnungsstrafverfügung

Auf Grund der Verordnung über die Polizeistrafgewalt der Ortskommandanturen im besetzten westlichen Gebiet vom 18. Mai 1940 (Verordnungsblatt des Militärbefehlshabers für Belgien und Nordfrankreich Seite 21)

wird gegen: Joseph XHAYET

von Beruf: -.-

wohnhaft in: Olne, rue Bouteille 418

eine

Ordnungsstrafe

von ~~Haft und~~

100.-bfrs. ~~RM~~ -- wörtlich "Hundert bfrs." ~~RM~~

ersatzweise 4 Tagen Haft

verhängt, weil er — ~~sie am~~ in der Nacht vom 27. zum 28. November 1941

ohne hinreichenden Grund den Wachdienst an der Bahnstrecke Verviers-Lüttich, zu dem er auf Grund der Verf. der Oberfeldkommandantur in Lüttich vom 18. 12. 1941 i. V. mit der VO. über Polizeiverfügungen derKommandanten vom 22. 5. 194o. (MilVBl. 194o, 2. Ausg., S. 31) eingeteilt worden war, nicht versehen hat.

Beweismittel: ~~Ermittlungen der Feldgendarmerie der Kreiskommandantur Verviers — Posten~~ Anzeige der belg. Gendarmerie ~~Verviers u.~~ Unterlagen der Kreiskommandantur Verviers ~~Eigenes Geständnis~~

Angeweldetes Strafgesetz: VO. über die poliz. Strafgewalt der Ortskommandanten im bes. westlichen Gebiet vom 18. 5. 194o. (MilVBl. 194o, 2. Ausg., S. 21).

Gegen diese Ordnungsstrafverfügung kann der Beschuldigte binnen ~~24 Stunden~~ 3 Tagen nach der Bekanntgabe bezw. Empfang der Strafverfügung bei der Kreiskommandantur Verviers Beschwerde (schriftlich) einlegen. Durch die Beschwerde wird die Strafvollstreckung nicht aufgeschoben

Die Geldstrafe ist binnen 3 Tagen bei ~~der Zahlmeisterei~~ der Kreiskommandantur ~~Verviers (Zimmer Nr. 83 Zahlstunden: Vormittags von 10 bis 12 Uhr) einzuzahlen, andernfalls~~ die Ersatzhaftstrafe von 4 Tagen — ~~Wochen~~ vollstreckt wird.

Hauptmann und Kreiskommandant.

*Les employés des chemins de fer belges payèrent un lourd tribut durant la guerre. Ils étaient nombreux à faire partie de la Résistance, comme ci-dessous Pierre Thomas, chef-garde fusillé à la citadelle de Liège le 31 mai 1943. Ci-dessus, Joseph Xhayet se voit condamné à une amende de cent francs par la Kreiskommandatur pour ne pas s'être présenté à son poste en temps utile. Il savait que la Résistance allait faire dérailler un convoi à l'endroit où il devait se rendre.*

réduisirent en cendres vingt-trois locomotives réquisitionnées par la Wehrmacht pour transporter ses troupes. Les canaux et particulièrement les écluses étaient aussi les cibles favorites du Groupe. Le 5 septembre 1943, le sabotage de l'écluse Billiet sur le canal d'Ath entraînera l'assèchement partiel de ce dernier durant cinq mois ; deux mois plus tard, la mise hors d'usage d'un siphon interdira, durant deux mois, toute navigation sur le canal de Charleroi à Clabecq, touchant ainsi les usines Boël à La Louvière.

Sur la route, ce sont évidemment les véhicules militaires allemands qui étaient visés. Mentionnons, en juin 1944, la destruction, dans un garage bruxellois, de nombreuses voitures de la police allemande qui y étaient entreposées.

Dans la nuit du 15 au 16 janvier 1944, le Groupe G fut l'auteur de la fameuse « grande coupure ». Celle-ci parvint à détruire sur tout le territoire vingt pylônes à haute tension et à en endommager gravement huit autres. Des régions entières furent privées d'électricité et la panne produisit ses effets jusqu'en Rhénanie, puisque cette région constamment bombardée par l'aviation alliée faisait venir son électricité de Belgique.

D'autres actions sont encore à mettre à l'actif du Groupe G, comme le vol de timbres de ravitaillement ou encore l'assassinat de certains rexistes, comme à Nivelles.

A la glorieuse mémoire de

MONSIEUR

**Pierre THOMAS**

**Chef garde à la S. N. C. F B.**

né à Bastogne, le 23 mai 1907, fusillé à la citadelle de Liège le 31 mai 1943, pour Dieu et sa Patrie.

*Un des grands faits de la bataille du rail : le 30 juillet 1943, l'Armée belge des Partisans parvint à faire dérailler un convoi allemand sur la ligne Louvain-Ottignies à Heverlée, malgré une surveillance importante de la voie par la Wehrmacht. Non seulement le train fut anéanti avec le matériel qu'il transportait, mais un général, deux colonels, vingt officiers et deux cent soixante-dix soldats y perdirent la vie.*

Notons également que le Groupe G agissait souvent avec d'autres résistants membres d'autres réseaux : ce sont un membre du Groupe G et trois partisans qui réussirent à faire dérailler dans la nuit du 14 au 15 août 1943 un convoi de minerais dans le tunnel d'Esneux, obstruant ainsi les voies durant sept jours.

Ce n'est qu'en 1944 que le Groupe G reçut le concours plus actif de Londres qui lui parachuta régulièrement des hommes, du matériel de sabotage et des agents, dont des opérateurs radio.

Si la nature des opérations changea à l'approche du débarquement, celles-ci furent concentrées sur les attentats aux voies ferrées, tandis que le Groupe G se fondait progressivement dans l'armée de Belgique, la future armée secrète, même si, à Anvers par exemple, il collaborait activement avec la Witte Brigade et le Mouvement National Royaliste.

À la libération, le Groupe G réussit à déminer un certain nombre de ponts stratégiques, tandis qu'il collabora avec l'armée canadienne de la région d'Eeklo ou encore avec les Américains de l'est du pays.

Ces innombrables actes valeureux coûtèrent la vie à un cinquième des effectifs du Groupe G passé maître, nous l'avons vu, dans l'art du sabotage, avec une efficacité qui lui valut l'admiration des Alliés.

*Un train chasse-neige fabriqué par les Ateliers de la Sambre pour l'armée allemande qui combattait sur le front de l'Est. Certains ouvriers dénoncèrent la collaboration de leur patron et invitèrent leurs camarades à saboter le travail.*

*Ce simple outil est un sabot d'arrêt qui, abandonné sur le rail, provoquait inéluctablement le déraillement du convoi.*

*Cette peinture représente le sabotage du pont du Ventaire à Fontaine-l'Évêque en 1944.*

# FAHNDUNG
# OPSPORING
# RECHERCHE

Der Schwerverbrecher

## Alfred Henri GILBERT

**(Deckname "Bill„)**

geb. 16.4.1921 in Uccle, ledig, zuletzt wohnhaft in Brüssel, rue Edith Cavell 57, bei seinen Eltern, hat sich bis heute der Festnahme entzogen.

**PERSONENBESCHREIBUNG :**

Grösse : etwa 1,70-1,75 m.
Gestalt : schlank.
Haar : dunkel.
Kleidung : meist sportlich (englische Mode).

Für Mitteilungen, die zur Festnahme des Gilbert führen, wird eine Belohnung bis zu

**BFRS. 500.000**

ausgesetzt.

Zweckdienliche Mitteilungen über den Aufenthalt des Gilbert nehmen alle deutschen Polizeidienststellen entgegen. Die Angaben werden auf Wunsch vertraulich behandelt.

Für den Militärbefehlshaber
in Belgien und Nordfrankreich,
Der Militärverwaltungschef,

De misdadiger

## Alfred Henri GILBERT

**(bijgenaamd "Bill„)**

geb. te Ukkel, den 16.4.1921, vrijgezel, het laatst wonende bij zijn ouders te Brussel, Edith Cavellstraat, 57, kon tot heden aan zijn aanhouding ontsnappen.

**PERSOONSBESCHRIJVING :**

Groot 1,70-1,75 m.
Slank van gestalte;
Donker van haar;
Meestal sportief gekleed (Engelsche mode).

Er wordt een belooning, gaande tot

**500.000 B. FR.**

uitgeloofd voor degenen die inlichtingen kunnen verstrekken, welke tot de aanhouding van Gilbert zouden leiden.

Nuttige inlichtingen over het oponthoud van Gilbert worden door alle Duitsche politiediensten in ontvangst genomen.

Indien gewenscht, worden de mededeelingen in vertrouwen behandeld.

Voor den Militairen Bevelhebber
in Belgie en Noord-Frankrijk,
De Militärverwaltungsschef.

Le grand criminel

## Alfred Henri GILBERT

**(pseudonyme "Bill„)**

né le 16.4.1921 à Uccle, célibataire, domicilié en dernier lieu chez ses parents à Bruxelles, 57, rue Edith Cavell, s'est soustrait jusqu'à ce jour à l'arrestation.

**SIGNALEMENT :**

Taille : 1,70-1,75 m.
Svelte;
Cheveux foncés;
Vêtement ordinaire, costume sport (mode anglaise).

Pour tous renseignements qui seraient de nature à mener à l'arrestation de Gilbert, il sera accordé une récompense pouvant atteindre la somme de

**500.000 FR. B.**

Tous renseignements utiles concernant le séjour de Gilbert peuvent être adressés à tous les bureaux de police allemands. Sur demande, ces communications seront traitées confidentiellement.

Pour le Commandant militaire
pour la Belgique et le Nord de la France,
Le Chef de l'Administration Militaire.

3549

# BELGES,

Attention au piège dissimulé dans l'appel des Secrétaires Généraux. Aujourd'hui dénoncer sans discernement un compatriote aux autorités belges, c'est souvent l'exposer aux pelotons d'exécution de l'ennemi.

**Nous réprouvons avec énergie le banditisme,**

dont le boche et la presse vendue essaient de rejeter l'opprobre sur les patriotes.

**Les Patriotes ne sont pas des bandits**
**Les bandits ne sont pas des Patriotes**

Nous déclarons la guerre au banditisme et le combattrons avec nos forces accrues.

**Aidez-nous**

Répondez aux appels réitérés lancés par Londres par notre Gouvernement. Aidez moralement, matériellement, financièrement le Front de l'Indépendance, Armée de la Résistance.

LE FRONT DE L'INDÉPENDANCE.

*Appel à la délation pour un «grand criminel», en l'occurrence un résistant, ce que ne manque pas de souligner ce tract diffusé par la Résistance.*

**FAHNDUNG**
**OPSPORING**
**RECHERCHE**

Am 27.2.1943 ist der Schwerverbrecher

**ROBERT DUBOIS**

geb. 19.3.1906 in Ostende, zuletzt wohnhaft gewesen in Ostende, rue Frère Orban 458, bei seiner Mutter, während eines Transportes in Brüssel entsprungen.

**PERSONENBESCHREIBUNG :**

Grösse : etwa 1,76 m.
Gestalt : schlank, Schultern leicht nach vorn gebeugt.
Kopf : schmal, etwas vorstehende Backenknochen.
Stirn : hoch.
Augen : tiefliegende graue Augen.
Haar : graublond-meliert, leicht gewellt, nach hinten gekämmt.
Kleidung : einfach.
Sonstiges : leichter Gang, ruhiges Wesen.
Sprache : Flämisch (Muttersprache) und Französisch.

Für Mitteilungen, die zur Festnahme des Dubois führen, wird eine Belohnung bis zu

**BFRS. 500.000**

ausgesetzt.

Zweckdienliche Mitteilungen über den Aufenthalt des Dubois nehmen alle deutschen Polizeidienststellen entgegen. Die Angaben werden auf Wunsch vertraulich behandelt.

Für den Militärbefehlshaber
in Belgien und Nordfrankreich,
Der Militärverwaltungschef.

3547

Op 27.2.1943 is de gevaarlijke misdadiger

**ROBERT DUBOIS**

geboren den 19.3.1906 te Oostende, laatst woonachtig aldaar Frère Orbanstraat, 458, bij zijn moeder, gedurende zijn overbrenging, te Brussel ontsnapt.

**PERSOONSBESCHRIJVING :**

Grootte : ongeveer 1 m. 76.
Gestalte : slank, de schouders licht naar voren gebogen.
Hoofd : smal, met ietwat uitstekende jukbeenderen.
Voorhoofd : hoog.
Oogen : diepliggende grijze oogen.
Haar : grijs en blond gemengd, licht golvend, naar achter gekamd.
Kleeding : eenvoudig.
Andere kenteekenen : lichte gang, rustig voorkomen.
Taal : vlaamsch (moedertaal) en fransch.

Voor mededeelingen die tot de aanhouding van Dubois leiden, wordt een belooning, gaande tot

**500.000 B. FR.**

uitgeloofd.

Alle nuttige inlichtingen over het overblijf van Dubois worden door alle Duitsche politiediensten in ontvangst genomen. Desgewenscht worden de aangiften vertrouwelijk behandeld.

Voor den Militairen Bevelhebber
in België en Noord-Frankrijk,
De Militärverwaltungschef.

Le 27 février 1943 le dangereux criminel

**ROBERT DUBOIS**

né le 19 mars 1906 à Ostende, domicilié en dernier lieu chez sa mère, rue Frère Orban, 458, à Ostende, s'est échappé, pendant son transfert, à Bruxelles.

**SIGNALEMENT :**

Taille : 1 m. 76 environ.
Stature : élancé, les épaules légèrement inclinées en avant.
Tête : étroite, pommettes quelque peu saillantes.
Yeux : yeux gris, aux orbites profondément enfoncées.
Cheveux : blonds grisonnants, légèrement ondulés, coiffés vers l'arrière,
Vêtements : simples.
Signes particuliers : démarche légère, apparence calme.
Langue : flamand (langue maternelle) et français.

Une récompense allant jusqu'à

**500.000 FR. B.**

est promise pour toutes communications qui amèneront l'arrestation de Dubois.

Tous renseignements utiles au sujet du séjour de Dubois peuvent être fournis à tous les services de police allemands. Sur demande, ces renseignements seront tenus confidentiels.

Pour le Commandant militaire
pour la Belgique et le Nord de la France,
Le Chef de l'Administration Militaire.

# *DANS LE MAQUIS ARDENNAIS*

Une figure, encore une de cette courageuse résistance à l'oppression nazie. Son nom ? Daniel Ryelandt. Un patricien brugeois né en 1907. Trente et un an plus tard, le voici déjà secrétaire politique du comte de Broqueville, puis chef de Cabinet d'Hubert Pierlot et d'autres ministres.

En 1938, il est à la tête de l'Agence Belga. Une carrière fulgurante pour cet homme intègre. Une plume fine et nuancée lui vaut aussi de collaborer régulièrement à *La Libre Belgique* et à *La Revue générale belge* où, sous le pseudonyme de Memnon, il signe de remarquables articles sur la politique intérieure belge.

Le général Crahay dira de lui : « Il était à la fois enthousiaste et sceptique. D'une part, il tenait à ses idées et les défendait avec pugnacité ; d'autre part, il connaissait les hommes et, sans les mépriser, savait qu'il était rare qu'on

**FAHNDUNG**
**OPSPORING**
**RECHERCHE**

Der Schwerverbrecher

**Jean-Jacques DESTRÉE**
**(Deckname "Xavier„)**

geboren 11.5.1922 in Ixelles, verheiratet, von Beruf Weinhändler, zuletzt wohnhaft in Brüssel, Rue Paul Lauters, 49, hat sich bis heute der Festnahme entzogen.

**PERSONENBESCHREIBUNG :**

Grösse : etwa 1,70 - 1,75 m.; Gestalt : schlank;
Augen : blau;
Haar : kraus, gewellt;
Kleidung : meist sportlich (englische Mode).

Für Mitteilungen, die zur Festnahme des Destrée führen, wird eine Belohnung bis zu

**BFRS. 500.000**

ausgesetzt.

Zweckdienliche Mitteilungen über den Aufenthalt des Destrée nehmen alle deutschen Polizeidienststellen entgegen. Die Angaben werden auf Wunsch vertraulich behandelt.

Für den Militärbefehlshaber
in Belgien und Nordfrankreich,
Der Militärverwaltungschef.

3548

De misdadiger

**Jean-Jacques DESTRÉE**
**(bijgenaamd "Xavier„)**

geboren te Elsene, den 11.5.1922, gehuwd, wijnhandelaar van beroep, het laatst wonende te Brussel, Paul Lautersstraat, 49, kon tot heden aan zijn aanhouding ontsnappen.

**PERSOONSBESCHRIJVING :**

Groot ongeveer 1,70-1,75 m., slank van gestalte;
Blauwe oogen;
Gegolfd kroeshaar;
Meestal sportief gekleed (Engelsche mode).

Er wordt een belooning, gaande tot

**500.000 B. FR.**

uitgeloofd voor degenen die inlichtingen kunnen verstrekken, welke tot de aanhouding van Destrée zouden leiden.
Nuttige inlichtingen over het oponthoud van Destrée worden door alle Deutsche politiediensten in ontvangst genomen.
Indien gewenscht, worden de mededeelingen in vertrouwen behandeld.

Voor den Militairen Bevelhebber
in België en Noord-Frankrijk,
De Militärverwaltungschef.

Le grand criminel

**Jean-Jacques DESTRÉE**
**(pseudonyme "Xavier„)**

né le 11.5.1922 à Ixelles; marié; profession : marchand de vin; domicilié en dernier lieu à Bruxelles, rue Paul Lauters, 49, s'est soustrait jusqu'à ce jour à l'arrestation.

**SIGNALEMENT :**

Taille : 1,70 - 1,75 m. environ, svelte;
Cheveux : crépus, ondulés;
Yeux : bleus;
Habillement : d'ordinaire costume sport (mode anglaise)

Pour tous renseignements qui seraient de nature à mener à l'arrestation de Destrée, il sera accordé une récompense pouvant atteindre la somme de

**500.000 FR. B.**

Tous renseignements utiles concernant le séjour de Destrée peuvent être adressés à tous les bureaux de police allemands. Sur demande, ces communications seront traitées confidentiellement.

Pour le Commandant militaire
pour la Belgique et le Nord de la France,
Le Chef de l'Administration Militaire.

*Page ci-contre : un résistant est arrêté par la Gestapo.*

*Julien Lahaut, une des figures de la résistance communiste, sera l'organisateur des grèves qui paralysèrent les industries wallonnes en septembre 1940 et en mai 1941. Pour ces faits, il fut enfermé à la citadelle de Huy. Mais Julien Lahaut est surtout connu pour s'être vu attribuer le cri de « Vive la République ! » prononcé lors de la prestation de serment du roi Baudouin, alors qu'il était député communiste. En fait, ce ne fut pas lui qui prononça cette phrase, et il n'est pas sûr que son assassinat survenu quelques semaines après cet esclandre soit l'œuvre de mouvements royalistes. L'enquête en tout cas n'a jamais abouti.*

OCCUPANT !

e Nationale,
ents PIEPER,
au Mambourg

irèves
ieuses

eur ravitaillement
tions de salaires

es travailleurs font de plus en
upant qui voudrait réduire les
ulations et piller impunément
sa machine de guerre.
nazis et les manœuvres de
plusieurs grèves victorieuses
derniers jours, aux luttes me-
écédentes par les mineurs de
roi, par les métallurgistes de

Nationale d'Armes de Guerre,
00 ouvriers occupés dans le
au milieu du mois d'août, par-
les timbres supplémentaires
ir délégué, qui n'avait pas été
'interrompent leur travail, fut
patron qui promit 25 timbres
) à 8 heures.
s reçurent 20 des timbres pro-
courir à une nouvelle grève
suivants; mais cette fois la
êter les meneurs. Immédiate-
t que, dans ce cas, ils feraient
leurs camarades, et la direc-
8 heures dans trois divisions.
ée quelques jours plus tard,
l'ensemble de l'usine et accor-
ires de un franc à l'heure.
nts *Pieper*, une grève fut dé-
la Direction refusa — et par
délégation qui réclamait des
uels les ouvriers avaient droit.
mêlent, et finissent par faire
ail, pour que la Direction,
le distribuer ces timbres et de
mes de terre et un repas gra-
ant, elle choisit 15 ouvriers
de déportation en cas de nou-
brayèrent de nouveau et ce
r accepta de tenir ses pro-
tes sanctions qu'ils reprirent

de la possibilité de mener la
t ils ne sont pas isolés.
C. E. C., dont nous avions
récédent numéro, ont obtenu

dans le bassin de Charleroi,
fin août pour les congés

*page 4)*

**A la Citadelle de Huy notre camarade LAHAUT est grièvement blessé par ses bourreaux nazis**

**Imposez la libération des victimes de la Gestapo !**

**De graves nouvelles nous parviennent. Notre cher camarade Julien LAHAUT, détenu depuis le 22 juin à la citadelle de Huy, aurait été grièvement blessé par les brutes nazies.**

Au cours de ces dernières semaines, tour à tour, deux courageux détenus, notre camarade Paul RENOTTE, conseiller provincial de Liége, et l'avocat antifasciste liégeois TERFVE, parvinrent à tromper la vigilance de leurs geôliers et à s'évader de la citadelle.

*Julien Lahaut*

*(Suite à la page 4)*

*Dans ce side-car allemand, un résistant qui vient d'être arrêté.*

*Page ci-contre : toute l'horreur d'une déportation dont on ne reviendra que trop rarement.*

*Image très connue de ce que fut l'enfer de l'univers concentrationnaire : des détenus musiciens contraints de jouer de la musique pendant que l'on exécutait leurs compagnons. Parmi l'orchestre, un Belge, détenu à Mauthausen, François Cambier, dont le violon ci-dessous est conservé au musée de la Résistance, et une trompette ayant appartenu à un autre déporté.*

puisse en attendre des miracles... Daniel Ryelandt a servi ses compatriotes longtemps et bien. »

Fait prisonnier en France avec les restes de l'armée belge le 2 mai 1940, Ryelandt partit en captivité avant d'être rapatrié en Belgique comme officier flamand le 16 janvier 1941.

Le 15 septembre 1943, Daniel Ryelandt fut chargé d'organiser le maquis d'Orchimont. Tout un climat que nous restitue Albert Crahay :

« L'atmosphère ne peut mieux se comparer qu'à celle de la "Guerre des Paysans" qui souleva nos populations rurales contre les sans-culottes à la fin du XVIII^e^ siècle. Dans l'Ardenne de 1944, comme jadis au pays brabançon, au Limbourg, en Flandre, dans le Luxembourg, c'étaient des cultivateurs résolus et calmes qui formaient la troupe avec quelques habitants des villes réfugiés dans les campagnes. Le cadre était fourni par des forestiers, des gendarmes,

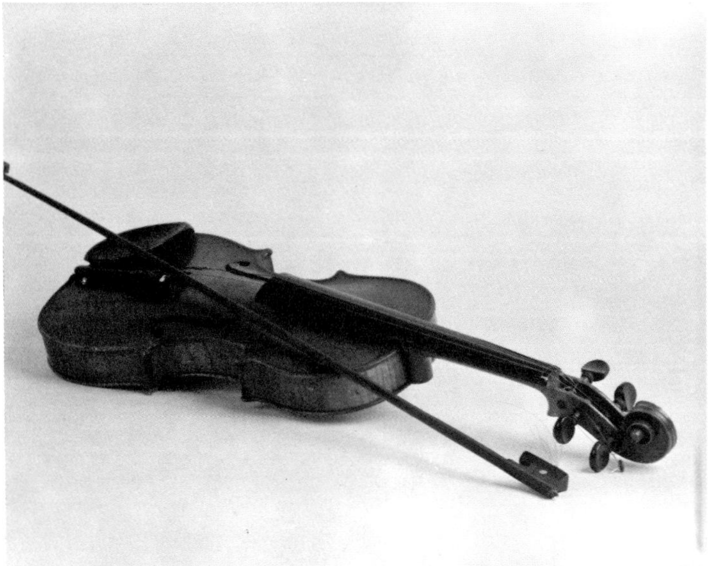

quelques sous-officiers en demi-solde, sous la conduite de notables de la région, châtelains, instituteurs, notaires, bourgmestres. Mais, en 1944, ces chefs étaient des officiers d'active et de réserve, dûment commissionnés pour leur commandement, en rapport suivi avec les armées alliées qui les armaient et leur donnaient des directives.

« La région se préparait depuis longtemps à fournir cet effort. Mais il fallait compléter le recrutement, organiser l'instruction, préparer le ravitaillement futur, prendre en charge des réfractaires. Quelques hommes vivaient déjà dans les bois, dans de misérables baraques, pendant l'hiver 1943-1944. Ils formaient des sortes de petits commandos d'où sortira au bon moment l'élite de la troupe. Une fièvre guerrière gagnait peu à peu la population ; beaucoup collaboraient activement à la préparation de ce qui allait se passer, mais le secret ne débordait pas le cercle de ceux qui devaient savoir...

« Ce n'est qu'aux environs de Pâques que, en prévision d'un débarquement annoncé comme prochain, on commença la mobilisation partielle de la troupe dans de spacieux baraquements, puis dans des camps installés dans les bois, à des emplacements choisis pour les possibilités tactiques qu'ils offraient. Ce fut dès lors la vraie vie du maquis, sans réserve, vie saine et exaltante, où se faisaient sentir tous les avantages d'une troupe composée de routiers scouts, de forestiers, de cultivateurs ardennais et d'étudiants.

« L'Ardennais n'est pas batailleur comme le Flamand ; il n'est pas impétueux comme le Liégeois et ne prend pas volontiers des risques dont il ne peut mesurer l'étendue ou l'utilité. Mais il est froid, taiseux, décidé et obstiné, et il avait mis ces qualités au service de la lutte contre les Allemands. L'homme et le pays faisaient de cette région le site idéal du maquis. Lorsque les troupes armées se formèrent, les villageois se mirent de toute leur âme au service de leurs chefs.

« Les jeunes se firent soldats ; les hommes plus âgés se firent supplétifs-ravitailleurs, agents de renseignements, organisateurs de filières. Les femmes cuisaient le pain et entretenaient le linge ; les jeunes filles étaient estafettes... Tout se passait dans le calme et la discipline. Les gens savaient se taire avec

*Ci-dessus : un détenu, plutôt que de souffrir, a préféré se jeter sur les barbelés électrifiés du camp où il était déporté. Paradoxalement, le taux de suicide dans l'univers concentrationnaire fut relativement faible, et pourtant toute forme d'espoir pouvait apparaître vaine dans ce décor de haine et de violence quotidiennes.*

*Ci-dessous : la salle des tortures du fort de Breendonck, seul camp de concentration nazi en Belgique.*

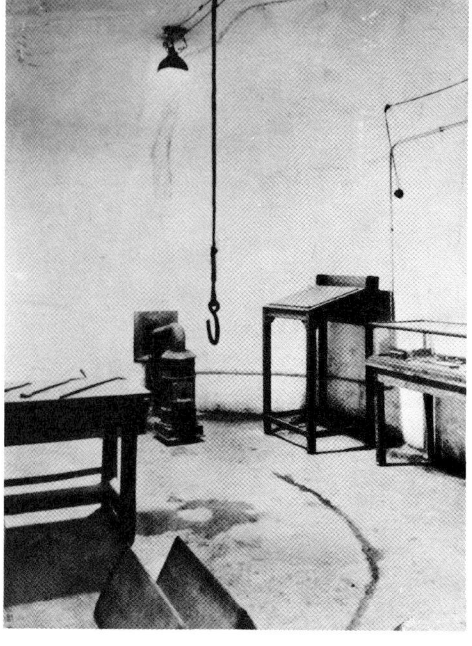

*Le tristement célèbre mur des suppliciés à Breendonck.*

*Une cellule du fort de Breendonck.*

*Cette matraque fut retrouvée dans les caves du siège de la Gestapo de Charleroi.*

# BEKENDMAKING

## 24 Limburgsche Terroristen terecht gesteld

Cet avis à la population émanant des autorités allemandes annonce l'exécution de vingt-quatre « terroristes » limbourgeois, en d'autres termes des résistants.

Ce placard émanant de l'Oberfeldkommandant de la ville de Liège promet, en représailles du meurtre d'un lieutenant, la déportation de tous les hommes de six hameaux ainsi que la confiscation de tous les vélos et de tous les postes de radio, tout simplement parce que les habitants avaient omis de signaler à l'autorité allemande la présence de « bandits » dans leur région, à savoir des résistants.

**BEKANNTMACHUNG**

Am 18.7.44 wurde zwischen Fisenne und Erezée der deutsche Wehrmachtangehörige Lt. Hötte bei einem feigen Ueberfall schwer verletzt. Lt. Hötte ist am 22.7.44 seinen Verletzungen erlegen.

Als Sühne für diese ruchlose Tat wurden die männlichen Einwohner der Gemeindeteile Soy, Ferai - Chêne, Melines, Werpin, Trinal und Wy im Alter von 18 bis 45 Jahren festgenommen und unter verschärften Bedingungen ausser Landes verbracht. Ausserdem wurden alle Fahrräder und Radioapparate in diesen Gemeindeteilen eingezogen.

Die genannten Orte befinden sich in nächster Nähe des Bandenlagers, in das der schwerverletzte Lt. Hötte verbracht und wo er 2 Tage lang festgehalten worden war. Die Einwohner dieser Orte hatten von den Vorgängen Kenntnis, unterliessen es aber, deutschen oder belgischen Dienststellen von dem Vorhandensein des Lagers und dem Ueberfall unverzüglich Kenntnis zu geben. Dadurch haben sie sich mitschuldig gemacht.

An alle Einwohner der Provinzen Lüttich und Luxemburg ergeht zur Vermeidung weiterer Massnahmen dieser Art eine Warnung und die erneute Aufforderung, den deutschen oder belgischen Dienststellen sofort Mitteilung zu machen, wenn sie das Auftreten von Banditen bemerken.

Lüttich, den 26. Juli 1944.

DER OBERFELDKOMMANDANT.

**AVIS**

Le 18 juillet 1944, entre Fisenne et Erezée, le lieutenant Hötte, membre de l'armée allemande, a été grièvement blessé à la suite d'une lâche agression. Cet officier a succombé à ses blessures le 22 juillet 1944.

En expiation de ce forfait, les habitants mâles des hameaux de Soy, Ferai-Chêne, Melines, Werpin, Trinal et Wy, âgés de 18 à 45 ans, ont été arrêtés et transportés hors du pays dans des conditions aggravées. En outre, toutes les bicyclettes et tous les postes de T.S.F. se trouvant dans ces localités ont été saisis.

Les localités susmentionnées se trouvent à proximité du camp des bandits ou le lieutenant blessé avait été transporté et retenu pendant deux jours. Les habitants de ces localités étaient au courant de ces faits, mais ils omirent de signaler immédiatement aux services allemands ou belges l'existence du camp ainsi que l'agression. Par cette attitude ils se sont rendus complices du crime.

Pour éviter d'autres mesures semblables, on adresse par la présente à tous les habitants des provinces de Liége et du Luxembourg cet avertissement et on les invite de nouveau à mettre sans délai les autorités allemandes ou belges au courant dès qu'ils s'aperçoivent de la présence de bandits.

Liége, le 26 juillet 1944.

DER OBERFELDKOMMANDANT.

Pages suivantes : des résistants devant un peloton d'exécution.

*Les visages de ces résistants morts pour un idéal de liberté.*

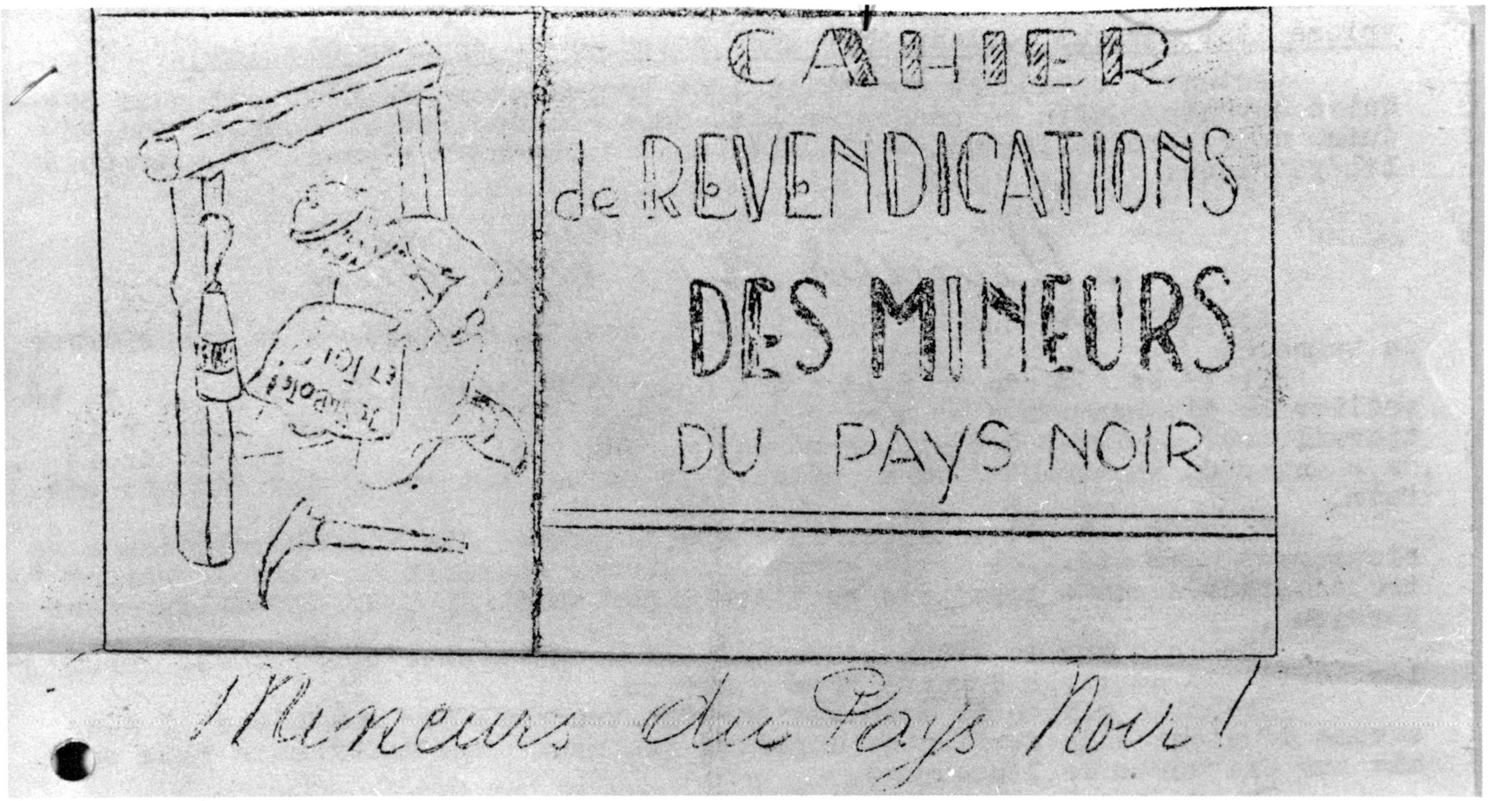

CAHIER
de REVENDICATIONS
DES MINEURS
DU PAYS NOIR

METALLO

CAHIER
de REVENDICATIONS
DES METALLURGISTES
DE CHARLEROI

établi par le Comité Régional des
Métallurgistes de Charleroi.

Nous vivons des heures décisives!
Pendant que les Nations Unies prépérent
leur assaut pour ébattre Hitler,l'occu
pant,assiégé en Europe,poursuit le pil
lage de notre pays,l'épuisement et la
destruction du peuple travailleur pour
sa machine de guerre et la jouissance

N° 9 **LE PAYSAN** NOVEMBRE 1941
ORGANE DE DEFENSE PAYSANNE
PRIX : 0.50 Fr.

**A BAS LE PLAN CULTURAL !**

Après avoir supprimé la liberté de nos travailleurs de la terre de disposer du fruit de leur travail (monopole du beurre, règlementation des prix et marchés, vente forcée aux grossistes,etc) la Corporation s'en prend maintenant à la liberté de production. Le plan cultural obligatoire a vu le jour.

Le plan cultural, c'est la contrainte, l'iniquité et l'incompétence.

Le plan cultural est évidemment obligatoire.Et par dessus le marché il est profondément injuste. C'est une année à l'avance qu'on évalue la récolte ! Comme si on commandait la pluie et le beau

OUVRIERS MÉTALLURGISTES !

**Les hitlériens affameurs sont vos bourreaux !**

**La victoire de vos alliés Russes, Anglais et Américains vous permettra de reconquérir vos libertés et vos droits !**

AIDEZ EFFICACEMENT VOS ALLIÉS, LUTTEZ CONTRE VOS BOURREAUX !

Les ressources et la patience de notre classe ouvrière ont atteint leur extrême limite.

La misère, une misère affreuse règne dans tous les ménages ouvriers. Se trouvera-t-il un patron, un « collaborateur » pour nier l'augmentation vertigineuse du coût de la vie ? **150 à 300 %** ! Les

une douce obstination, comme ils savaient, en toute lucidité, prendre des risques, somme toute plus grands que ceux des soldats dont ils avaient l'âme. Le spectacle qu'offrait cette population cachant, nourrissant, couvant littéralement ces soldats en haillons qui habitaient ses bois était grand et prenant.

« La troupe était digne de ceux qui l'entouraient de soins maternels. Coiffés du populaire béret des chasseurs ardennais, portant fièrement le badge au Lion, qu'ils partageaient avec la brigade belge d'Angleterre, bûcherons, cultivateurs, braconniers, étudiants, scouts bruxellois : tous n'avaient qu'un même cœur et une même foi. Ils avaient en bien peu de temps formé un amalgame parfait. Beaucoup étaient trop jeunes pour avoir été soldats en 1940. Mais on en vit qui marchaient au feu avec cran et manœuvraient comme de vieux troupiers avec huit jours d'instruction, telle était l'ardeur intelligente qu'ils mettaient à apprendre les rudiments de l'art militaire. »

À peine arrivé dans le maquis ardennais, Ryelandt reçut pour mission d'organiser une troupe armée suffisamment forte pour permettre à

*Toute une série de feuilles clandestines rédigées et diffusées par les syndicats.*

une division aéroportée de sauter sans trop de risques dans une région distante de quinze kilomètres de la Meuse, pour autant que les Allemands offrent une trop forte résistance sur les rives du grand fleuve. Subsidiairement, ce groupe devait considérablement gêner les déplacements des troupes ennemies.

Fin mai 1944, premier contact entre les maquisards et une division blindée allemande qui détruisit la moitié de l'armement du groupe, tua deux résistants, en blessa quelques-uns et captura dix hommes.

Fin août, les maquisards étaient répartis en dix-sept camps totalisant quatre cent soixante-dix-huit hommes, dont une centaine de scouts bruxellois et flamands.

Dès la mi-juillet 1944, le groupe procéda au nettoyage du territoire qui lui était imparti pour éviter que ses mouvements fussent dénoncés à l'autorité allemande. C'est ainsi qu'une dizaine de rexistes furent exécutés. Le 15 août, dans la nuit, le groupe d'Orchimont reçut le renfort de parachutistes belges du S.A.S. commandés par le capitaine Renkin qui avait été parachuté non loin de là, en France. Leur rôle consistait à préparer éventuellement une opération aéroportée alliée, sans faire étalage de leur nationalité aux autochtones afin d'éviter toute effervescence suspecte.

Entre-temps, les maquisards devaient entamer leurs missions de sabotage. Dès le 21 juin 1944, ils avaient sectionné le câble téléphonique qui reliait Paris à Cologne et procédé à des coupures de lignes aériennes. Le 15 août, la 6e section attaque du côté du bourg d'Alle un camion allemand dont elle tue neuf occupants et fait prisonniers deux soldats. Le 23, un convoi composé de cinq à six cents SS et membres de la Légion Wallonie est attaqué par les maquisards. Bilan : soixante morts pour deux résistants tués.

Fin août, en représailles de toutes ces attaques, les Allemands prendront à Alle dix-sept otages et y brûleront vingt-cinq maisons. Début septembre, à l'approche des troupes alliées, les opérations se multiplient tant et si bien que ce furent des dizai-

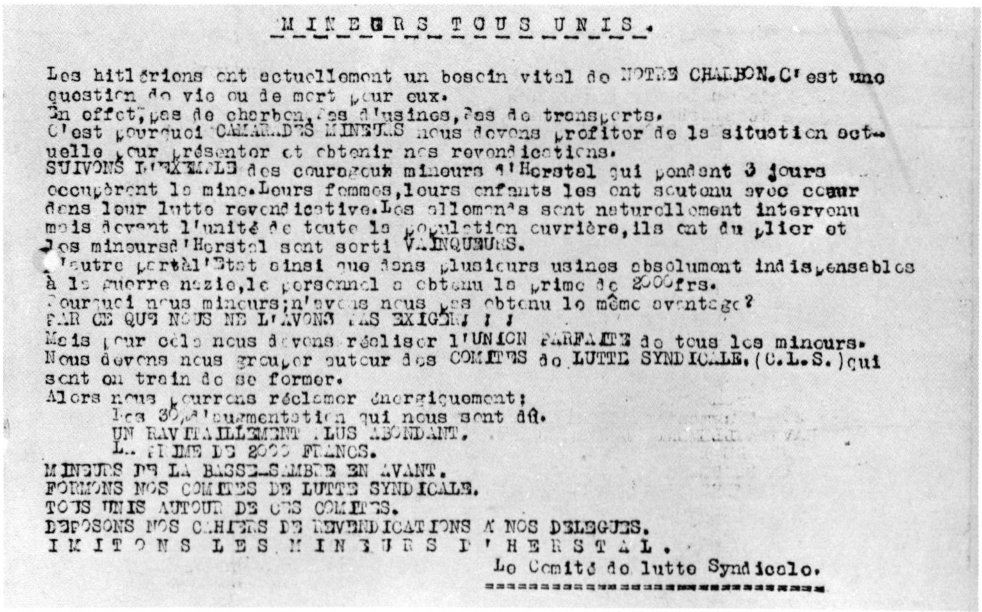
MINEURS TOUS UNIS.

Les hitlériens ont actuellement un besoin vital de NOTRE CHARBON. C'est une question de vie ou de mort pour eux.
En effet, pas de charbon, pas d'usines, pas de transports.
C'est pourquoi CAMARADES MINEURS nous devons profiter de la situation actuelle pour présenter et obtenir nos revendications.
SUIVONS L'EXEMPLE des courageux mineurs d'Herstal qui pendant 3 jours occupèrent la mine. Leurs femmes, leurs enfants les ont soutenu avec coeur dans leur lutte revendicative. Les allemands sont naturellement intervenu mais devant l'unité de toute la population ouvrière, ils ont du plier et les mineurs d'Herstal sont sorti VAINQUEURS.
D'autre part à l'Etat ainsi que dans plusieurs usines absolument indispensables à la guerre nazie, le personnel a obtenu la prime de 2000 frs.
Pourquoi nous mineurs; n'avons nous pas obtenu le même avantage?
PAR CE QUE NOUS NE L'AVONS PAS EXIGÉ ! !
Mais pour cela nous devons réaliser l'UNION PARFAITE de tous les mineurs.
Nous devons nous grouper autour des COMITES de LUTTE SYNDICALE. (C.L.S.) qui sont en train de se former.
Alors nous pourrons réclamer énergiquement;
Les 30% d'augmentation qui nous sont dû.
UN RAVITAILLEMENT PLUS ABONDANT.
LA PRIME DE 2000 FRANCS.
MINEURS DE LA BASSE-SAMBRE EN AVANT.
FORMONS NOS COMITES DE LUTTE SYNDICALE.
TOUS UNIS AUTOUR DE CES COMITES.
DEPOSONS NOS CAHIERS DE REVENDICATIONS A NOS DELEGUES.
IMITONS LES MINEURS D'HERSTAL.

Le Comité de lutte Syndicale.

MAI 1944

# La Lutte Syndicale

**Organe des Comités de Lutte Syndicale des Services Publics de l'Agglomération Bruxelloise.**

**Affilié au Front de l'Indépendance.**

**Numéro spécial consacré aux services administratifs communaux.**

## UN APPEL

Il est une catégorie d'employés communaux qui se désintéresse complètement des questions syndicales. Pour eux, la stabilité de l'emploi, la garantie d'un traitement certain et le mirage de la retraite assurée, représentent un aboutissement idéal, hors duquel plus rien n'est à espérer.

Il ne veut pas constater que le nombre grandissant des candidats à un poste semblable au sien déprécie automatiquement le salaire qu'on estime devoir lui allouer. Il ne pense pas assez que les charges d'un chômage intensif et des dépenses militaires qui en découlent, le vouent, lui le rétribué certain, aux

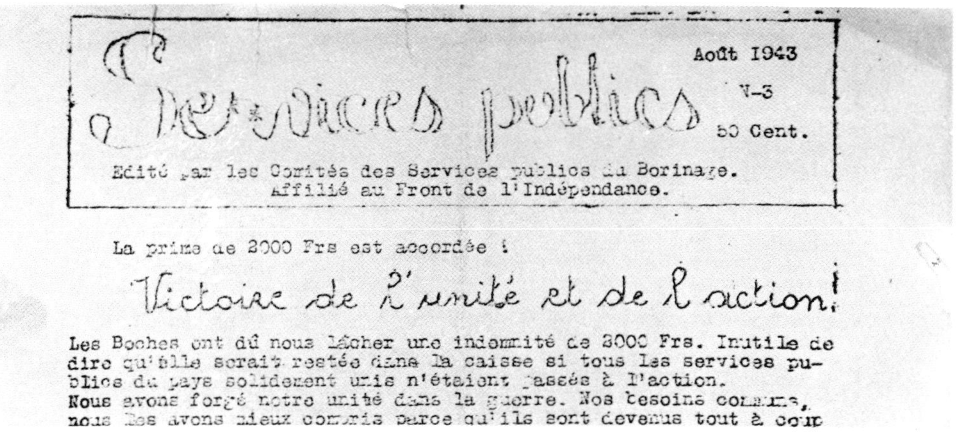
Août 1943

Services publics

N-3

50 Cent.

Edité par les Comités des Services publics du Borinage.
Affilié au Front de l'Indépendance.

La prime de 2000 Frs est accordée !

Victoire de l'unité et de l'action!

Les Boches ont dû nous lâcher une indemnité de 3000 Frs. Inutile de dire qu'elle serait restée dans la caisse si tous les services publics du pays solidement unis n'étaient passés à l'action.
Nous avons forgé notre unité dans la guerre. Nos besoins communs, nous les avons mieux compris parce qu'ils sont devenus tout à coup

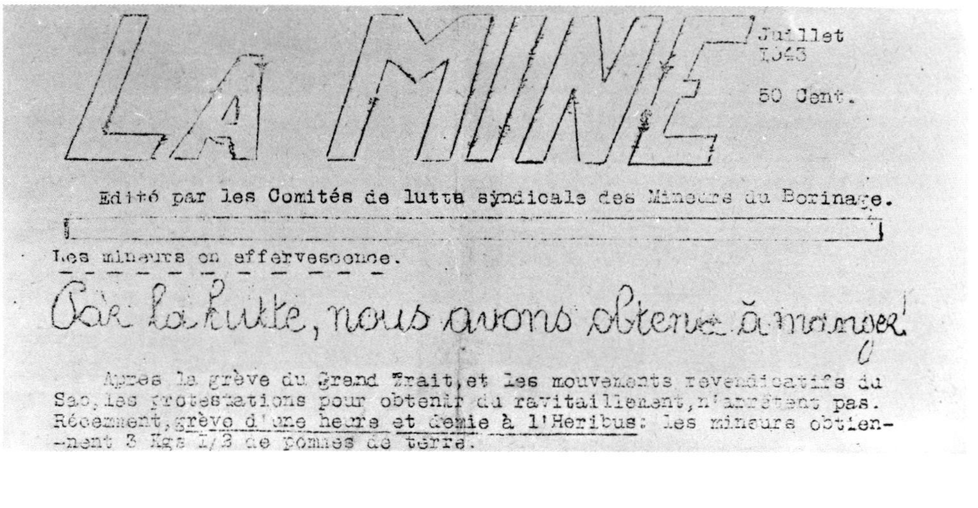
LA MINE

Juillet 1943

50 Cent.

Edité par les Comités de lutte syndicale des Mineurs du Borinage.

Les mineurs en effervescence.

Par la lutte, nous avons obtenu à manger!

Après la grève du Grand Trait, et les mouvements revendicatifs du Sac, les protestations pour obtenir du ravitaillement, n'arrêtent pas. Récemment, grève d'une heure et demie à l'Heribus: les mineurs obtiennent 3 Kgs 1/3 de pommes de terre.

# 1$^{\text{ER}}$ MAI 1942

**1$^{\text{er}}$ Mai de combats décisifs - 1$^{\text{er}}$ Mai de lutte de la jeunesse**

L'année 1942 sera l'année de la décision !

La guerre, voulue par les hitlériens, doit finir!

Les puissances Alliées et surtout la glorieuse Armée Rouge s'apprêtent à liquider, cette année encore, l'Allemagne fasciste. La situation des bandits et bourreaux Nazis, qui occupent toute l'Europe, devient de plus catastrophique. Les peuples de tous les pays occupés sont décidés à secouer leurs chaînes et à chasser leurs oppresseurs pour vivre libres et heureux.

Les jeunes du monde entier, qu'ils soient soldats dans les armées Alliées et dans l'Armée rouge, qu'ils soient travailleurs dans les usines de guerre, qu'ils soient esclaves sous la botte hitlérienne, sont décidés à mener implacablement la lutte pour se débarasser, à jamais, de cette racaille de tyrans et d'affameurs que sont les fascistes.

La population et la jeunesse de notre pays ne resteront pas en arrière ! Cette année, qui sera l'année de la victoire, la jeunesse belge, en même temps que la population et la classe ouvrière, déclenchera le SOULÈVEMENT NATIONAL, apport précieux aux gages de succès des Alliés et de l'Invincible Armée Soviétique.

C'est dans de telles circonstances que se déroulera le 1$^{\text{er}}$ Mai 1942. Les jeunes ouvriers du monde entier célébreront ce 1$^{\text{er}}$ Mai par un redoublement violent de lutte. Pour nous, jeunes travailleurs de Belgique, cette date sera un jour de combat, où la lutte pour la libération du pays, pour chasser l'occupant, prendra un caractère de masse, plus violent, plus catégorique que jamais.

Ce jour là, les jeunes travailleurs affirmeront leur haine farouche à l'égard des tortionnaires nazis.

Ce jour là pour échapper à la déportation en Allemagne, pour obtenir un ravitaillement qui leur permette de ne pas crever de misère, pour que tous les jeunes obtiennent des rations supplémentaires, pour leur droit au sport, aux amusements sains, à la joie, les jeunes travailleurs, sous le signe du drapeau rouge, manifesteront dans la rue.

Ce jour là, les jeunes ouvriers, entourés de jeunes de toutes conditions, affirmeront leur volonté de participer aux combats qui les délivreront du fascisme, régime d'oppression, de misère et de sang, et qui lui ouvriront les portes d'un avenir radieux où ils vivront libres, où ils connaîtront le bonheur à l'exemple du régime socialiste, tel qu'il existe en U.R.S.S.

Ce jour là, sera le signal du combat pour chasser les hitlériens, pour la mise à mort de tous les traîtres, qui doivent être abattus comme des chiens.

**En cette journée de 1$^{\text{er}}$ Mai, les jeunes manifesteront dans la rue, sur les Boulevards, au signe de ralliement des drapeaux et insignes rouges, aux mots d'ordre de : Le 1$^{\text{er}}$ Mai Grève partout ! Manifestez le 1$^{\text{er}}$ Mai ! 1$^{\text{er}}$ Mai de lutte antifasciste.**

Avec leur volonté inébranlable de combat, leur certitude en la force irrésistible des peuples du monde entier, rendus plus fort par les exemples magnifiques des 1$^{\text{er}}$ Mai du passé, tous les jeunes seront sur la brèche, ayant à leur tête les

JEUNES GARDES SOCIALISTES.

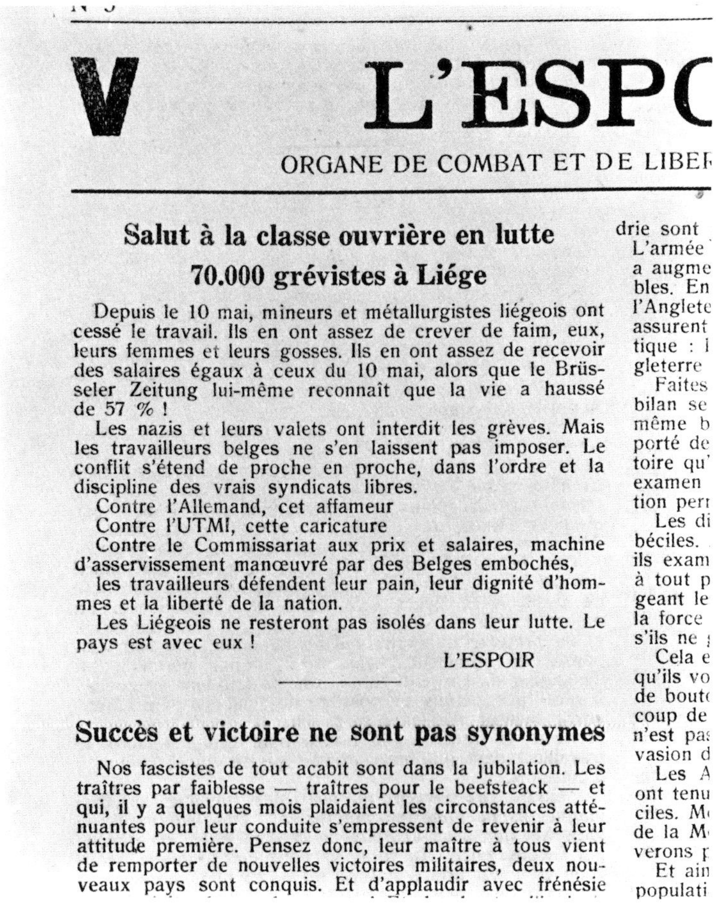

N° 3

V L'ESPO

ORGANE DE COMBAT ET DE LIBE

**Salut à la classe ouvrière en lutte**

**70.000 grévistes à Liége**

Depuis le 10 mai, mineurs et métallurgistes liégeois ont cessé le travail. Ils en ont assez de crever de faim, eux, leurs femmes et leurs gosses. Ils en ont assez de recevoir des salaires égaux à ceux du 10 mai, alors que le Brüsseler Zeitung lui-même reconnaît que la vie a haussé de 57 % !

Les nazis et leurs valets ont interdit les grèves. Mais les travailleurs belges ne s'en laissent pas imposer. Le conflit s'étend de proche en proche, dans l'ordre et la discipline des vrais syndicats libres.

Contre l'Allemand, cet affameur

Contre l'UTMI, cette caricature

Contre le Commissariat aux prix et salaires, machine d'asservissement manœuvré par des Belges embochés,

les travailleurs défendent leur pain, leur dignité d'hommes et la liberté de la nation.

Les Liégeois ne resteront pas isolés dans leur lutte. Le pays est avec eux !

L'ESPOIR

**Succès et victoire ne sont pas synonymes**

Nos fascistes de tout acabit sont dans la jubilation. Les traîtres par faiblesse — traîtres pour le beefsteack — et qui, il y a quelques mois plaidaient les circonstances atténuantes pour leur conduite s'empressent de revenir à leur attitude première. Pensez donc, leur maître à tous vient de remporter de nouvelles victoires militaires, deux nouveaux pays sont conquis. Et d'applaudir avec frénésie

drie sont
L'armée
a augme
bles. En
l'Anglete
assurent
tique : l
gleterre
Faites
bilan se
même b
porté de
toire qu'
examen
tion per
Les di
béciles.
ils exam
à tout p
geant le
la force
s'ils ne
Cela e
qu'ils vo
de bout
coup de
n'est pa
vasion d
Les A
ont tenu
ciles. M
de la M
verons p
Et ain
populati

nes de véhicules et de chars qui furent détruits par les bazookas de l'AS, tandis qu'un important butin de vivres et d'armes tomba aux mains de la Résistance.

Le 2 septembre, face aux Panzergrenadiers, Ryelandt et son groupe faillirent être capturés, mais ils furent sauvés in extremis par l'intervention d'une autre section.

La libération était proche, comme nous le rappelle Daniel Ryelandt : « Le matin du 6 septembre 1944, les avant-gardes de la 1$^{\text{re}}$ Armée américaine pénétraient en territoire belge dans la vallée de la Semois, à Bohan. Des officiers du groupe de l'AS qui tenait le maquis dans la région vinrent aussitôt les rejoindre et on se communiqua réciproquement tous les renseignements utiles sur la force et la position des troupes amies et ennemies, les destructions de routes et de ponts, etc.

« Les officiers du maquis purent donner à leurs camarades américains toutes les précisions désirables sur les forces qui tenaient la vallée en amont de Bohan. Un de leurs hom-

# Libérons le travail ! Libérons la vie !

PREMIER MAI, tu es le jour où le peuple affirme sa FOI SOCIALISTE et tu te lèves en cette année 1942, sur un océan de misères.

**ASSERVISSEMENT DU TRAVAIL A LA GUERRE.**

Par millions, des hommes, des femmes, des enfants ont faim, sous des vêtements usés, ils tremblent du froid d'un hiver sans charbon, les visages sont maigres, les yeux sont durs. On travaille sans joie pour sauver sa peau et celle des siens mais, désespérance, le fruit du travail ne rendra pas la vie meilleure : il sera détruit ou il servira à détruire, car **le Travail est asservi à la guerre.**

**ASSERVISSEMENT DE LA VIE.**

Tu te lèves, Premier Mai, sur une mer de sang. Après la Pologne, l'Ouest européen a été ravagé. L'ouragan fut rapide et meurtrier. Les colonnes des armées et les colonnes des évacués, femmes, vieillards, enfants furent assaillies et décimées par un agresseur sauvage. Par milliers se comptent les veuves, les orphelins, les estropiés, dans les camps de prisonniers et dans les camps de concentration, des milliers d'hommes se débilitent, pourrissent et meurent. L'âme est étouffée, la raison est traquée, la vie humaine est à bon marché. Qui se refuse à l'ignoble soumission est arrêté. Une soldatesque brutale, affublée des insignes de la Justice, multiplie sans pitié les condamnations à mort contre les défenseurs de la Liberté à moins qu'elle n'atteigne, dans sa rage impuissante, des otages innocents.

Et puis, la guerre a gagné les Balkans, l'Est, l'Afrique, l'Asie, l'Amérique. Partout, c'est la même saignée des Peuples, mêmes atrocités, mêmes ruines, même crime contre la Vie, car **comme le Travail, la Vie est asservie à la guerre.**

**AUTREFOIS...**

PREMIER MAI, tu t'est levé autrefois dans une aube d'espérance, sous un soleil de joie, véritable fête du travail libre et pacifique.

**LA CRISE AUSSI DETRUISAIT LE TRAVAIL.**

Parfois pourtant, même alors, tu as éclairé des fronts soucieux. Nous nous souvenons des Premier Mai de crise. Des millions d'hommes étaient sans travail, sans possibilité de s'en procurer, souvent sans ressources. Les possibilités techniques de production étaient sans limites et la caractéristique du monde restait la pauvreté. Monstrueux paradoxe, dans ce monde pauvre où toute une gamme de besoins essentiels, depuis les plus matériels jusqu'aux plus élevés, criait impérieusement, la production s'arrêtait, ce qui était produit était détruit systématiquement.

Comme la guerre aujourd'hui, la crise et le chômage avaient gagné TOUS les pays du monde : les pays riches comme les pauvres, ceux qui avaient de l'or et ceux qui n'en possédaient point, les pays agricoles comme les pays industriels et même les pays à économie complète comme les Etats-Unis, ceux qui, animés d'un esprit d'organisation nationale, avaient rationalisé leur production comme l'Allemagne aussi bien que ceux qui, imbus d'un esprit plus individualiste, ne l'avaient guère fait,

**BAS LES MASQUES !**
**LA VERITE.**

La vérité, c'est que crise et guerre sont sorties du désordre d'un monde dans lequel la production ne pouvait pas aller satisfaire **les besoins de la généralité des hommes** parce que, entre ceux-ci et celle-là, l'écluse distributrice était commandée **par le profit capitaliste.**

**LE POUVOIR ECONOMIQUE A LA DEMOCRATIE.**

Les bénéficiaires de ce profit détenaient le pouvoir économique. Le pouvoir politique du peuple était vaincu par le pouvoir économique de intérêts capitalistes.

Ce conflit de pouvoirs perpétuait le désordre sous lequel le monde a succombé.

C'est pourquoi l'après-guerre doit voir **transférer entre les mains de la communauté représentée par le gouvernement sorti du choix du peuple, un pouvoir économique** suffisant pour lui permettre de maintenir son pouvoir politique.

Sous ce gouvernement nanti de ces pouvoirs politique et économique **réels,** respectueux des libertés et soucieux de les maintenir, l'activité économique sera soustraite à l'hégémonie capitaliste et soumise à l'**intérêt général;** il existera un système de co-gestion des travailleurs intellectuels et manuels; la consommation sera proportionnée à la production et accessible à tous, car chacun sera assuré de sa part des richesse nationales sous forme de salaires, de traitement et en général, de rémunération garantissant la dignité, le bien-être et la sécurité. La collaboration des Nations démocratiques assurera le maintien de la Paix.

**DEVOIRS DE L'HEURE.**

Tels sont les espoirs auxquels tu nous portes, Premier Mai 1942, par la considération des misères présentes.

Nous n'avons pas le droit d'oublier celles-ci. Elles nous imposent des devoirs : RESISTANCE A L'ENNEMI, DEFENSE DE NOS INSTITUTIONS NATIONALES, SOLIDARITE.

Permier Mai 1942, tu nous dis :

« Travailleur belge, si tu veux que le Premier Mai 1943 soit un jour de fête, tu ne dois pas apporter à la guerre l'aide de ton travail. Repousse les sollicitations qui t'appellent en Allemagne. Cramponne-toi à ton travail, ici. Si ton travail va à l'ennemi, conduis-le pour le rendre sinon totalement improductif, tout au moins aussi improductif que possible. Sabote quand tu le peux. Ralentis toujours le mouvement.

» Si tu le peux, abstiens-toi de travailler ce Premier Mai.

» Si tu ne le peux pas travaille au ralenti.

» Ce que tu peux faire, c'est verser au fond de Solidarité tout ou partie de ton salaire de premier mai : tu manifesteras ainsi ta FOI dans le mouvement socialiste.

» Montre que le SOCIALISME DE LIBERTE n'est pas MORT.

GUERIS-TOI DES INDIVIDUS
Le numéro : 50 centimes
LE MONDE DU TRAVAIL

DE BOER
STRIJDORGAAN DER BOERENBEWEGING TEGEN DEN BEZETTER.
No 2 — December 1942
Prijs : 0,75 Fr.
BOEREN, ook U bedreigt de deportatie!
GENOEG GEPRAAT! STELT U TE WEER!

Prix de vente : 2 fr.
l'Employé
Août 1944
Organe des C. L. S. des employés de banque et des assurances, affiliés au Front de l'indépendance.

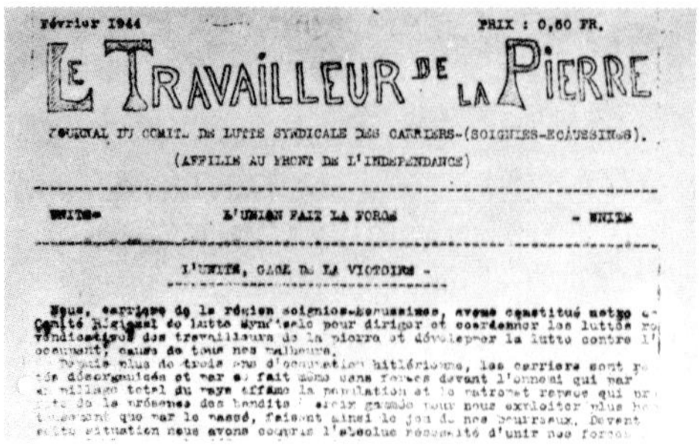
Février 1944
PRIX : 0,60 FR.
LE TRAVAILLEUR DE LA PIERRE
(AFFILIE AU FRONT DE L'INDEPENDANCE)
L'UNION FAIT LA FORCE

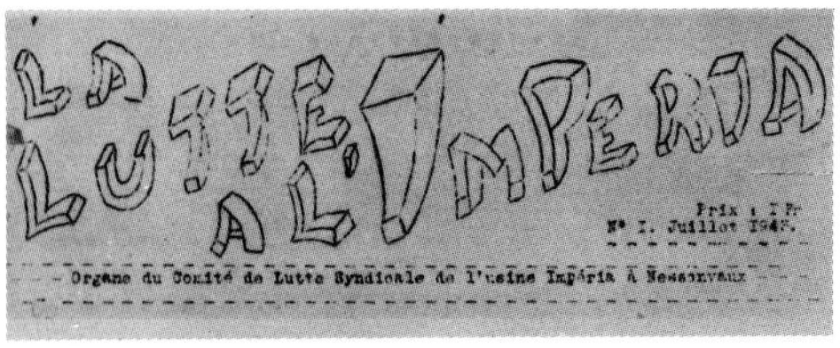
LA LUTTE A L'IMPERIA
Organe du Comité de Lutte Syndicale de l'Usine Impéria à Nessonvaux

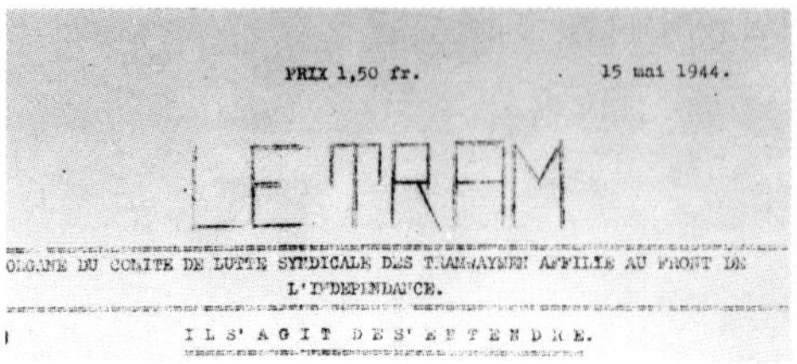
PRIX 1,50 fr.
15 mai 1944.
LE TRAM
ORGANE DU COMITE DE LUTTE SYNDICALE DES TRAMWAYMEN AFFILIE AU FRONT DE L'INDEPENDANCE.
ILS AGIT DES ENTENDRE.

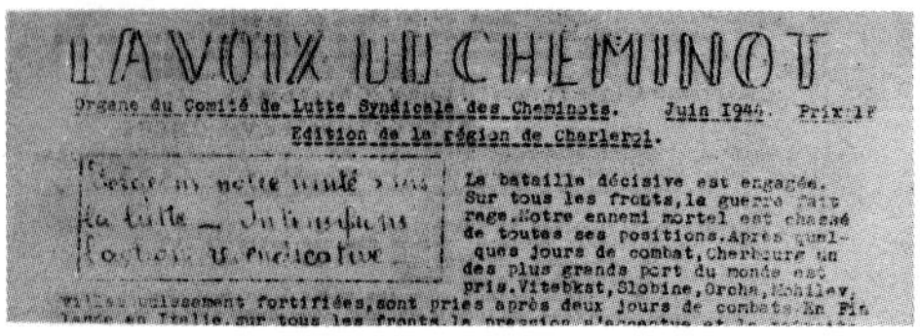
LA VOIX DU CHEMINOT
Organe du Comité de Lutte Syndicale des Cheminots. Juin 1944.
Edition de la région de Charleroi.

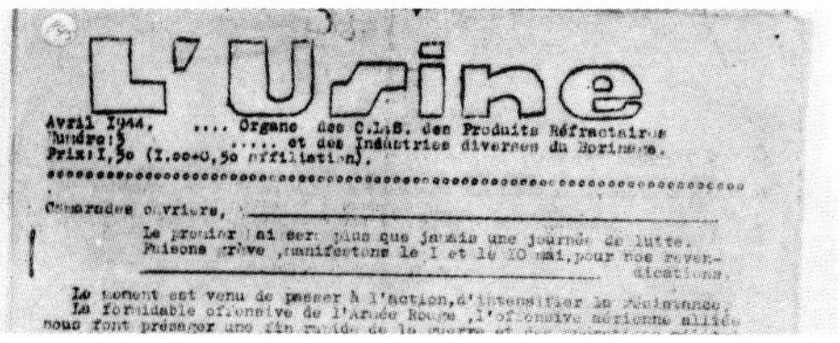
L'Usine
Avril 1944.

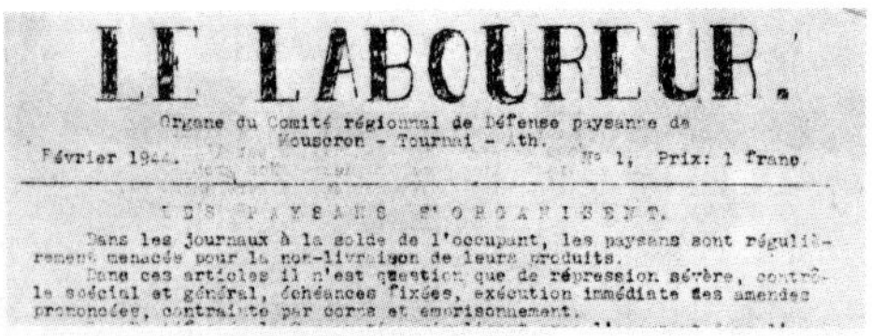
LE LABOUREUR.
Organe du Comité régional de Défense paysanne de Mouscron - Tournai - Ath.
Février 1944.
N° 1, Prix: 1 Franc.
LES PAYSANS S'ORGANISENT.

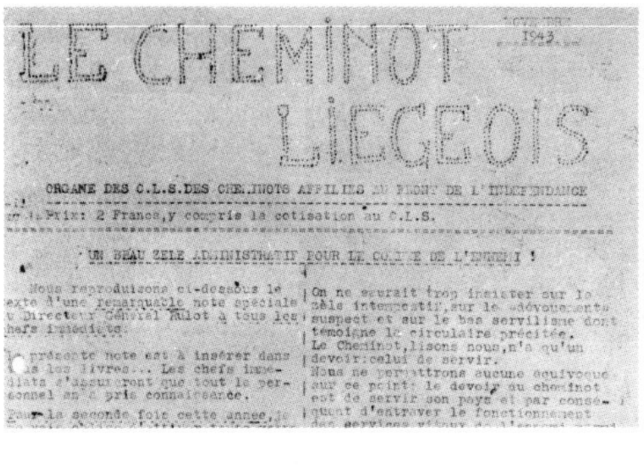
LE CHEMINOT LIEGEOIS
ORGANE DES C.L.S. DES CHEMINOTS AFFILIES AU FRONT DE L'INDEPENDANCE

Prix: 1 Fr.
LE FOUR.
Juin 1944
ORGANE DES C.L.S. (Comités de Lutte Syndicale) des Produits Réfractaires de l'arrondissement de HUY-WAREMME-ANDENNE.
Affilié au Front de l'Indépendance.
CAMARADE DES PRODUITS REFRACTAIRES!

N°1.
NOVEMBRE 1943
L'Etincelle
Prix: 1 Fr.
ORGANE DES TRAVAILLEURS DE L'ELECTRICITE ET DES SERVICES CONCEDES AFFILIE AU FRONT DE L'INDEPENDANCE.
EDITORIAL

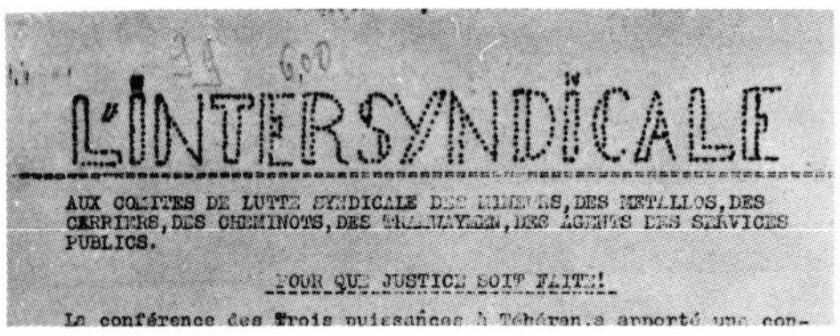
L'INTERSYNDICALE
AUX COMITES DE LUTTE SYNDICALE DES MINEURS, DES METALLOS, DES CARRIERS, DES CHEMINOTS, DES TRAMWAYMEN, DES AGENTS DES SERVICES PUBLICS.
POUR QUE JUSTICE SOIT FAITE!

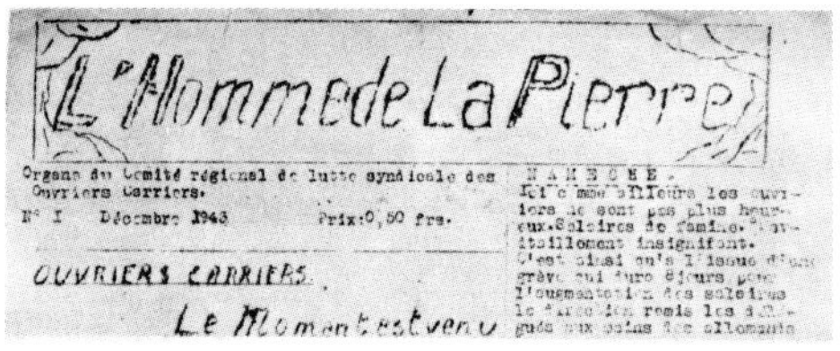
L'Homme de La Pierre
Organe du Comité régional de lutte syndicale des Ouvriers Carriers.
N° I
Décembre 1943
Prix: 0,50 frs.
OUVRIERS CARRIERS
Le Moment est venu

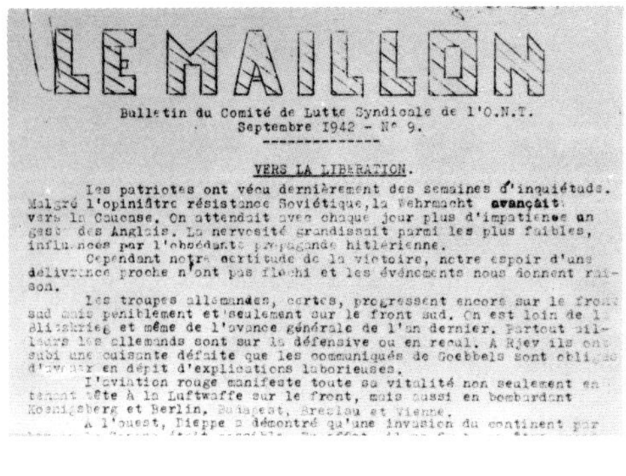
LE MAILLON
Bulletin du Comité de Lutte Syndicale de l'O.N.T.
Septembre 1942 - N° 9.
VERS LA LIBERATION.

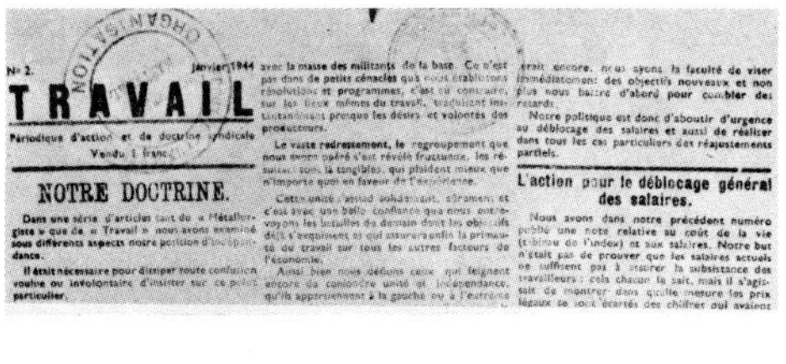
N° 1
TRAVAIL
NOTRE DOCTRINE.
L'action pour le déblocage général des salaires.

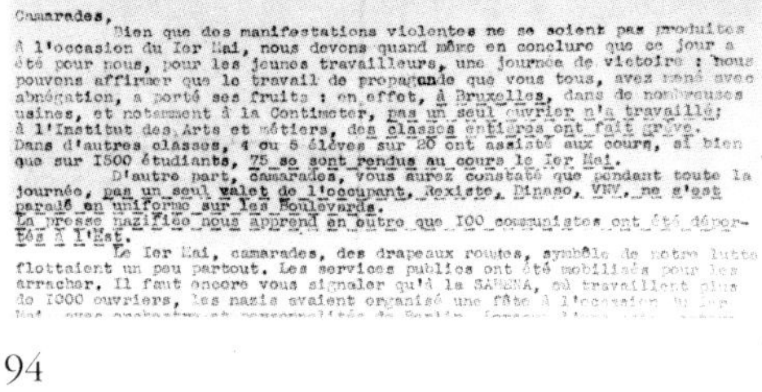
A TOUS LES MEMBRES J.G.S.

mes avait été le matin même reconnaître les positions en détail. Ils leur montrèrent comment on pouvait tourner ces forces par le nord, par des itinéraires sûrs gardés par leurs sections, et ils s'offrirent à les guider jusqu'aux limites du territoire du groupe.

« Des estafettes furent aussitôt dépêchées vers les divers chefs de section, leur enjoignant de se porter vers des points déterminés pour assurer la sécurité de la marche en avant et, éventuellement, prêter main forte aux Américains. À dix heures, les Chasseurs ardennais du maquis, montés sur Jeeps et armoured-cars, traversaient les villages où leur arrivée marquait l'heure de la libération. Derrière eux les pelotons suivants, aidés par les maquisards, livraient de brefs et victorieux combats. Les colonnes américaines et allemandes s'entrecroisaient, se cherchaient, se fuyaient, se heurtaient parfois…

« De l'arrière parvenaient les nouvelles les plus optimistes. Toute la région traversée semblait nettoyée de troupes ennemies. De partout on signalait la retraite des éléments blindés qui, le matin même, croyaient encore pouvoir barrer le passage de la Semois.

« Le soir, le détachement américain qui se trouvait un peu en l'air se replia sur le village de Vivry et s'y installa pour la nuit, vingt-cinq à trente Américains et six Belges. Dans la nuit, la colonne allemande de Panzergrenadiers qui se trouvait sur la Semois pénètre dans le village où se déroule toute la nuit un combat confus. Les Allemands étaient beaucoup plus nombreux et disposaient de plusieurs chars, mais ils ignoraient la faiblesse de leurs adversaires qui finalement durent cependant céder le terrain avec des pertes réduites. »

Voilà l'exemple d'un maquis parmi d'autres composé d'hommes de tous âges, de toutes origines, qui, abandonnant leur famille, leur travail, leurs espérances, préférèrent offrir leur vie pour un idéal aussi simple, mais tellement essentiel, de liberté. Notons également que les Partisans armés avaient eux aussi constitué plusieurs maquis en Ardennes, en Hesbaye et dans le Condroz, dès

DE TEXIELARBEIDER

N° I — BLAD VAN HET SYNDIKAAL STRIJDKOMITEIT — Prijs 0.50

WEG MET DE UITHONGERING!

Wij zien in de jaren 1860-1876 de fabriekslaven trokken van 5 's morgens naar "hunne" wederzijdsche fabrieken met hunne kleine kleuters al slapende

DE PROMER 2e JAARGANG Juli 1943. Prijs 3f

Syndikal. Strijdblad voor het Antw. Onderw. Personeel aangesloten bij het Onafhankelijkheidsfront

Voorwoord

Daar, waar D.C.B., O.N.O. en andere N.O.-blaadjes, alle propaganda, onbeperkte steunfondsen en officieelen steun ten spijt, maandelijks hun reeds zeer beperkte lezersschaar zien smelten als sneeuw voor de zon,

SSKSSKSSKSSKSSKSSKSSKSSKSSKSSKSSKSSKSSKSSKSSKSSKSSKS

Nr. I EENHEID EN STRYD Prijs 2 Fr. December 1943

Orgaan der Syndikale Strijdkomiteiten van Hout, Bouw en gelijkaardige vakken. Voor Mechelen, Leuven en Willebroek.

SSKSSKSSKSSKSSKSSKSSKSSKSSKSSKSSKSSKSSKSSKSSKSSKSSKS

GEBOREN IN DEN STRIJD OM DE 2000 Fr.

Steeds heeft de kracht van de arbeiders zich gekonsentreert in zijn eenheid en de organisatie bij uitstek die haar krachten samenbundelt was de vakbond.

De Duitschers waren zich daar wel van bewust.

DE MYNWERKER

STRIJDBLAD VAN DEN LIMBURGSCHEN MIJNWERKER. PRIJS: I Fr.

Zijn de mijnwerkers tweede-rangs-burgers?

Zooals iedereen weet hebben alle staatsagenten 2000 Fr. ontvangen: een premie om zo in de mogelijkheid te stellen zich winterkleederen aan te schaffen. Wij kennen ons vierge verhaal.

Le N° 13. PRIX : 1.00

Le coût du papier nous oblige à augmenter le prix. Excusez-nous.

Le Métallo

Organe du Comité Régional de Lutte des Métallurgistes du Centre

Fini l'attentisme – A l'action pour l'unité

Comme ceux de Liége, Métallos du Centre réalisez votre unité !

Les événements se précipitent et laissent entrevoir que la délivrance est proche, aussi dès maintenant on peut envisager certains problèmes d'après guerre. Les travailleurs sont ... dial à poursuivre, car l'occupant est la cause de tous nos maux et que tout espoir de progresser dans la voie de l'émancipation des travailleurs appa... l'affirme comme illusoire ... bloc uni de tous les métallurgistes guidés par des défenseurs ayant donné la preuve de leur indéfectible attachement à la cause syndicale et pour le triomphe de nos revendications.

Pour hâter la fin de la guerre, pour une paix juste et durable, pour un meilleur régime social après la guerre, le mot d'ordre est : unité ...

I. — Prix: I F

LE PIC

Organe du Comité de Lutte Syndicale des Mineurs du Tournaisis.

Camarades Mineurs, Le Comité de Lutte Syndicale des Mineurs du Tournaisis, a décidé de faire paraître son journal "Le Pic", qui, nous en sommes convaincus, rencontrera une grande sympathie auprès de tous les mineurs.

Que se propose le Comité de Lutte Syndicale des Mineurs?

1° Unifier tous les efforts syndicalistes et de les grouper dans une même organisation.

B.B.B.

AANGESLOTEN MET HET FRONT DER ONAFHANKELYKHEID.

EEN VRYE BOERENBEWEGING – IN EEN VRY LAND VOOR HET BELANG VAN ALLEN : ZIEDAAR WAT WY WILLEN.

DE BELGISCHE BOEREN.

EDITION SPECIALE — Février 1944

Organe des Comités de Lutte Syndicale des Tramwaymen, affilié au Front de l'Indépendance.

Camarades Tramwaymen, ALERTE,

ONS BELANG

SYNDIKAAL STRYDBLAD DER ARBEIDERS DER FIRMA DECOENE

Na lezing voortgeven, zonder te zeggen van wie U dit blad ontving

DE 2000 fr. OOK VOOR ONS

Zooals we allen weten, werd voor enkelen tyd aan de staat- en gemeente bedienden een speciale kleedervergoeding van 2000 fr. toegekend.

NUMMER : 3. — JANUARI 1944.

95/27-1-44

De hamer

MINIMUMPRIJS : 1 Fr.

ORGAAN VAN DE SYNDIKALE STRIJDKOMITEITEN, IN VERBINDING MET HET O. F.

DE STRIJD VOOR DE 2.000 fr WINTERVERGOEDING EN DE 500 Fr DUURTETOESLAG IS OVERAL VOLOP AAN DEN GANG.

In gansch het land zijn zoowel de geestes- als de handarbeiders in vol-

DE METAALBEWERKER

ORGAAN VAN HET S.S.K. -HOLLAND. — 1944. — Nr. 2

WAT IS EN WAT WIL HET SYNDICAAL STRIJDCOMITEIT ?

Lage loonen, lange werkdagen, onderdrukking en terreur, ziedaar de practische uitwerking van het dreigende nazistische ... "De arbeid op den troon" ...

METALLO

Organe du Comité des Métallos de la Région de Charleroi. N° 10. Nov. 1943. – 1 fr.

NOUS VOULONS LA PRIME DE 2000 frs.

NOUS L'AURONS.

Courageusement, les métallos n'ont pas hésité à multiplier leur délégation et à déclencher des grèves pour la prime de 2000 frs. ILS ONT OBTENU D'INCONTESTABLES SUCCES. La 2eme tranche de l'indemnité vient d'être payée, un peu partout, les patrons font des distributions de froment, de gruau, de vêtements de charbon. Tout cela est conquis par des actions courageuses et nous, LES METALLOS, nous avons le droit d'être fiers. NOUS SOMMES UNE FORCE AVEC LAQUELLE ON DOIT COMPTER. IL EST POSSIBLE D'AMELIORER NOTRE SORT, NOS SALAIRES, NOTRE RAVITAILLEMENT. Presque toujours une campagne de délégations énergiques, le sabotage, des grèves même partielles, nous feront accorder ce que

A St. ELOI, GREVE DANS TOUTE LA METALLURGIE! PAS UN OUVRIER NE DOIT SE PRESENTER A L'USINE. RESISTONS AUX MENACES D'OU QU'ELLES VIENNENT! St. ELOI SERA UN ECHEC EN PLUS POUR HITLER.

# APPEL AUX INDUSTRIELS

La guerre est entrée dans sa phase décisive. Elle atteindra bientôt, ainsi que la dit M. Winston Churchill son point culminant en Europe. De dures, de terribles batailles se préparent, et la population de notre pays, durcie par des années de misère et de privations, préfère ces combats à l'exténuante attente que nous avons connue pendant ces dernières années. Tous les patriotes de Belgique donnent aujourd'hui l'exemple de leur combativité et la preuve de leur esprit de résistance. Des dizaines de milliers d'hommes qui se sont réfugiés dans l'illégalité plutôt que de prêter leurs bras à l'Allemagne hitlérienne attendent, avec impatience, et au milieu des constants périls de la vie clandestine, l'heure du soulèvement national contre l'ennemi exécré, l'heure de l'offensive libératrice qui purgera notre pays de l'envahisseur et de toute la canaille hitlérienne, V. N. V.-rexiste qui prétend aujourd'hui nous faire la loi.

Aucun citoyen n'a le droit de se dérober aux responsabilités qui lui incombent dans la lutte commune contre l'envahisseur. Chacun, au contraire, a le devoir dans sa sphère d'action, de donner l'exemple de son ardeur au combat. Or, la Nation constate aujourd'hui, non sans amertume, que, sans compter une minorité infime et répugnante de mercantis, de profiteurs, il reste, dans le domaine industriel, d'innombrables groupements, d'innombrables personnalités qui continuent — par veulerie, par esprit de lucre, ou, plus rarement, par sympathie pour l'ennemi — de se mettre au service de la machine de guerre nazie leurs installations, leur outillage, leur administration. De nombreuses usines travaillent, chez nous et souvent à plein rendement, pour l'armée allemande. Elles fabriquent des produits qui servent directement l'effort de guerre nazi, des armes et des munitions, des articles manufacturés de toutes sortes qui permettent à l'Allemagne acculée de continuer la guerre inhumaine et atroce qu'elle mène contre l'Europe et le monde.

LE FRONT DE L'INDEPENDANCE n'igore point que de nombreux industriels qui sentent tout l'odieux de la situation dans laquelle ils se sont mis, ont préparé, depuis des années, leur défense, et s'apprêtent à invoquer on ne sait quelles raisons de salut public pour justifier leur collaboration directe aux entreprises de l'envahisseur. A ceux-là nous répondrons que le peuple belge se montrera sans pitié pour tous ceux qui ont sciemment prêté leur collaboration à l'ennemi, et, loin de freiner ou de ralentir la production, l'ont au contraire encouragée et accélérée au seul profit de notre ennemi commun. L'opinion ne comprendrait pas que les pouvoirs publics, et la justice belge, témoignent de la moindre faiblesse à l'égard de ceux de nos industriels qui ont aidé à prolonger la guerre en forgeant des armes pour l'Allemagne et ses satelites.

Au moment où se rapproche de nous l'heure implacable des règlements de compte, le FRONT DE L'INDEPENDANCE — qui réunit dans son sein, en un fraternel coude-à-coude, les représentants de tous les partis et des organisations patriotiques en lutte contre l'envahisseur et ses complices — croit utile de rappeler aux collaborateurs qu'il est grand temps, s'ils veulent échapper au châtiment, ou tout au moins bénéficier de certaines circonstances atténuantes, de mettre une sourdine à leur zèle criminel, de rompre une fois pour toutes, avec l'occupant, et de se mettre — comme les dizaines de milliers de réfractaires réfugiés dans nos provinces — en rébellion

**OUVRIERS** **10 MAI 1943**

**Le 10 MAI, troisième anniversaire de la guerre.**

**MOBILISATION GÉNÉRALE CONTRE HITLER**

**Ce jour là, les nazis doivent sentir d'une manière vivante l'ampleur de la haine accumulée contre eux.**

**Ouvriers, vous marquerez votre opposition en refusant le travail.**

**LE 10 MAI : N'ALLEZ PAS AU TRAVAIL**

**Si vous y êtes contraints par la force, faites grève sur le tas.**

**Ouvriers de chez nous, sur lesquels reposent les derniers espoirs des nazis**

**Pas une minute de travail pour Hitler le 10 mai.**

LE FRONT DE L'INDÉPENDANCE

la fin 1942, en raison des nombreux « illégaux » qu'ils comptaient dans leurs rangs. Leurs actions furent aussi nombreuses qu'efficaces, tout comme celles du Front de l'Indépendance et de ses Milices patriotiques, des Insoumis et du Mouvement National Belge, qui tenaient d'importants maquis.

## *LA RÉSISTANCE OUVRIÈRE*

Peu après l'invasion de la Pologne, en septembre 1939, les leaders des grands syndicats belges s'étaient concertés pour mettre fin, en cas d'occupation de la Belgique, à toute activité syndicale officielle. Pourtant, cette directive demeurera lettre morte. La C.S.C., privée de ses dirigeants historiques qui avaient suivi la retraite des ministres vers Londres, avait entamé, dès juin 1940, sous l'impulsion notamment du chanoine Belpaire, des négociations avec le très collaborationniste Arbeidorde, à la solde du V.N.V., tandis qu'une nouvelle Confédération générale du Travail en Belgique se ralliera aux thèses d'Henri de Man, le président du Parti Ouvrier Belge qui renonçait à la lutte des classes.

Néanmoins, ces « nouveaux » syndicats durent vite déchanter devant le diktat de l'occupant qui, dès le 1er août, gela les salaires à leur niveau du 10 mai 1940 et interdit toute grève ou lock-out, tout en enlevant aux syndicats le droit de régler les indemnités de chômage au demi-million de sans-emploi que comptait alors le pays.

Par contre, le très corporatiste Vlaamsch National Syndikaat, proche du V.N.V., n'hésita pas, dès la fin mai 1940, répondant ainsi à une demande

*Un appel aux industriels lancé par le Front de l'Indépendance menaçant le patronat collaborateur des pires châtiments après la guerre s'il continue à faire tourner les industries au profit de la machine de guerre allemande.*

*Trois ans, jour pour jour, après le déclenchement des hostilités, appel est lancé par la Résistance à la grève générale.*

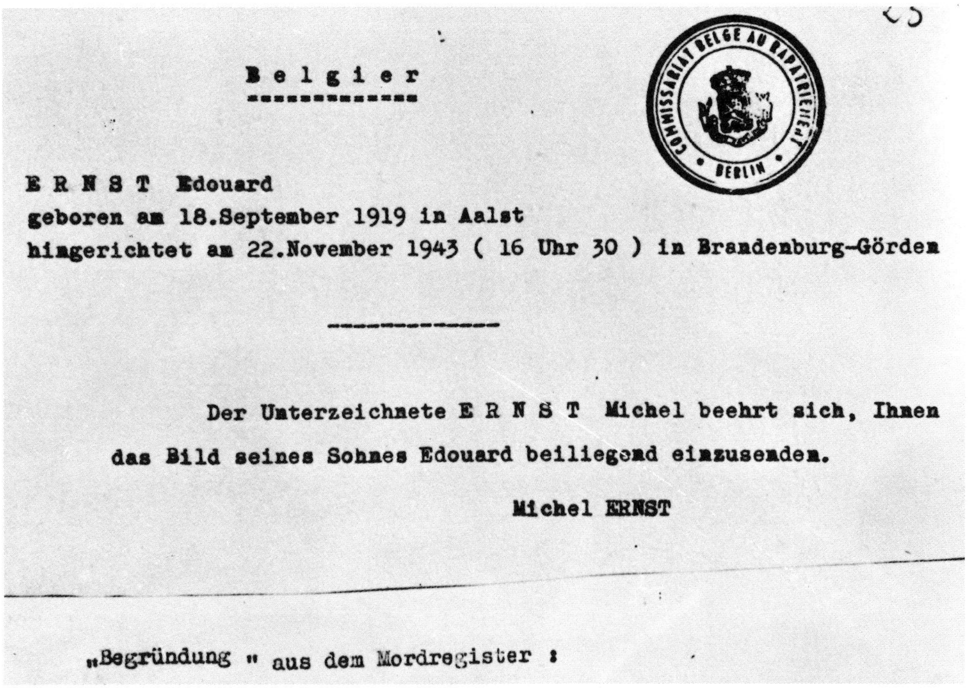

**Belgier**

**ERNST Edouard**
**geboren am 18.September 1919 in Aalst**
**hingerichtet am 22.November 1943 ( 16 Uhr 30 ) in Brandenburg-Görden**

**Der Unterzeichnete ERNST Michel beehrt sich, Ihnen das Bild seines Sohnes Edouard beiliegend einzusenden.**

**Michel ERNST**

„Begründung " aus dem Mordregister :

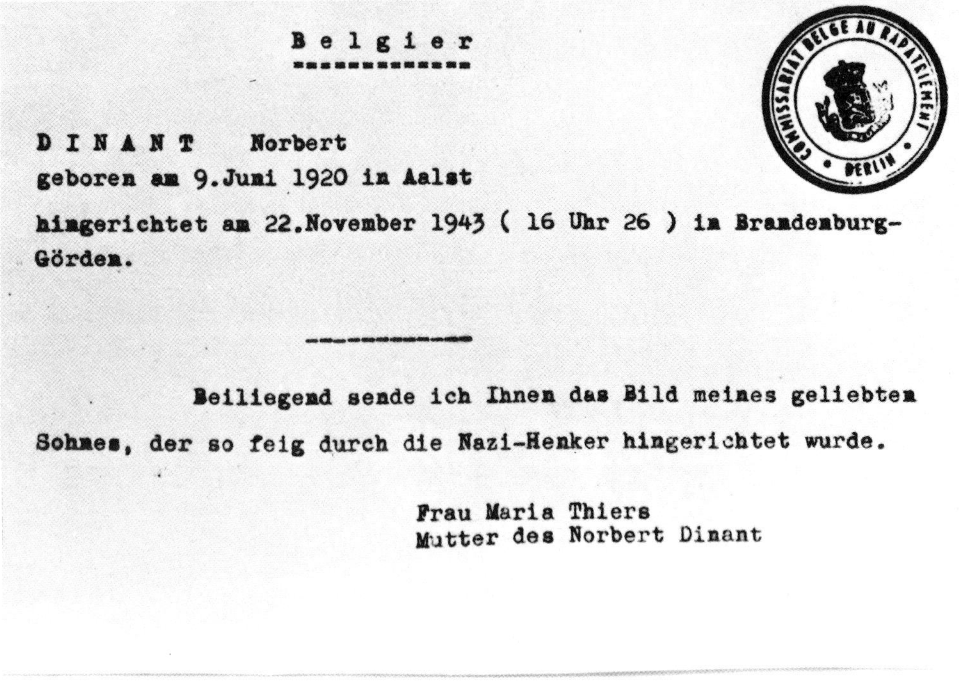

**Belgier**

**DINANT Norbert**
**geboren am 9.Juni 1920 in Aalst**
**hingerichtet am 22.November 1943 ( 16 Uhr 26 ) in Brandenburg-Görden.**

**Beiliegend sende ich Ihnen das Bild meines geliebten Sohnes, der so feig durch die Nazi-Henker hingerichtet wurde.**

**Frau Maria Thiers**
**Mutter des Norbert Dinant**

*L'administration allemande dans tout son cynisme. L'exécution des résistants y est codifiée à l'heure et à la minute près.*

du contre-espionnage allemand, à placer des hommes à lui dans les principaux secteurs industriels, et plus particulièrement aux chemins de fer, brisant ainsi toute tentative de sabotage.

Sous l'impulsion du docteur Voss, un avocat allemand dépêché en Belgique pour y organiser un syndicat unique, et suite à l'accord sur la création de ce syndicat unique signé entre socialistes et chrétiens, fut fondée, le 22 novembre 1940, dans les locaux de la C.G.T.B., place Fontainas à Bruxelles, l'Union des Travailleurs Manuels et Intellectuels (U.T.M.I.), dont la direction était assurée par les principaux dirigeants des syndicats belges de l'époque, et notamment ceux de l'Arbeidorde, proches des milieux nationalistes flamands.

L'U.T.M.I. ne fut pas un succès puisque, des neuf cent mille membres que comptaient avant-guerre la C.S.C. et la C.G.T.B., il n'en restait que deux cent cinquante mille, et encore ce chiffre était-il bien au-dessus de la réalité ; l'occupant favorisant nettement les représentants de l'Arbeidorde, très vite des divisions apparurent au sein de l'U.T.M.I. L'Arbeidorde réclamait avec force le monopole de la représentation syndicale en Flandre. D'autre part, certaines centrales des syndicats traditionnels n'avaient toujours pas adhéré à l'U.T.M.I.

**MAGISTRATS, AVOCATS, NOTAIRES, MEDECINS, INDUSTRIELS, INGENIEURS, EMPLOYES, OUVRIERS !**

L'occupant vient à nouveau de désigner un grand nombre d'entre vous pour accompagner à titre d'otages ses trains militaires.

Votre devoir est de vous soustraire par tous les moyens à cette monstrueuse exigence de l'ennemi qui lui permet, au mépris des stipulations expresses de la Convention de La Haye, d'assurer la protection de ses convois de troupes.

L'heure n'est plus aux paroles, mais à l'action.

En ce moment critique où l'étau des armées victorieuses anglo-américaines et russes se resserre autour de l'Allemagne défaillante, chacun doit être au combat, mais au bon combat.

Votre place n'est pas aux côtés de nos ennemis qui, incapables d'assurer loyalement leur sauvegarde par les armes, se servent lâchement de civils belges pour atteindre leur but.

N'entravez pas l'œuvre vengeresse de l'aviation alliée et des partisans.

Votre place est aux côtés des patriotes, de ceux qui sans trêve, chaque jour, chaque heure, livrent dans l'ombre une lutte sans merci à l'Allemand.

Songez aussi que le second front libérateur est proche. Il ne faut pas qu'à ce moment vous vous trouviez loin des vôtres, de votre pays, entre les mains d'un ennemi impitoyable qui ne se fera pas faute de vous garder comme prisonniers et de vous faire subir les plus atroces traitements.

Vous devez prendre dès aujourd'hui les mesures qui vous permettront d'assurer votre sécurité.

Vous recevez une convocation des Allemands, n'y répondez pas, N'EN PARLEZ A PERSONNE (il faut toujours craindre les bavardages inconsidérés qui mènent aux dénonciations), ne dormez plus chez vous, demandez asile à des amis sûrs, rentrez le moins possible à votre domicile, faites-vous remplacer par un collaborateur ; que ceux d'entre vous qui en ont la possibilité prennent un congé de maladie. Continuez de vaquer à vos affaires, mais avec prudence.

Sachez faire quelques sacrifices matériels minimes, supportez les désagréments d'un changement d'habitudes, d'un moindre confort.

Votre intérêt personnel se confond ici avec l'intérêt général. Au prix de petits renoncements, vous faites échec aux desseins de l'ennemi et échappez vous-mêmes à un danger grave.

Et ne vous dites pas, par un sentiment de solidarité compréhensible mais erroné, que si vous vous dérobez d'autres paieront pour vous. Ces autres feront comme vous et cette unanimité dans la résistance vous assurera l'impunité et forcera l'Allemand à accomplir lui-même ses besognes de guerre.

**LE FRONT DE L'INDEPENDANCE.**

Le 7 août 1941, Voss révoquera les dirigeants chrétiens, dont notamment Cool, pour le remplacer par Jozef De Ridder, Secrétaire de la Centrale Nationale des Employés de la C.S.C., mais surtout membre de la SS.

D'autres défections d'importantes centrales socialistes altérèrent encore davantage la représentativité de l'U.T.M.I. qui ne rassemblait plus en avril 1942 que cent dix mille membres, dont dix-sept mille seulement en Wallonie.

Dès l'été 1941, des cellules syndicales clandestines, qui étaient principalement les Comités de lutte syndicale dépendant du Front de l'Indépendance, s'étaient constituées, principalement d'inspiration socialiste ou communiste sous l'impulsion d'André Renard, tandis que la «Katholiek Werklieden Bond», fondée en 1940, accueillera bientôt les syndicalistes chrétiens qui refusaient d'adhérer à l'U.T.M.I.

Très vite, les ouvriers se livrèrent au sabotage industriel, particulièrement dans les secteurs pouvant directement servir la machine de guerre allemande, notamment au sein de la Deutsche Waffen und Munitions Fabrieken, qui avait remplacé la Fabrique Nationale d'Armes de Herstal, ou dans les charbonnages.

*Ci-dessus : un tract destiné à démoraliser les troupes allemandes.*

Passierschein

Der deutsche Soldat, der diesen Passierschein vorzeigt, benutzt ihn als Zeichen seines ehrlichen Willens, sich zu ergeben. Er ist zu entwaffnen. Er muß gut behandelt werden. Er hat Anspruch auf Verpflegung und, wenn nötig, ärztliche Behandlung. Er wird so bald wie möglich aus der Gefahrenzone entfernt.

Dwight D. Eisenhower
OBERBEFEHLSHABER
der alliierten Expeditions-Armeen

*Englische Übersetzung nachstehend. Sie dient als Anweisung an die alliierten Vorposten.*

SAFE CONDUCT

The German soldier who carries this safe conduct is using it as a sign of his genuine wish to give himself up. He is to be disarmed, to be well looked after, to receive food and medical attention as required, and to be removed from the danger zone as soon as possible.

Dwight D. Eisenhower
SUPREME COMMANDER,
Allied Expeditionary Force

*Ci-contre : un sauf-conduit signé par le commandant en chef des troupes alliées, Dwight Eisenhower, et promettant un accueil favorable aux soldats de la Wehrmacht qui se rendront. Enfin, un troisième tract diffusé dans les lignes allemandes annonçant qu'Hitler a définitivement perdu la guerre.*

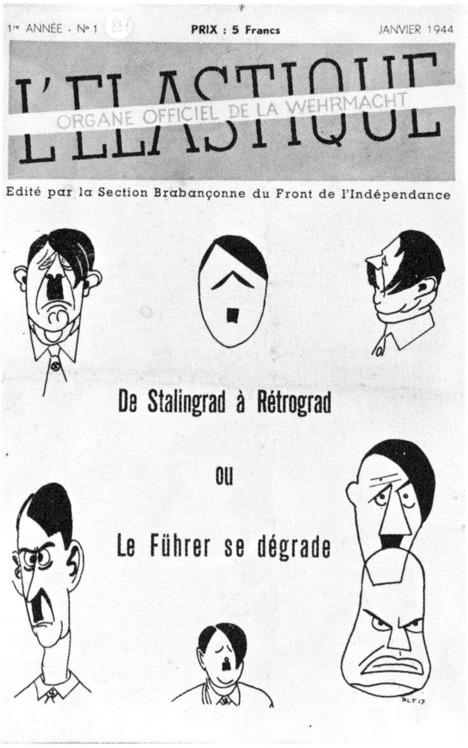


*« De Stalingrad à Rétrograd où le Führer se dégrade. » L'heure n'est plus aux « fiers Aryens qui conquéraient le monde pour y installer un empire qui devait durer mille ans ».*

*Un faux* Signal, *revue bien connue en langue française de la propagande allemande. Un montage y montre Hitler, menottes aux poignets.*

Ce sont ces mêmes ouvriers appartenant à des organisations clandestines qui, le 1er mai 1941, malgré l'interdiction de l'occupant, organiseront la fameuse grève des cent mille. Face à l'U.T.M.I., les ouvriers se rassembleront dans des Comités de lutte syndicale qui seront à la base de l'édition de nombreux tracts et journaux clandestins, de la rédaction de cahiers de revendications, d'arrêts de travail, voire de conflits sociaux plus importants.

## *LA GENDARMERIE ET LA RÉSISTANCE*

Même si, durant la guerre, la gendarmerie fut commandée par un collaborateur notable, le lieutenant-colonel Van Coppenolle, tout ce corps sensé être à la botte de l'ennemi ne fut pas seulement constitué d'agents serviles à l'idéal national-socialiste, au contraire. Il est vrai qu'au départ la résistance communiste, ou qualifiée telle, ne suscitait guère l'enthousiasme des forces de l'ordre, tout comme d'ailleurs les milices extrémistes des partis collaborationnistes.

*Ces différents appels lancés aux travailleurs des chemins de fer ont pour but de perturber le trafic ferroviaire, notamment sur les lignes secondaires souvent utilisées par l'armée allemande pour éviter les bombardements massifs.*

**Message aux agents des services du Transport et des Communications**

**AU PERSONNEL DU MATERIEL DE TRACTION :** *Cheminots, Mécaniciens, Chauffeurs, Aiguilleurs, Gardes-Barrières, Gardes-Voies, Chefs de Trains, Chefs de Gare, Sous-Chefs de Gare.*

**AU PERSONNEL DES TRANSPORTS ROUTIERS :** *Ingénieurs des Ponts et Chaussées, Personnel de Voierie, Cantonniers.*

**AU PERSONNEL DES VOIES NAVIGUABLES :** *Eclusiers et leurs Aides, Haleurs, Personnel du Service de Remorquage.*

**Vous pouvez jouer un rôle de premier plan dans la bataille livrée contre les lignes de communications ennemies.**

**Désormais il n'y a plus de voies ferrées, de routes ni de voies naviguables "SECONDAIRES"**

**Du point de vue de l'ennemi, TOUTES les voies de communication sont d'une importance vitale.**

**Si l'Allemand essaie de détourner son traffic par les voies dites "SECONDAIRES" il dépend de vous que, chaque fois, il s'engage dans un cul-de-sac.**

**Chaque kilomètre de rail, de route, de canal susceptible d'être utilisé par l'ennemi compte! De son côté, l'aviation alliée pilonne les lignes et les centres de communications allemands. Aidez-la dans sa mission.**

***A ceux qui n'appartiennent ni aux services précités ni aux équipes chargées de missions déterminées : Laissez faire les spécialistes. Notez les instructions du Commandement Suprême Interallié.***

AVIS AUX CHEMINOTS

Vous devez avoir entendu les directives données par la radio anglaise à vos collègues français:CESSEZ LE TRAVAIL Sabotez,sabotez,ralentissez,faites le moins possible.

Nous espérons que vous êtes toujours Belges et que cet appel vous est bien parvenu.Nous avons la ferme volonté de mettre tout en oeuvre pour que cet appel ne soit pas lettre morte.

Ce qui se passe journellement doit vous prouver qu'il y a encore des patriotes qui sans crainte savent prouver que la Belgique peut toujours compter sur eux.

Cheminots,montrez que vous êtes restés BELGES.

Cheminots,faites votre devoir.

RALENTISSEZ,SABOTEZ,ARRETEZ LES TRAINS,ENTRAVEZ LE TRAFIC.

SOYEZ DES PATRIOTES.

La fin est proche ;nos alliés sont en route ;aidez-les.

Le mouvement national belge

Ernest Dequenne, ci-dessous, grand résistant membre de l'Armée secrète, a participé à la destruction de nombreux ponts de chemin de fer. Ci-contre, un rapport du lieutenant Lefèvre sur la reconstruction des ponts dans la région d'Orp-le-Grand après la retraite allemande.

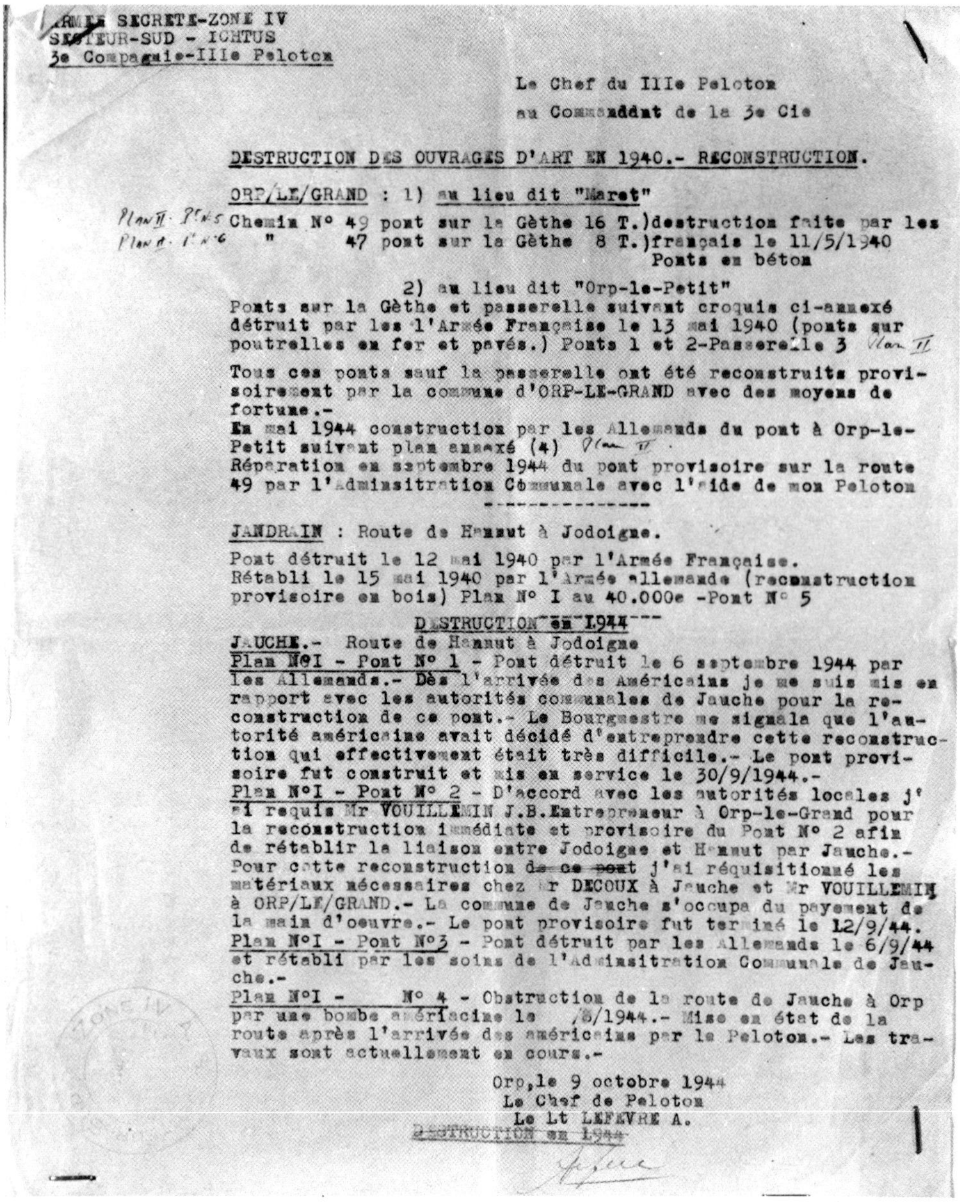

ARMÉE SECRETE-ZONE IV
SECTEUR-SUD - ICHTUS
3e Compagnie-IIIe Peloton

Le Chef du IIIe Peloton
au Commandant de la 3e Cie

DESTRUCTION DES OUVRAGES D'ART EN 1940.- RECONSTRUCTION.

ORP/LE/GRAND : 1) au lieu dit "Maret"

Plan II · P[illegible] N 5 Chemin N° 49 pont sur la Gèthe 16 T.)destruction faite par les
Plan II · P[illegible] N 6 " 47 pont sur la Gèthe 8 T.)français le 11/5/1940
Ponts en béton

2) au lieu dit "Orp-le-Petit"
Ponts sur la Gèthe et passerelle suivant croquis ci-annexé détruit par les l'Armée Française le 13 mai 1940 (ponts sur poutrelles en fer et pavés.) Ponts 1 et 2-Passerelle 3 Plan II

Tous ces ponts sauf la passerelle ont été reconstruits provisoirement par la commune d'ORP-LE-GRAND avec des moyens de fortune.-
En mai 1944 construction par les Allemands du pont à Orp-le-Petit suivant plan annexé (4) Plan II.
Réparation en septembre 1944 du pont provisoire sur la route 49 par l'Adminsitration Communale avec l'aide de mon Peloton

JANDRAIN : Route de Hannut à Jodoigne.

Pont détruit le 12 mai 1940 par l'Armée Française.
Rétabli le 15 mai 1940 par l'Armée allemande (reconstruction provisoire en bois) Plan N° I au 40.000e -Pont N° 5

DESTRUCTION en 1944

JAUCHE.- Route de Hannut à Jodoigne
Plan N°I - Pont N° 1 - Pont détruit le 6 septembre 1944 par les Allemands.- Dès l'arrivée des Américains je me suis mis en rapport avec les autorités communales de Jauche pour la reconstruction de ce pont.- Le Bourgmestre me signala que l'autorité américaine avait décidé d'entreprendre cette reconstruction qui effectivement était très difficile.- Le pont provisoire fut construit et mis en service le 30/9/1944.-
Plan N°I - Pont N° 2 - D'accord avec les autorités locales j'ai requis Mr VOUILLEMIN J.B.Entrepreneur à Orp-le-Grand pour la reconstruction immédiate et provisoire du Pont N° 2 afin de rétablir la liaison entre Jodoigne et Hannut par Jauche.- Pour cette reconstruction ~~de ce pont~~ j'ai réquisitionné les matériaux nécessaires chez Mr DECOUX à Jauche et Mr VOUILLEMIN à ORP/LE/GRAND.- La commune de Jauche s'occupa du payement de la main d'oeuvre.- Le pont provisoire fut terminé le 12/9/44.
Plan N°I - Pont N°3 - Pont détruit par les Allemands le 6/9/44 et rétabli par les soins de l'Adminsitration Communale de Jauche.-
Plan N°I - N° 4 - Obstruction de la route de Jauche à Orp par une bombe amériacine le /8/1944.- Mise en état de la route après l'arrivée des américains par le Peloton.- Les travaux sont actuellement en cours.-

Orp,le 9 octobre 1944
Le Chef de Peloton
Le Lt LEFEVRE A.
~~DESTRUCTION en 1944~~

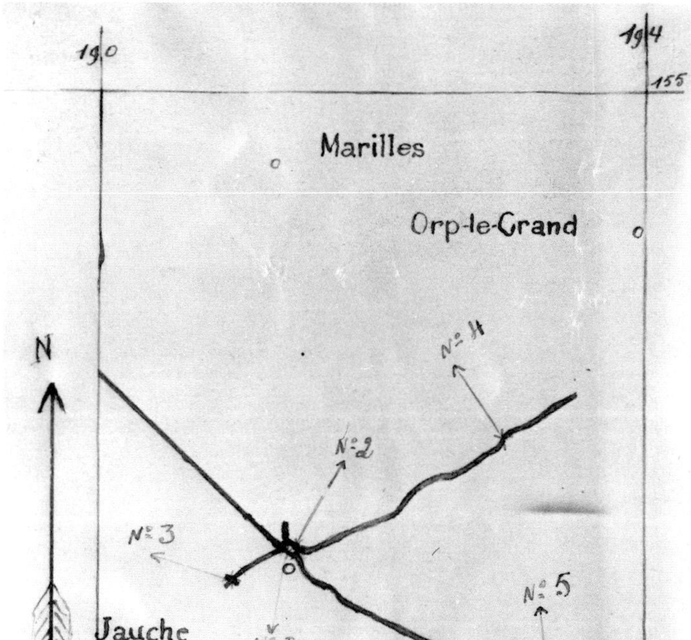


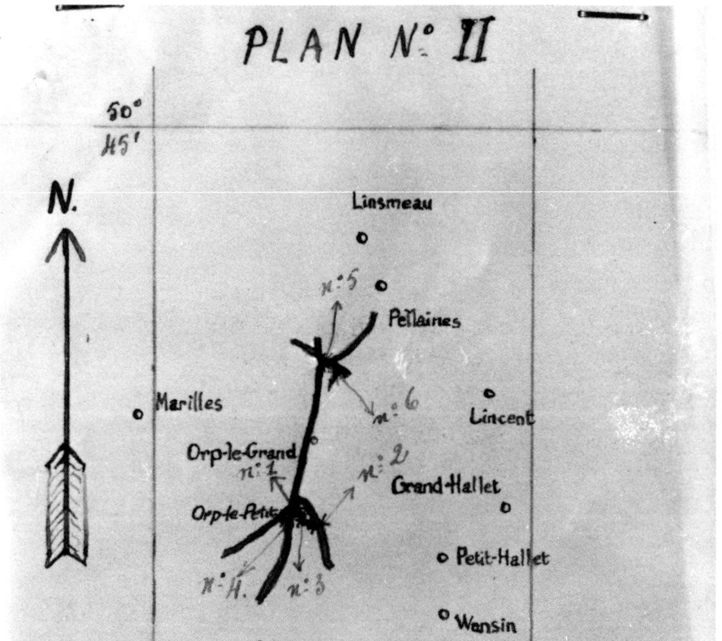

*Les œuvres de l'équipe « Robert » en Ardennes.*

## L'Allemagne Hitlérienne est aux abois.

Nos alliés avancent sur tous les fronts. L'héroïque Armée Rouge est à proximité des frontières allemandes. Notre libération est à l'ordre du jour.

Mais POUR QUE LA LIBÉRATION NE TARDE PAS il faut faire autre chose que d'attendre les bras croisés l'avance des Alliés. Si nous voulons que la résistance allemande soit rapidement brisée, et que l'occupant ne dévaste pas tout le pays dans sa retraite, il faut que la Belgique occupée participe à la grande offensive concentrique des Alliés.

### NOUS DEVONS MENER LA GUERRE DE GUÉRILLA

comme l'ont fait les patriotes soviétiques dans les régions provisoirement occupées par les Allemands, comme le font les patriotes en Yougoslavie et en France!

Nous devons combattre l'arme à la main, harceler l'ennemi, l'empêcher d'envoyer aux fronts des réserves, paralyser ses communications, annihiler sa production de guerre. C'est ainsi que nous assurerons le succès rapide des opérations alliées. C'est ainsi que nous affaiblirons les forces nazies et frayerons la route au soulèvement national et à la Victoire.

### C'EST CE QUE FONT LES COURAGEUX PARTISANS

qui, par trois années de luttes incessantes, ont prouvé que l'action armée et la guerre de guerilla sont possibles et fructueuses, en Belgique également.

Chaque jour l'armée belge des Partisans inflige des pertes sensibles à l'ennemi, à ses transports, à ses dépôts, à ses fabrications. Chaque semaine elle extermine des dizaines de traîtres, fait sauter des dizaines de wagons et locomotives, désarme des centaines de soldats allemands. Les Partisans sont les meilleurs soldats de Belgique; ils n'ont qu'un but: secouer le joug hitlérien et libérer la Patrie!

Maintenant que l'armée de Hitler est empêtrée dans une crise profonde IL S'AGIT DE DONNER A L'OFFENSIVE DES PARTISANS UNE AMPLEUR NOUVELLE, il s'agit de porter à l'ennemi des coups qui ébranlent son emprise sur le pays; il s'agit de libérer la Belgique, région par région, province par province, par nos propres forces et avec la participation de la population toute entière.

### Patriotes aptes à porter les armes
### votre place
### est dans les rangs des partisans!

Anciens soldats et officiers de l'armée belge, policiers et gendarmes, jeunes réfractaires et étudiants, adhérez aux Partisans, développez la guerilla!

Belges, hommes et femmes, aidez les Partisans par tous les moyens! Fournissez leur des armes, des renseignements, des abris sûrs! Groupez-vous en masse dans les MILICES PATRIOTIQUES pour appuyer l'action armée des Partisans, pour déclencher avec eux le soulèvement national.

Vive la guerilla, vivent les Partisans, vivent les Milices Patriotiques, vive l'Indépendance et la Liberté!

Le Parti Communiste de Belgique.

De plus, nos gendarmes ne distinguaient pas toujours les faits relevant de la Résistance de ceux provenant de la criminalité. Nul doute que l'armée des Partisans, même si elle comptait en son sein un certain nombre de gendarmes, était la cible privilégiée de notre maréchaussée qui l'accusait de se livrer à des exécutions sommaires de gendarmes en mission commandée.

Van Coppenolle a une attitude sans ambiguïté. Pour lui, « celui qui commet un attentat est un terroriste ». Il faut dire que le 3 mars 1943, le commandant de la gendarmerie faillit passer de vie à trépas lors d'une embuscade tendue par nos maquisards.

De nombreux gendarmes, nous l'avons écrit, rejoindront les rangs de la Résistance. Ils lui feront parvenir quantité d'informations militaires relatives aux services de garde, d'escorte et de rafles. Ils détourneront des documents officiels aux fins d'être falsifiés, secoureront des réfractaires, ainsi que des aviateurs abattus ou des évadés. Ils assureront enfin le transport d'armes et de munitions, tout en livrant à la Résistance des uniformes de la gendarmerie.

Après le débarquement, de nombreux gendarmes participeront à la libération du pays dans les rangs des résistants. Parmi ces gendarmes patriotes, le capitaine-commandant Dufrasne, qui dirige la compagnie mobile, et le lieutenant van Caester, un officier de liaison, qui deviendront tous deux les bêtes noires du V.N.V. pour avoir notamment constitué des fichiers reprenant les noms des principaux militants des groupes extrémistes. Van Caester sera arrêté fin 1941 et décapité à Dortmund, le commandant Dufrasne connaîtra le même sort à Sachsenhausen.

Le 23 juillet 1942, le gouverneur allemand de la Belgique occupée, le général von Falkenhausen, dénonce auprès du Secrétaire général du ministère de l'Intérieur l'attitude de nombreux gendarmes et policiers communaux, soupçonnés d'être les auteurs d'un certain nombre de décrets dirigés contre l'occupant.

Voici ce document : « Bruxelles, le 23 juillet 1942. Le Commandant Militaire pour la Belgique et le nord de la France. Le Chef de l'Administration Militaire.

# Oproep aan de Bevolking

Ik heb het onbeperkt bevel en het recht verordeningen uit te vaardigen in België en Noordfrankrijk overgenomen en aan de plaatselijke Kommandanturen overgedragen.

Elke storing van de openbare veiligheid en orde, bizonder door aanvallen op de Duitsche Weermacht wordt onmiddellijk gewapenderhand onderdrukt.

Vermijdt de straat en zoekt bescherming in de kelders daar waar gestreden wordt of gevechten voorstaan ! In de straten zijn burgers dan ook in levensgevaar.

De huizen zonder speciaal toelatingsbewijs verlaten wordt tusschen 21 u. 30 's avonds en 6 u. 's morgens verboden.

Doe niets wat U verdacht kan maken de invasiemachten te begunstigen !

Verricht zooveel mogelijk uw werk !

*De Weermachtbevelhebber in België en Noordfrankrijk*

get. **JUNGCLAUS**

*SS-Gruppenführer en luitenant-generaal der politie.*

# Aufruf an die Bevölkerung

Ich habe die uneingeschränkte Befehlsgewalt und das Recht zum Erlass von Verordnungen in Belgien und Nordfrankreich übernommen und sie an die örtlichen mititärischen Kommandanturen übertragen.

Jede Störung der öffentlichen Sicherheit und Ordnung insbesondere durch Angriffe auf die deutsche Wehrmacht wird sofort mit Waffengewalt niedergeschlagen. Wo gekämpft wird oder sich Kampfhandlungen vorbereiten, meidet die Strasse und sucht Schutz in den Kellern ! Auf der Strasse sind dann auch Zivilpersonen in Lebensgefahr.

Das Verlassen der Häuser ohne Sonderausweise von 21 Uhr 30 abends bis 6 Uhr früh ist verboten.

Unterlasst alles, was Euch der Begünstigung der Invasionsmächte verdächtig machen könnte ! Geht, soweit möglich, Eurer Arbeit nach !

*Der Wehrmachtbefehlshaber in Belgien und Nordfrankreich*

gez. **JUNGCLAUS**

*SS-Gruppenführer und Generallt. der Polizei.*

# Appel à la Population.

J'ai été investi du pouvoir absolu et du droit de rendre des ordonnances en Belgique et dans le Nord de la France et j'ai transféré ces pouvoirs aux commandantures militaires locales.

Toute tentative de troubler l'ordre et la sécurité publics, particulièrement par des attaques contre l'armée allemande, sera immédiatement étouffée par la force armée.

Evitez les rues et cherchez abri dans les caves là où l'on se bat ou là où des combats se préparent ! Dans ces circonstances les civils aussi encourent le danger de mort dans la rue.

Il est interdit de quitter les maisons sans autorisation spéciale entre 21 h. 30 du soir et 6 heures du matin.

Ne faites rien qui pourrait vous rendre suspect de favoriser les forces d'invasion ! Continuez autant que possible votre travail !

*Le Commandant en chef de l'armée allemande en Belgique et dans le Nord de la France.*

*signé* : **JUNGCLAUS**

*SS-Gruppenführer et lieutenant-général de la police.*

« Avis

« À plusieurs reprises, des membres de la Gendarmerie et de la Police belges se sont laissé entraîner ces derniers temps, contrairement aux instructions bien nettes qu'ils ont reçues de leurs autorités supérieures, à manquer à leur devoir qui consiste en une attitude loyale envers les autorités occupantes. Dans un certain nombre de cas, des éléments criminels appartenant même à la Gendarmerie et à la Police ont commis, en qualité d'auteurs ou de complices, des actes punissables comportant un danger pour la communauté, et cela dans le but de nuire à l'autorité occupante. En réalité, ces actes et leurs conséquences nuisibles se dirigeaient contre leur propre patrie, sa population, et contre la renommée de la Gendarmerie et de la Police belges. Il incombe à la Gendarmerie et à la Police elles-mêmes, ainsi qu'à leurs autorités, d'éliminer des rangs du corps de la Gendarmerie et de la Police des éléments qui, au lieu d'être des organes de l'ordre public, provoquent l'insécurité et le désordre. Les coupables seront impitoyablement frappés par la loi martiale dans toute sa sévérité. En outre, des otages choisis parmi les membres de la Gendarmerie et de la Police seront arrêtés, lesquels, le cas échéant, auront à répondre de leur vie des actes criminels contre la sécurité de l'autorité occupante commis par des membres de la Gendarmerie et de la Police. Le sort de ces otages sera ainsi mis entre les mains des membres de la Gendarmerie et de la Police belges qui, en collaboration avec leurs supérieurs, auront le plus grand intérêt à rétablir et à sauvegarder leur renommée comme gardiens de l'ordre public. Ils s'efforceront de protéger leurs camarades ainsi que leur pays et sa population contre les actes de violence insensés commis par quelques éléments criminels.

« Si cet appel restait sans succès et si les actes punissables commis par des membres de la Gendarmerie et de la Police se développaient, la Militärverwaltung se verrait dans l'obligation de prendre des mesures plus sévères.

« Pour le Commandant Militaire pour la Belgique et le nord de la France. Le Chef de l'Administration Militaire, (s) Reeder. »

De nombreux officiers seront ainsi enfermés à la citadelle de Huy. Ils ne seront libérés que le 20 février 1943, après la prise de commandement de Van Coppenolle.

En octobre 1943, d'autres officiers de la gendarmerie seront à leur tour gardés en otages au camp de Bourg-Léopold, d'où ils ne sortiront qu'à la Libération.

*Gand est aux mains de la Résistance en attendant l'arrivée de la 7e Division blindée du 12e Corps d'armée britannique, tandis que des patriotes en armes aidés par la gendarmerie empêchent la foule de s'en prendre à un soldat fait prisonnier.*

## LA LIBÉRATION DU PORT D'ANVERS

La plupart des ports français ayant résisté à l'avance des troupes anglo-américaines, Anvers avait acquis aux yeux des Alliés une importance stratégique primordiale. Il devenait en effet particulièrement fastidieux d'acheminer de Normandie les armes, les munitions, le ravitaillement et le carburant pour des centaines de milliers de combattants. Il fallait coûte que coûte qu'Anvers tombe intacte aux mains des Alliés !

Urbain Reniers reçoit de Londres le commandement de toute la Résistance anversoise. Il sera chargé d'appliquer le plan de sauvetage des installations portuaires afin d'y permettre plus tard le débarquement de vivres et de matériel nécessaires à la poursuite de l'avance alliée.

Ce plan avait été approuvé par Londres qui, en février 1944, avait parachuté un agent de la Sûreté, Philippe de Liedekerke, chargé d'étudier la manœuvre sur place.

Liedekerke sera convaincu que l'homme-clef de la résistance anversoise est Urbain Reniers qui, dès fin 1940, est un des membres fondateurs de la Légion belge. Sa tête sera d'ailleurs mise à prix par l'occupant. Autour de lui

*Début septembre 1944, un témoin habile dessinateur a suivi la déroute allemande.*

*Ci-contre : l'heure est aux règlements de comptes. Pour les collaborateurs, un premier châtiment, l'inévitable tonte des cheveux.*

se formera un comité de coordination dont le but est d'assurer l'unité d'action tout en la rattachant à une autorité légale, en l'occurrence l'ancien gouverneur de la province d'Anvers, le baron Holvoet.

Dès le 10 juin 1944 débutent les opérations visant à paralyser autour de la métropole les mouvements de troupes. Comment ? En sabotant notamment les lignes de chemins de fer reliant Essen à Anvers, Turnhout à Herenthals et Boom. La circulation routière est, quant à elle, entravée par le blocage fréquent de ponts, l'essaimage de clous et de mines antichars.

Mi-juillet, c'est au tour des centraux téléphoniques de la défense antiaérienne allemande d'être détruits. Ce n'est pas tout : la Résistance fait sauter des dépôts d'essence, l'usine fabriquant l'oxygène liquide pour les V.1 ainsi que deux vedettes lance-torpilles à peine sorties du chantier naval.

Tous les groupes de la Résistance, quelle que soit leur obédience, participent à l'action. On y retrouve tout aussi bien les membres du Groupe G, de l'Armée secrète, du Front de l'Indépendance et du Mouvement national royaliste.

À quelques heures du débarquement de Normandie, le 1er juin 1944, arrive enfin le message de Londres via les antennes de la B.B.C. : « La frondaison des arbres cache le vieux moulin. » C'est le signe qu'attendaient les résistants pour surveiller de très près le navire bourré d'explosifs destiné à détruire tous les bateaux à quai au port à l'arrivée

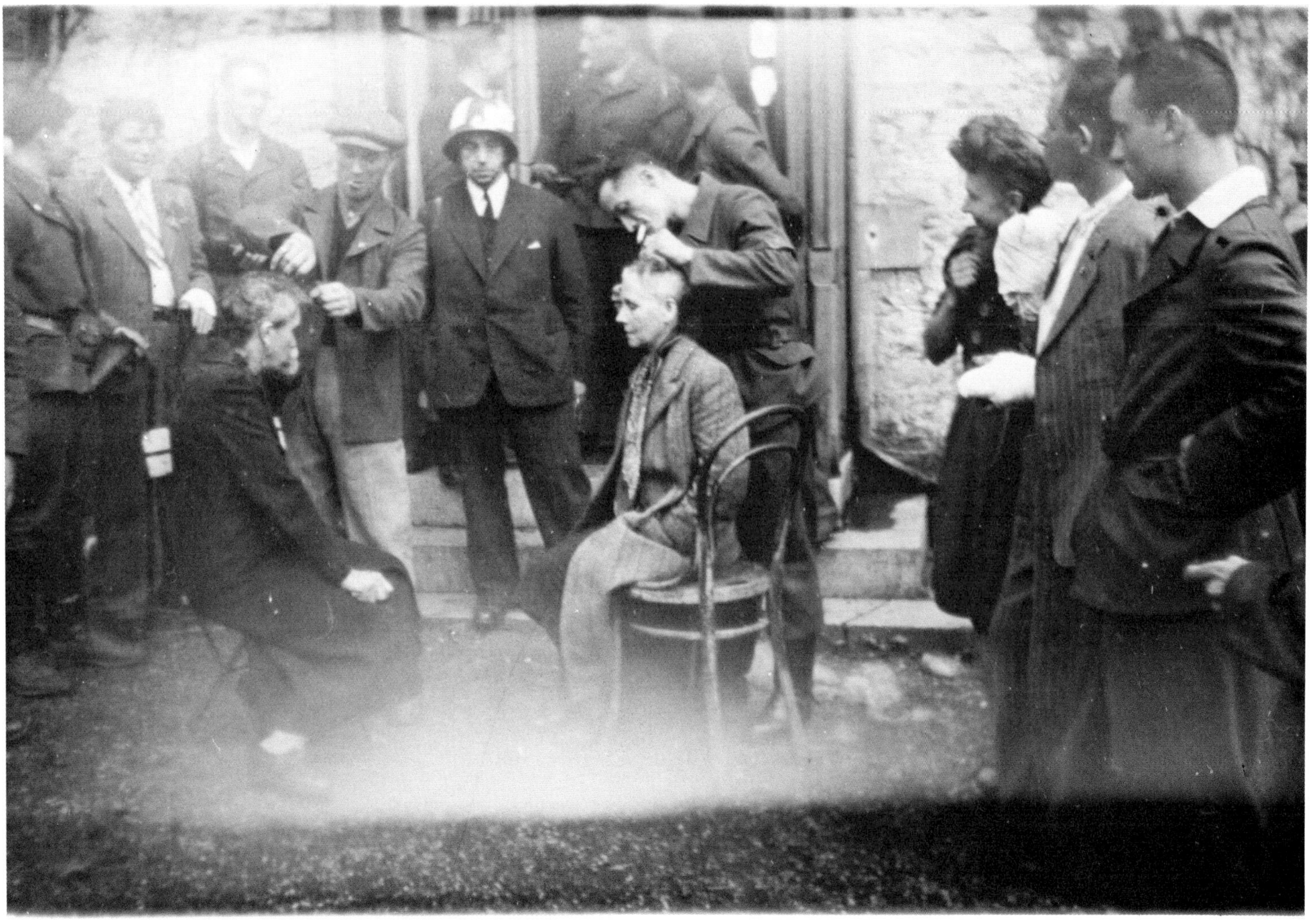

TEXACO

*Défilé de la Brigade Tito dans les rues de Gand.*

des Alliés et les embarcations remplies de sable et de pierres que les Allemands comptent faire couler pour bloquer l'accès au port.

Le message « On s'amuse bien à l'école » provoquera dans la nuit du 6 au 7 août la destruction de lignes télégraphiques.

Une semaine plus tard, les Allemands commencent à miner les quais. Mais, dans la nuit du 25 au 26 août, les matériaux devant servir à ce minage sont détruits. Le 31 août, après avoir bloqué les nœuds ferroviaires d'Herenthals et de Boom, c'est au tour du dispatching central de la gare d'Anvers d'être mis hors service. Le lendemain, le système de levage des ponts sur l'Escaut est mis hors d'usage, tout comme le mécanisme qui aurait dû permettre aux Allemands de noyer les tunnels sous le fleuve.

L'avance alliée est rapide. Après avoir libéré Bruxelles le 3 septembre, l'avant-garde du Third Battalion Royal Tank Regiment, sous le commandement du major John Dunlop, fonce sur Anvers.

Vekemans, un résistant, le prévient de ne pas emprunter les ponts de Boom minés, tandis que Pilaet, le commandant du Front de l'Indépendance à Anvers, l'informe sur les dispositifs mis en place par la Résistance pour sauvegarder les installations portuaires.

Le 4 septembre, six mille soldats et officiers allemands seront faits prisonniers. Malgré leur très faible armement, les résistants s'attaqueront à des bunkers allemands. Les combats pour dégager l'estuaire de l'Escaut se prolongeront jusqu'au 15 octobre, faisant cent quarante et un tués et deux cent soixante-trois blessés graves dans les rangs de la Résistance.

Après la bataille de Walcheren à laquelle participèrent de nombreux Belges, le premier navire put entrer dans le port le 26 novembre 1944.

# LE PARTISAN

Organe des Partisans du Corps 78

## Victoire ! Libération !

Libres ! Nous sommes libres !

De tout cœur, merci aux héroïques troupes américaines et anglaises qui ont mis la Wehrmacht en déroute.

A eux, toute notre admiration et toute notre reconnaissance.

Vive l'Amérique, Vive l'Angleterre !
Hourrah pour les Anglais, hourrah !
Hourrah pour les Américains, hourrah !

## Le Serment des Partisans

» Nous jurons sur notre honneur de Partisan de continuer » la lutte jusqu'au châtiment du dernier des traitres. S'il » devait se trouver des juges qui voudraient absoudre les » traitres riches et puissants, nous leur dirons : Il faudra » choisir : tuer jusqu'au dernier des traitres ou jusqu'au dernier des partisans. »

Ce serment a été prêté par tous les Partisans de la région Tournai-Péruwelz-Quiévrain.

Ils tiendront leur serment.

## Ce que c'est qu'un Partisan

N.-B. — L'article ci-dessous a été rédigé le 23 Août et n'a pu être publié pendant l'occupation grâce à la libération rapide de nos contrées.

**Il sabotera.** — …

**Il se défendra.** — …

**Il attaquera.** — …

**Il tuera.** — …

**Il mourra.** — …

**Il sera pris.** — …

**Il vaincra.** — …

## A l'Honneur

« Parmi les plus beaux noms, leur nom est le plus beau. »

**FRANÇOIS WACHEUL, de Bonsecours.**

**DUBOIS EMILE, de Lessines.**

Seul contre huit !

## Hommage

Les Partisans remercient publiquement

**Le Docteur AMILIA, de Péruwelz**

**A Madame AMILIA,** …

## Les méthodes allemandes

## Appel à tous les Patriotes

La justice constitue déjà les dossiers d'accusation contre les traitres et collaborateurs. Aidez-nous dans ce travail. Renseignez-nous. Allez spontanément déclarer à l'hôtel de ville ce que vous connaissez. **Il faut** qu'aucun collaborateur n'échappe. Vous dérober serait une lâcheté.

## Pas de pitié : Justice

## Fraternité d'armes

Vendu au profit des familles des partisans tombés au champ d'honneur. — Soyez généreux.

**Comité National**
**des Milices Patriotiques.**

Dans une partie de notre pays, les opérations militaires proprement dites ont pris fin; les M. P., d'après les premiers renseignements communiqués, se sont brillamment comportés. Je suis fier de communiquer aux Miliciens les paroles du Général anglais Horrick, qui a reçu hier les représentants des organisations de résistance.

" Les groupements belges de résistance ont apporté à nos armées un concours très précieux ; sans leur aide, il eût été impossible à nos troupes de libérer tant de territoires en si peu de temps. Mon admiration va à tous ceux qui, sous la domination allemande et malgré de si graves dangers, ont organisé la résistance belge. Transmettez à vos hommes le témoignage de ma gratitude et toutes mes félicitations. „

L'appréciation du Général Horrick, porteur des plus hautes distinctions britanniques (V. C., D. S. O., M. C.) doit être portée dans tout le pays à la connaissance des M. P. Je suis heureux d'y joindre mes félicitations personnelles.

Le Commandant national des M. P :
QUINET.

Le 6 septembre 1944.

Imprimerie Hervé GOOSSENS, rue du Gravier, Wavre

Jusqu'à la fin de la guerre, il accueillera mille deux cent quarante navires alliés qui y débarqueront cinq millions de tonnes de matériel, malgré la pluie de V.1 et de V.2, trois mille sept cent trois au total, qui s'abattra sur la métropole.

## *La résistance au lendemain de la libération*

Ceci est un témoignage de Paul Struye sur la Résistance. Il est rédigé le… 1er septembre 1944 et prouve que cet homme particulièrement bien informé n'avait sur la Résistance que des connaissances peu précises et truffées de lieux communs. Mais lisez plutôt :

« On fera plus tard l'histoire de l'Armée blanche. Pour l'instant, on ne peut que définir l'opinion qu'on s'en fait – à tort ou à raison. Le plus épais mystère plane sur son organisation et ses chefs. On croit qu'elle groupe, surtout en Wallonie, et principalement dans les Ardennes, des milliers de jeunes Belges, fils de fermiers et ouvriers réfractaires au travail obligatoire, auxquels se sont joints des intellectuels, étudiants, bourgeois, membres de l'aristocratie.

« On lui attribue d'innombrables sabotages contre les voies ferrées, les centrales électriques, accomplis souvent avec une incroyable audace. On s'attend à la voir entrer ouvertement en action contre l'occupant, dès que les Alliés approcheront des frontières belges. On redoute qu'elle n'agisse trop tôt. On a l'impression – assurément vague

– qu'elle dispose de concours nombreux dans tous les milieux, notamment dans la police et la gendarmerie et chez les fonctionnaires.

« On raconte qu'il existe dans le "maquis" des camps à tendances communistes, et d'autres où l'on ne rencontre que des "hommes d'ordre", très attachés au roi. On parle d'aumôniers allant célébrer, le dimanche, même dans l'après-midi, des messes à l'intention des "maquisards".

« On se rend compte que nombre de vulgaires bandits se font passer pour membres de l'"A.B." et perpètrent des vols et crimes de droit commun à la faveur de cette équivoque. Mais la population éprouve une réelle fierté à sentir qu'une force armée est née spontanément dans son sein et les exploits, réels ou imaginaires, de l'armée blanche, qui flattent et séduisent l'imagination populaire, sont dès à présent entrés dans la légende. »

C'est dire si, au lendemain de la Libération, la Résistance aura bien des difficultés à se faire reconnaître par certaines autorités souvent absentes du pays durant la guerre et qui la prenaient comme un interlocuteur particulièrement encombrant, la croyant même capable de fomenter un coup d'État. Mais n'anticipons pas…

Le 6 juin 1944, le Premier ministre en exil, Hubert Pierlot, déclare à la B.B.C. : « L'heure impatiemment attendue est proche. Les opérations préliminaires pour la libération de l'Europe ont commencé. Cet assaut initial est l'annonce certaine de votre délivrance. Les Alliés vous sont reconnaissants de la magnifique résistance que vous avez offerte à l'oppression allemande. Je suis convaincu que vous continuez à détraquer la machine de guerre de l'ennemi. Le moment suprême du combat n'est pas encore venu. Quand il sera venu, on vous dira clairement ce qu'on désire de vous, en attendant, perfectionnez vos organisations pour que leur action soit efficace au moment voulu. »

Quarante-huit heures après ce discours, l'ordre de mobilisation générale de la Résistance est donné par Radio Londres : « Le roi Salomon a mis ses gros sabots. » C'est la mise en œuvre de tous les actes de sabotage destinés à désorganiser la ma-

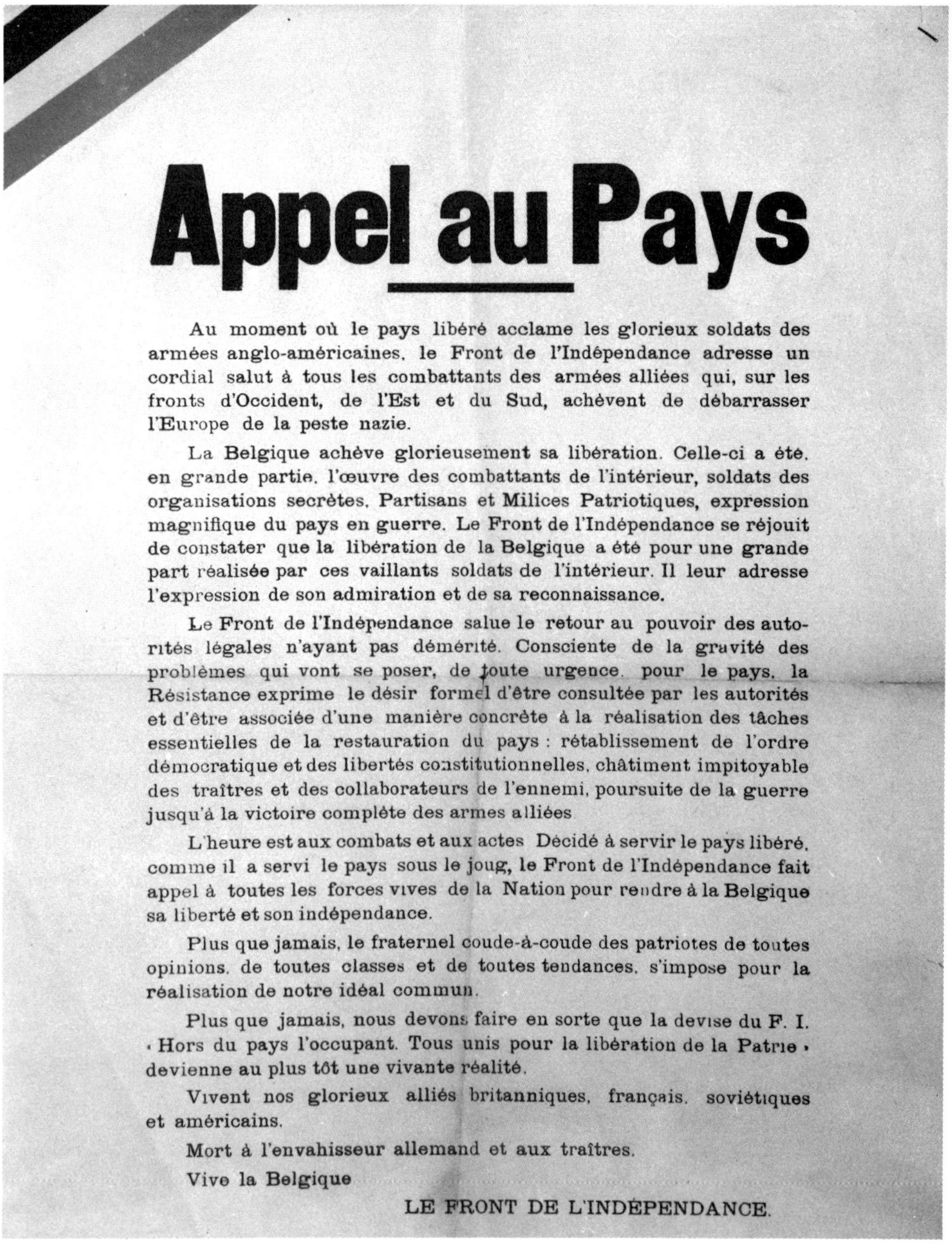

# Appel au Pays

Au moment où le pays libéré acclame les glorieux soldats des armées anglo-américaines, le Front de l'Indépendance adresse un cordial salut à tous les combattants des armées alliées qui, sur les fronts d'Occident, de l'Est et du Sud, achèvent de débarrasser l'Europe de la peste nazie.

La Belgique achève glorieusement sa libération. Celle-ci a été, en grande partie, l'œuvre des combattants de l'intérieur, soldats des organisations secrètes, Partisans et Milices Patriotiques, expression magnifique du pays en guerre. Le Front de l'Indépendance se réjouit de constater que la libération de la Belgique a été pour une grande part réalisée par ces vaillants soldats de l'intérieur. Il leur adresse l'expression de son admiration et de sa reconnaissance.

Le Front de l'Indépendance salue le retour au pouvoir des autorités légales n'ayant pas démérité. Consciente de la gravité des problèmes qui vont se poser, de toute urgence, pour le pays, la Résistance exprime le désir formel d'être consultée par les autorités et d'être associée d'une manière concrète à la réalisation des tâches essentielles de la restauration du pays : rétablissement de l'ordre démocratique et des libertés constitutionnelles, châtiment impitoyable des traîtres et des collaborateurs de l'ennemi, poursuite de la guerre jusqu'à la victoire complète des armes alliées

L'heure est aux combats et aux actes Décidé à servir le pays libéré, comme il a servi le pays sous le joug, le Front de l'Indépendance fait appel à toutes les forces vives de la Nation pour rendre à la Belgique sa liberté et son indépendance.

Plus que jamais, le fraternel coude-à-coude des patriotes de toutes opinions, de toutes classes et de toutes tendances, s'impose pour la réalisation de notre idéal commun.

Plus que jamais, nous devons faire en sorte que la devise du F. I. « Hors du pays l'occupant. Tous unis pour la libération de la Patrie » devienne au plus tôt une vivante réalité.

Vivent nos glorieux alliés britanniques, français, soviétiques et américains.

Mort à l'envahisseur allemand et aux traîtres.

Vive la Belgique

LE FRONT DE L'INDÉPENDANCE.

JEUDI 21 SEPTEMBRE 1944 — SÉRIE LÉGALE : N° 3 — LE NUMÉRO : 2 FRANCS

# FRONT

ORGANE NATIONAL DU FRONT DE L'INDÉPENDANCE

RÉDACTION ET ADMINISTRATION : B° DU RÉGENT, 23, BRUXELLES

## Nous sommes en première ligne

*Lorsqu'il parut en pleine guerre, en pleine lutte clandestine, en pleines ténèbres de l'occupation, le premier numéro de FRONT, organe national du Front de l'Indépendance préludait par un éditorial intitulé « Nous sommes en première ligne », et qui fit le tour du monde.*

*En effet, repris dans le désormais célèbre faux « Soir » du 9 novembre 1943, cet article passa la Manche, et fut réédité à des milliers d'exemplaires à l'usage de la presse libre de tous les pays.*

*Ce jour-là, et à la veille des suprêmes combats qui allaient décider du destin du monde, FRONT tenait à définir nettement sa position qui était celle du Front de l'Indépendance, c'est-à-dire de l'écrasante majorité de la population belge dressée contre Hitler.*

*« Nous sommes en première ligne », écrivions-nous, sur le plus immense des fronts, celui qui groupe tous les hommes libres dans un même combat, à la vie à la mort, contre Hitler et contre le ténébreux Empire nazi, contre la tyrannie et l'odieuse clique des mouchards, des vendus et des aides-bourreaux.*

*» Nous sommes en première ligne, depuis le jour où nous avons senti monter en nous, brûlantes comme une lave, notre passion et notre haine, notre passion de justice et notre haine de l'envahisseur. Cette passion, cette haine, nous avons su, dans la souffrance, les discipliner pour en faire des armes terribles contre l'ennemi. Et de cette discipline est né le Front de l'Indépendance qui, depuis des années, frappe sans répit et sans pitié et frappe à mort.*

*» Que voulons-nous ? Chasser l'envahisseur, libérer la patrie, rendre au pays ses libertés. Un point, c'est tout. Mais c'est énorme. Car un tel programme comporte à la fois l'écroulement du nazisme et le triomphe des Nations Unies, le châtiment des traîtres, la mise à l'écart des lâches et des collaborateurs, la restauration des hautes valeurs spirituelles sans lesquelles le monde est voué au chaos, à la ruine, au désespoir.*

*» Comment réaliserons-nous cette tâche ? En nous groupant. Le F.I., c'est la*

*Nous qui avons, dans la guerre, donné le meilleur de nous-mêmes, combattu l'ennemi le plus puissant et le plus odieux, allons-nous aujourd'hui, déposer les armes, encourager l'insolent triomphe des soldats de la dernière minute, des convertis de la onzième heure ?*

*Allons-nous abdiquer, nous endormir sur les illusoires lauriers de la libération ?*

*A cette question, le Front de l'Indépendance a répondu par un « non » catégorique. Sans désemparer, sans se laisser griser par l'allégresse des journées de victoire, il a élaboré un programme d'action immédiat, dont il veut, tout de suite, poursuivre la réalisation.*

*Hommes d'action et combattants durant la guerre, nous ne serons pas des attentistes de la libération. Et nous pouvons répéter aujourd'hui, avec la même force qu'en pleine bataille contre Hitler : « Nous ne pouvons plus attendre. Nous finirions par en mourir ».*

* * *

*C'est pourquoi reparaît aujourd'hui FRONT, organe national du Front de l'Indépendance. Il a pris la forme d'un hebdomadaire d'action et de combat. Il sera le porte-parole des innombrables voix de la Résistance, celles-là mêmes que, dans certains milieux accrochés aux branlants vestiges d'un passé que nous renions, on voudrait brutalement, cyniquement faire taire.*

*« Déposez les armes et rentrez dans vos foyers ». Tel est à peu près le langage que tiennent, aux hommes de la Résistance, certains personnages en place à qui la guerre n'a rien appris.*

*A ceux-là, le Front de l'Indépendance répond qu'il ne désarmera pas, que la guerre n'est pas finie, que nos libertés ne sont pas reconquises, et que trop de traîtres, trop de délateurs, trop de profiteurs aux mains sanglantes courent encore les rues et relèvent déjà la tête.*

*Nous sommes en première ligne, sur le front des hommes libres.*

*Nous y resterons jusqu'à l'heure ou le pays aura retrouvé, grâce surtout aux combattants de l'intérieur, l'équilibre, la joie et le bonheur auxquels ses souffrances lui donnent droit.*

*FRONT.*

## A quand la première charrette?

Que nous voici loin, déjà, du 3 septembre! Dans Bruxelles brusquement libérée, une incroyable allégresse pavoisait les rues. Les premiers chars britanniques, couverts des lourdes fleurs de l'arrière-saison, pénétraient, au milieu des vivats, au cœur de la capitale. Nous étions ivres d'une joie soudaine. Et cette joie s'exprimait à la fois par des sanglots et par des chansons.

Plus de quinze jours ont passé. Nous n'avons pas encore éteint les lampions, parce que, tout de même, notre joie subsiste, et avec elle, ce soulagement profond de nous sentir libres, débarrassés du nazi, du tortionnaire de la Gestapo, rendus enfin à une atmosphère que nous avions presque oubliée. Nous sommes libres. Merveilleux présent que nous ont

ment de la grande débâcle : « Restez sur place et pavoisez vos demeures. Hurlez avec les loups. Soyez plus anglophiles que Churchill. Et poursuivez, dans l'ombre, votre besogne de sape. »

Ces fripouilles obéissent au doigt et à l'œil à l'ordre qui leur a été donné. Ils constatent déjà que leurs chefs — qu'ils s'appellent Degrelle, Elias ou Romsée — ne les avaient pas trompés. Nos juges, prétextant l'énormité de la tâche qui leur incombe, se montrent d'une mollesse criminelle. Nos ministres proclament, avec des trémolos, qu'on ne passera pas l'éponge, mais ils n'ont pas encore constitué les Conseils de guerre qui doivent juger les criminels. M. Delfosse qui, la veille de la libération n'hésitait pas à exprimer la méfiance qu'il éprouvait devant

ten et un Lhost qui furent, des années durant, les empoisonneurs de notre opinion désaxée, terrorisée, égarée par les propagandes perfides de l'occupant? Mais il n'y a pas qu'eux. Il y a les gros, les tout gros, les récidivistes de la trahison qui rapporte non pas des milliers, mais des millions, les gros bonnets d'Ougrée-Marihaye et de Cockerill, ces magnats de l'industrie qui flirtèrent, toute la guerre durant, avec le Boche et n'hésitèrent pas à faire appel à lui pour mitrailler nos ouvriers en grève. Ceux-là courent toujours, et s'agitent frénétiquement. Dans leurs châteaux gorgés de réserves alimentaires, ils reçoivent, en grande pompe, tout le haut du panier — magistrats et politiciens, entremetteuses mondaines et avocaillons éperdûment lancés à la traque des mauvaises causes, et tous ces tenaces suppôts de la réaction que le régime d'avant-guerre recrutait dans les conseils d'administration des grandes banques, dans les grosses usines de province ainsi que dans les bureaux solennels du Comité Central Industriel.

Regardez les photos qui paraissent dans la presse. Rien n'a changé. Partout les mêmes faciès hypocritement souriants, les mêmes visages de conspirateurs mondains, les mêmes silhouettes d'agents secrets de toutes les propagandes antidémocratiques. Ces gens-là s'agglutinent pour sauver à nouveau l'essentiel, c'est-à-dire leurs petites personnes et leurs petites habitudes, leur train de vie et leurs protégés. Ces gens-là forment une garde d'honneur autour des grands criminels de cette horrible guerre : les chefs de l'immense camarilla qui, à travers le neutralisme complaisant et le collaborationnisme à plat ventre, ont servi, obstinément, la cause d'Hitler et de sa clique de gangsters.

C'est à la tête qu'il faut frapper. Nous aimerions savoir, tout de suite, les noms des industriels collaborateurs que notre justice débordée a eu le temps de mettre en tôle.

PAS DE DEMAGOGIE !

Le numéro 1 Fr.

Bureaux : 2, Quai de Flandre Charleroi

# INDEPENDANCE

Organe carolorégien du Front de l'Indépendance

Mercredi 6 Septembre 1944

Rédacteur en chef : Jean DEMAL

## Vive la Belgique ! Vive la Liberté !

## Charleroi, Bruxelles et Anvers délivrées le même jour

## *La libération de notre pays s'achève rapidement*

### Honneur à nos Alliés ! --- Honneur aux Soldats du Front Intérieur !

### Aux lecteurs d'Indépendance

### LES VAINQUEURS

M. MONTGOMERY — M. STALINE — M. ROOSEVELT — M. CHURCHILL — M. EISENHOWER

### Bienvenue à nos Alliés

Le Front de l'Indépendance, organisation secrète de résistance, groupant des patriotes de tous les partis et de toutes les opinions, et qui, depuis des années lutte activement contre l'envahisseur hitlérien est heureux de saluer les soldats Alliés qui viennent libérer le peuple Belge.

Le Front de l'Indépendance est certain de se faire l'interprète de l'immense majorité du peuple Belge en leur souhaitant la bienvenue dans notre pays.

Vivent les armées alliées victorieuses !
Vivent les nations unies !
Vive la Belgique !

Le Front de l'Indépendance.
(Section de Charleroi).

### Welcome to our Allies

The Independance Front underground resistance organisation uniting patriots of all parties and opinions which four years has actively fought against the Nazi invader, is happy of greeting the Allied soldiers come to free the Belgian People.

The Independance Front is sure if is speaking for the immense majority of the Belgian population when wishing them a hearty welcome in our country. Long life the victorious allied armies.

Long life the United Nations.
Long life Belgium.

### UN AMERICAIN NOUS DIT...

### L'assaut de la ligne Siegfried serait imminent

#### La libération de la Hollande a commencé

### Avis à la Population

### Aux lecteurs de la "Gazette de Charleroi"

DISTRIBUTION DU JOURNAL

COMMUNICATION DU FRONT DE L'INDEPENDANCE

PROCLAMATION

LE NUMERO : 1 FRANC — 6 septembre 1944

# FRONT

Organe du Comité National du

## FRONT DE L'INDEPENDANCE

## Les troupes du Front de l'Indépendance défilent sur la Grand'Place de Bruxelles

### Le Bureau National du F. I. tient sa première séance plénière et adresse un appel au pays

LE RAPPORT DU SECRETARIAT NATIONAL

LA PREMIERE ASSEMBLEE DU BUREAU NATIONAL

### Le gouverneur Houtart est suspendu de ses fonctions

Tous les secrétaires sont priés d'abandonner leurs postes

### Comment fut imprimé FRONT sous l'occupation

Le prix de la présente publication est fixé provisoirement à **2 fr.**

# La Patrie

Où sont les De Becker, P. Herten, Doring, J. Lhost, Hodeige, Van Hoffel, J. Streel et les journalistes flamingants. En Allemagne ! Il n'y a que Paul Colin quisoit restéen Belgique.

**Ed. N° 1** — Directeur Politique et Rédacteur en Chef : P. SEIGNEUR — Directeur-Fondateur : S. BAGUETTE — **3/10 septembre 1944**

## Honneur à nos Alliés - Place au peuple belge

# LA BELGIQUE EST LIBRE

## *Les Forces Belges de l'Intérieur collaborent avec les troupes alliées*

## LES TROUPES BELGES D'ANGLETERRE SONT SUR LE SOL NATIONAL

M. …RCHILL.

Le Président ROOSEVELT.

### Proclamation et engagements du Gouvernement

— Les Alliés ont franchi la frontière.

— Au nom du peuple belge, le Gouvernement leur souhaite la bienvenue.

— Les forces belges participent aux opérations de nos alliés qui viennent donner la main à nos forces de l'intérieur.

— Le Conseil des Ministres représente le pouvoir constitutionnel.

— Pour le moment l'autorité est entre les mains du Commandant en chef des Alliés dans la mesure requise par les nécessités militaires.

— Des officiers belges délégués aux affaires civiles feront la liaison.

— Toutes traces des abus de l' « Ordre Nouveau » seront effacées.

— Les magistrats et les fontionnaires écartés reprendront leurs fonctions.

— Les traîtres et les collaborateurs seront châtiés par une répression rapide et sans faiblesse.

— Le ravitaillement doit continuer d'être assuré provisoirement suivant les contraintes subies depuis quatre ans.

— Toutefois les paysans et les commerçants doivent savoir que cette fois, les vivres étant réservés aux seuls besoins de la population civile, toute tentative de faire encore du marché noir serait une faute grave contre le peuple, et sans excuse.

— **Pas de vengeances individuelles ni collectives.**

Le Maréchal STALINE.

Le Général de GAULLE.

### MANIFESTE DU FRONT DE L'INDÉPENDANCE

**CONCITOYENS !**

**Les troupes alliées sont à Bruxelles.**

**L'ennemi a fui après avoir accompli ses derniers actes de vandalisme.**

**Sous l'égide ou à l'exemple du FRONT DE L'INDEPENDANCE vous avez lutté contre l'oppression des nazis pendant quatre ans.**

**Par vos actions multiples, par la cessation de tout travail, vous avez apporté un concours efficace à la Libération.**

**ORDRE, DISCIPLINE, UNION, restent nos consignes.**

**La lutte continue : tant qu'un Allemand foulera le sol de la Belgique, tant que l'Allemagne n'aura pas capitulé, nous ne déposerons pas les armes.**

### PRÉSENTATION

**« LA P… dispose d'aucun moyen capitaliste des grands quotidiens. Aussi n'a-t-elle pas la pr… …per la place d'un grand journal, ni même celle d'un périodique régulier.**

**« LA … propose, plus modestement, de faire entendre au milieu de l'enthousiasme qui acc… …ration de notre pays, une voix libre et indépendante.**

**Quelqu… sont prévues actuellement dans notre programme. La personnalité de M. Pierre SE…R, fondateur en 1933, de l' « AVANT-GARDE », qui reparaîtra si les moyens lui en sont rendus et dont l'inlassable campagne anti-fasciste, jusqu'à la mobilisation de 1939 qui envoya ces principaux rédacteurs aux armées, provoquait des protestations de l'Ambassade d'Allemagne au gouvernement belge, est garante de la voie que nous suivrons.**

**Deux des principaux collaborateurs de ce journal ne sont plus : l'héroïque et lucide Jules FARFAIT, dont la Radio belge de Londres faisait récemment encore le vibrant éloge et qui fut tué à Meulebeke face à l'ennemi qu'il combattit, les armes à la main, avec le même courage qu'il avait mis à dénoncer l'agression qui se préparait, et le délicieux poète Auguste MARIN, qui donna si longtemps une collaboration dévouée et précieuse.**

**De votre soutien, amis lecteurs, dépendra la formule définitive de « LA PATRIE » qui pourra paraître régulièrement, si vous le désirez, et devenir votre journal, un journal libre et propre, au seul service du peuple de chez nous et de la fraternité humaine dans la lutte contre l'oppression et l'impérialisme.**

**Serge BAGUETTE.**

## La fuite du dernier Boche

Vous l'avez tous vu le dernier Boche qui passa dans votre rue. Tantôt il était vautré sur un camion dont sa fatigue ne lui permettait même plus de ressentir les soubresauts. Tantôt il était juché sur un vélo volé et ployant sous le faix du chargement le plus hétéroclite. Tantôt il était à pied, tantôt, quand c'était un de ces ignobles officiers des SS, il était assis, les dents serrées, sur les coussins de son automobile, tantôt enfin, c'est par grappes qu'ils étaient entassés sur des chariots de paysans qu'ils avaient volés.

Nous les connaissons en vert depuis quatre ans. Mais nous ne les avions pas encore vus verts de peur.

Cette fois, c'est tout vu.

Le dernier Boche qu'ait vu le Bruxellois, s'enfuyait.

Sur leur visage, sur leurs vêtements souillés, sur leurs bottes éculées, sur leurs pneus usés, sur les fers que perdaient leurs chevaux, sur leurs fusils brisés, comme au Sukkelweg, sur le matériel même qui n'était pas monté en ligne, s'inscrivaient en lettres de feu la défaite, l'écrasement de la puissance militaire hitlérienne.

La machine à broyer le monde était elle-même broyée, désarticulée entre les mains de ceux qui s'en étaient servis pendant quatre ans pour tenter de juguler les peuples, notre peuple.

Bruxellois, pendant quatre ans vous aurez attendu ce dimanche 3 septembre 1944. Vous venez de le voir, vous venez de le vivre. Ne l'oubliez jamais, et dites-le à vos enfants, pour que, dans les siècles à venir, le souvenir soit encore bien vivace DU DERNIER BOCHE QUI S'ENFUYAIT.

A. G.

## Place au peuple belge

La capitale est libre. Bientôt les institutions nationales renversées par le fascisme reprendront leur fonctionnement.

La démocratie nous est revenue, qui rend au peuple sa vraie fonction et sa vraie place, celle de maître de ses destinées.

La liberté nous est rendue et tout en évaluant justement le service de nos Alliés à notre peuple en aidant nos forces de l'intérieur à chasser l'occupant, nous sentons combien notre qualité d'hommes et de Belges nous donnait de droit à cette liberté retrouvée qui nous émerveille mais ne nous enivre pas, tellement nous sommes faits pour elle.

Toute notre vie sous la botte et la torture hitlérienne a été plus qu'un long cri vers elle, parce qu'elle a toujours été là, droit ancré dans notre cœur, mais que nous n'avons cessé d'exercer.

Nous l'avons exercé ce droit quand désobéissant à toutes les contraintes et ordonnances, à tous les appels mielleux des valets de l'occupant, qu'il fût secrétaire général ou ancien ministre, nous avons caché nos armes, rédigé et distribué nos journaux clandestins, hébergé des réfractaires et des membres des organisations de résistance.

Nous voilà LIBRES au grand jour, LIBRES de montrer que nous n'avons pas cessé d'être LIBRES de nos pensées et de notre désir de forger la patrie LIBRE des hommes LIBRES de Belgique.

Pierre SEIGNEUR.

## Justice pour nos Martyrs

**La libération viendra trop tard pour les meilleurs des Belges qui ont péri sous les balles allemandes.**

**Jamais nous ne pourrons assez faire pour honorer leur mémoire.**

**Il y a ceux qui sont morts au Champ d'honneur.**

**Ceux qui furent fusillés.**

**Les otages innocents des actions ayant déclenché les représailles de la brute nazie.**

**Ceux qui sont morts dans les tortures de la gestapo.**

**Ceux qui ont disparu et dont le Boche a effacé toute trace.**

**Ceux qui furent enlevés et retrouvés abattus par des assassins à gages, rexistes, V.N.V., SS Vlaanderen et autres gibiers de potence.**

**Tous réclament une vengeance qui s'identifie à la justice.**

**Il n'est pas un patriote qui puisse se sentir la conscience tranquille tant que n'aura pas été fait le maximum pour réparer l'irréparable de la disparition de nos héros, de nos martyrs.**

**Si justice n'était pas faite vite et totale dans le châtiment et cette réparation, nous serions indignes de leur héroïsme, de leur vertu patriotique.**

**Nous serions indignes d'être leurs compatriotes.**

**Gloire immortelle à ceux qui sont tombés pour l'indépendance de notre patrie.**

## La situation militaire

### La bataille d'Allemagne

Le fascisme ne se doutait pas lorsqu'à ses débuts Mussolini choisissait la couleur noire pour la chemise de ses adeptes, que sa fin finale serait marquée par des semaines aussi noires que les uniformes des jeunes bandits lancés en 1922 à la poursuite des travailleurs et des démocrates d'Italie.

L'une après l'autre, les semaines noires se suivent pour le fascisme allemand. Minsk, Varsovie, Caen, Rennes, Paris, Bucarest (il faut se résumer !) sont autant d'étapes que tous nos compatriotes ont saluées avec le plus grand enthousiasme.

Sous les coups portés à l'Est, à l'Ouest et qui se répondent les uns aux autres comme les cognées des bûcherons dans la forêt, l'armée allemande s'effondre, se liquéfie, se dilue en une multitude de petites choses informes.

Effondrement matériel.

Plus d'un demi-million d'hommes perdus au cours de la marche victorieuse qui de Caen vient de toucher Bruxelles.

Plus de 400.000 hommes perdus depuis les onze jours que, sous les coups de l'armée soviétique, la Roumanie vient de se rendre.

Ne parlons pas des pertes en matériel. Nos alliés sont certainement dans l'incapacité totale de les dénombrer exactement.

*Suite page 2* P. S.

## LE PREMIER ALLIÉ

A deux pas d'ici, des rafales de mitrailleuses criblent le bois, un canon donne de la gueule, un incendie fait la nique aux fusées. Bruxelles est sur le front d'invasion. Celle-ci n'a jamais connu telle affluence. On refuse du monde. Il est 8 heures du soir, le dimanche 3 septembre. Car tout le monde sait subitement, sauf le communiqué de 7 h. 1/2 qui les situe à Tournai, que les alliés sont aux portes de Bruxelles. La foule se trouve dans la rue avec l'impression d'avoir traversé la fenêtre et enjambé le balcon. La Belgique militante se mue tout à coup en Belgique triomphante. Et les drapeaux sortent comme par enchantement. Ça a l'air extrêmement compliqué d'être libéré. Dans le fond, c'est très simple. Et c'est merveilleux. On souhaite très fort tous ensemble, le temps d'une fusée qui passe telle une étoile filante, de les voir là. On regarde : ils y sont. Qui sont-ils ? Alliés à toute la terre, savons-nous si ce sont des Américains, des Canadiens, des Anglais, des Français ? D'où sortent-ils ? De partout !

Une moto franchit la foule qui s'accroît d'un millier de fous de joie par minute, et qui trouve cette moto plus admirable qu'un char de soixante tonnes. Sur la selle, un monsieur du genre de ceux qui sont linesman aux bons matchs du dimanche, avec un brassard et un vieux pistolet d'arçon, qu'il brandit fièrement ; bref, un officiel. Et comme au premier goal du plus beau match, tout Bruxelles croule sous les hourras.

Ce qui s'amène ensuite, par quel mystère, en sens inverse, n'est pas un tram, bien que ce soit bondé, craquant, surmonté d'une espèce de flèche, et assailli par des gens qui préféreraient mourir écrasés que de le rater. C'est un tank, avec deux petits diables d'alliés dedans, et dessus, des fleurs, des drapeaux, des gamins, des vieillards barbus, et la traditionnelle jeune fille vêtue de tous les pavillons du petit Larousse, sauf le boche. Les vainqueurs sont abasourdis de pareille fête. Ils embrassent le barbu et oublient d'embrasser la jeune fille. Ils refusent le pinard et boivent la brune gueuze. Ils rendent les verres. Ce sont d'honnêtes vainqueurs. On rit. On danse, on s'embrasse, on chante tout ce qu'on sait, — en fait d'hymnes nationaux. Des fleurs pleuvent. Mais voici que le tank doit retourner d'où il est venu. Pour écarter la foule, il tire un coup en l'air, mais pas un Bruxellois ne bronche. Le Bruxellois ne craint plus rien. Les grands amis sont là.

G. R.

## CRIMES NAZIS

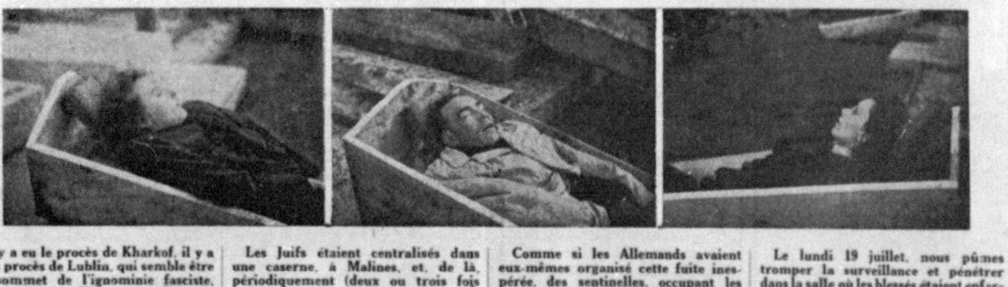

**Il y a eu le procès de Kharkof, il y a eu le procès de Lublin, qui semble être au sommet de l'ignominie fasciste, avec tous ses raffinements, allant de la chambre à gaz au four crématoire.**

**Il y eut des atrocités commises sur notre sol. La mort n'a pas seulement rôdé en Europe Orientale, mais aussi au milieu de nous.**

**Parmi les crimes que les allemands ont fait subir à la population belge, la cruauté des mesures contre les Juifs a particulièrement ému l'opinion.**

**Convocations à l'Association juive en apparence inoffensives, arrestations en pleine rue, enlèvement au domicile, tel était le prélude de la destinée cruelle de ces malheureux.**

**En pleine nuit, les hordes déchaînées défonçaient les portes, arrachaient tantôt un bébé des bras de sa mère, tantôt un vieillard à son foyer.**

**Seuls, des livres entiers pourraient tout dire ! Et encore !**

**Les Juifs étaient centralisés dans une caserne, à Malines, et, de là, périodiquement (deux ou trois fois par mois), ceux qui osaient s'arroger le titre de « protecteurs » organisaient des convois, dans des wagons à bestiaux, vers l'Allemagne, la Pologne et Dieu sait quelles contrées.**

**Le 17 avril 1943, le convoi n° 2-21 quittait Malines vers 22 heures. Il comprenait près de 2.000 juifs, hommes et femmes, jeunes et vieux, entassés dans une vingtaine de wagons, soit environ 100 personnes étouffant entre les cloisons, dans une promiscuité inimaginable.**

**Un peu après minuit, le convoi venait de dépasser la gare de Tirlemont et ralentissait sa marche. Par suite de circonstances qui n'ont pu être expliquées, certaines portes-roulantes des wagons à bestiaux ont pu être ouvertes et les captifs sautèrent du train par dizaines.**

**Comme si les Allemands avaient eux-mêmes organisé cette fuite inespérée, des sentinelles, occupant les cabines de vigie, mitraillettes à la main, firent crépiter des rafales sur les malheureux en fuite.**

**Nous ne pouvons pas préciser le nombre de morts, mais il s'est probablement élevé à 80. Les cadavres identifiés furent immédiatement enlevés. Mais il y eut trois morts non identifiés, dont nous reproduisons ci-dessus les photographies prises dans les cercueils ; ces malheureux avaient été arrêtés sous de faux noms. (Un homme et deux jeunes filles de 17 et 19 ans).**

**Sept personnes furent blessées et dans l'impossibilité de poursuivre leur fuite. Elles furent immédiatement arrêtées par la feldgendarmerie de Tirlemont, alertée par les coups de feu. Mais, grâce à l'intervention de la police belge, elles furent enfermées à l'hôpital de la ville.**

**Le lundi 19 juillet, nous pûmes tromper la surveillance et pénétrer dans la salle où les blessés étaient enfermés (trois hommes et quatre femmes).**

**Le lendemain, une tentative de libération devait malheureusement échouer et les blessés, qui avaient cependant pu être enlevés de l'hôpital dans une ambulance et deux voitures particulières, étaient repris, rue Baudouin, et impitoyablement reconduits, sans aucune considération pour les blessés, à la caserne de Malines.**

**Voici les documents pris au cimetière. Ces photos des crimes nazis ont été prises sur le sol belge. Dites-vous que cela s'est passé chez nous et qu'à côté de ces sujets d'horreur que nous avons pu photographier, combien d'autres Juifs ou des compatriotes aryens, n'ont eu pour témoignage que les murs des caves de la Gestapo ou l'oeil aviné d'une brute hitlérienne ou hitléro-rexiste.**

S. B.

chine de guerre allemande. C'est aussi le déclenchement d'une répression aveugle. Le général von Falkenhausen, trop modéré aux yeux du pouvoir nazi, est relevé de ses fonctions de gouverneur général de la Belgique et du nord de la France. Il est remplacé par un SS pur et dur, le Grüppen-führer Jungclaus, tandis que l'administration civile passe sous la coupe du commissaire du Reich Grohé.

En septembre 1944, face à la désorganisation voulue par l'occupant de toutes les structures de l'État, la Résistance pouvait apparaître comme la seule instance capable d'assurer en Belgique le maintien de l'ordre et la pérennité d'un système politique.

Les craintes du gouvernement de Londres s'avérèrent injustifiées. Il se méfiait des résistants et particulièrement du Front de l'Indépendance, qu'il pensait infiltré par les communistes ayant l'intention cachée d'une prise de pouvoir populaire. Le parti communiste se contentera tout simplement de faire pression sur le gouvernement, dont il ne contestait pas la légalité, pour qu'il prenne en compte ses vues réformistes dans la société à naître de l'après-guerre. D'ailleurs, les communistes n'avaient-ils pas eux-mêmes invité les travailleurs à ne pas perdre une heure de travail pour assurer la restauration de l'économie nationale.

Seuls quelques drapeaux rouges flottèrent, le temps de les voir remplacés par les trois couleurs nationales, sur quelques maisons communales.

Très vite, ceux qui s'étaient désignés commissaires du peuple furent remplacés par les autorités municipales légalement mises en place.

FRONT
DE
L'INDEPENDANCE

Samedi soir, plusieurs informations sérieuses nous donnèrent à croire que quatre patriotes avaient trouvé la mort dans la fusillade de la rue de la Loi.

Selon la version officielle publiée depuis et que nous enregistrons avec joie, il n'y aurait pas de mort et le nombre de blessés s'élèverait à 34, dont plusieurs grièvement atteints.

**Dans ces conditions, la journée nationale de deuil décrétée pour le mercredi 29 novembre sera remplacée par une Journée Nationale de Protestation.**

**Ce jour-là, le Pays tout entier manifestera son indignation contre la fusillade des patriotes et marquera sa volonté de voir le Gouvernement Pierlot s'en aller sur l'heure.**

***Tous les Patriotes s'associeront d'une manière active à cette manifestation par l'interruption du travail, par la fermeture des magasins, par la présence en masse à tous les cortèges et réunions publiques organisés par le F. I.***

Im Gr. De Myttenaere, Bruxelles

**Le Front de l'Indépendance**

Mais c'est à Bruxelles que la situation faillit dégénérer. En septembre 1944, le Front de l'Indépendance avait fait défiler ses troupes dans la rue, voulant ainsi démontrer sa force pour que, « consciente de la gravité des problèmes qui vont se poser de toute urgence dans le pays, la Résistance exprime le désir formel d'être consultée par les autorités et d'être associée d'une manière concrète à la réalisation des tâches essentielles de la restauration du pays ».

En fait, le F. I. voulait ce qu'il appelait « un gouvernement démocratique axé sur la Résistance et les forces jeunes du pays » en même temps que l'épuration systématique des cadres collaborationnistes qui s'étaient infiltrés dans l'appareil de l'État.

Ces revendications allaient à l'encontre de la volonté du gouvernement à peine revenu de Londres et désireux d'asseoir au plus vite son autorité sans pour autant se plier au diktat du Front de l'Indépendance. S'il reconnaissait la haute valeur des services rendus par la Résistance, il n'était pas prêt d'en faire un interlocuteur privilégié, comme d'ailleurs il comptait garder la haute main sur la répression des collaborateurs. Soucieux de devancer l'issue de la manifestation projetée par le Front de l'Indépendance, le 25 novembre 1944, le gouvernement opta pour la manière forte.

Sévèrement réprimé, le rassemblement des F. I. fit de nombreux blessés, trente-quatre au total. Il s'avérait alors que le gouvernement gardait l'initiative et que le Front de l'Indépendance, devant cet échec, était en perte de vitesse.

Dorénavant, les ministres voulurent se consacrer au redressement économique du pays tout en restreignant toutes les tentatives de la Résistance pour parvenir sur le

ALLIED EXPEDITIONARY FORCE
Office of the Supreme Commander

"ORDER OF THE DAY"

To the officers and men of all Belgian Resistance Organizations.

Now that the soil of Belgium is almost liberated, I wish as Supreme Commander of the Allied Expeditionary Forces to pay sincere tribute to the officers and men of the resistance groups who in carrying out my orders, have fought so magnificently. They can be justly proud of having by their devoted heroism contributed so largely to the liberation of their beloved homeland. The rapidity of the advance of the Allied Forces which has spared much of your country the horrors of war has been due in no small measure to your help. I salute especially your honoured dead and wounded.

The success which has attended our arms has led us out of Belgium into other theatres of operations. Fighting is therefore over for most of you as soldiers of resistance groups. This does not necessarily mean that your services are no longer needed. The war is being carried into the enemy's country, and if you are required by your government to continue the struggle as members of the regular Belgium Armed Forces, I shall be proud to have you once more under my command.

Meanwhile, in my capacity of Supreme Commander, I wish to say to the soldiers of the resistance groups that those of them who are no longer engaged in fighting or on guard duties etc., upon orders of the Allied Commanders, can best assist the military effort by handing in their arms to their authorities and awaiting their instructions as to how they can best play their part in the struggles ahead. These arms are urgently needed for other purposes.

Until hostilities cease, all activities, whether in the workshop or at the front, must be directed against our common enemy.

Dwight D. Eisenhower

devant de la scène politique. À cette fin, le gouvernement entreprit de désarmer les maquisards belges, une attitude qui fera dire à Paul Lévy, sur les antennes de la B.B.C., le 19 décembre 1944, alors que les troupes de von Rundstedt progressaient dans nos Ardennes: «Il est dommage que des unités belges ne puissent combattre dans ce secteur menacé du pays. Si les forces de la Résistance avaient été intégrées immédiatement dans l'armée, nos hommes seraient présents, comme le sont les Français dans le secteur de Colmar.»

C'est ainsi que dans plusieurs villes et villages ardennais, les derniers résistants sans défense tombèrent sous les balles ennemies.

Telle fut la résistance à l'oppression, présente jusqu'aux derniers jours de ce long combat que quatre ans durant elle mena pour que triomphe enfin cette liberté pour laquelle des dizaines de milliers d'hommes perdirent la vie.

«Ne pas accepter comme définitive la défaite, refuser obstinément de se soumettre à cette insupportable décision du destin, c'était sans doute pour les premiers résistants poser un acte délibéré de foi incoercible. C'était aussi s'engager dans la voie redoutable des périls incessants, des labeurs anonymes, des tâches sans gloire; c'était accepter de suivre une voie très rude qui pouvait mener aux souffrances les plus atroces et conduire au suprême sacrifice.» (Général H. Vanvreckom, *L'Armée secrète,* Bruxelles, 1985.)

# La Dernière Heure

LE PLUS GRAND JOURNAL BELGE, LE MIEUX RENSEIGNÉ
BRUXELLES – 52, RUE DU PONT-NEUF

40me ANNÉE. — N° 129 MERCREDI 9 MAI 1945 LE NUMERO : UN FRANC



# VICTOIRE

# L'ALLEMAGNE A CAPITULÉ !

## L'acte préliminaire a été signé à Reims le 7 mai 1945 à 2h. 41

## La solidarité des peuples libres fait leur triomphe

DH

*Hurrah ! trois fois hurrah ! pour la Victoire en Europe !*

*Demain, Victoire en Asie !*

*Finies les tueries, les destructions, la grandiose épopée des sacrifices que le monde entier a faits sur les milliers d'autels d'un insatiable Moloch.*

*Hurrah ! le monde respire ! Au plus haut du ciel vole l'immense cri de joie de l'humanité délivrée de ses monstres ! l'immense acclamation de sa reconnaissance à tous les héros qui l'ont sauvée de l'esclavage.*

*Le cœur de l'homme peut à nouveau s'ouvrir au respect de la vie, de la dignité et de la fierté, s'ouvrir à la sécurité, à la paix !*

### Fin d'un enfer

*Jamais encore l'humanité n'avait été livrée à pareil fléau. Jamais encore elle n'avait dû consacrer son intelligence, sa science, son génie, son labeur total à la création de tant d'engins diaboliques de terreur, de destruction et de mort. Depuis des siècles, l'homme n'a connu plus profond retour à la barbarie.*

*C'est fini ! La bête est morte !*

*Et finies les misères, et la famine, et les brutalités, et l'esclavage de millions et de millions d'hommes contraints d'apporter à leur asservissement le concours de leur travail, et les déportations, et les chambres de tortures, et les [illegible] en masse, et la [illegible], et la démoralisation, et les dénonciations. Finie l'éruption volcanique de boue, de sang, de douleurs, de honte et de larmes, submergeant l'héroïsme, l'humanité et le Droit !*

### Les égoïsmes asservis

*Devant une Europe divisée et dépourvue de toute conscience de la solidarité, Hitler eut beau jeu. O ! le fol espoir d'échapper au monstre en le ménageant.*

*Par peur de la guerre, grandes et petites puissances disloquées et sans volonté l'ont précipitée, se sont jetées à la défaite certaine.*

*Egarées par un conservatisme timide et arriéré qui comptait sur Hitler pour abattre le bolchevisme, les démocraties occidentales ne comprirent pas leur solidarité avec la Russie devant le seul péril réel : la barbarie hitlérienne.*

*Fatale erreur qui fit le précaire succès du gangstérisme hitlérien !*

*Churchill d'abord seul, défia la bête et l'arrêta. De Gaulle, au nom de la France, cria : présent ! La Russie, les Etats-Unis se dressèrent à hauteur, et la défense du monde apparut grandiose, comme une aurore d'espérance.*

*Organisées par des hommes d'Etat d'une volonté invincible loyalement unis, conduites par des chefs incomparables, les armées alliées viennent de fermer les portes de l'enfer.*

*Saluons avec respect, amour et infinie reconnaissance tous ceux qui sur terre, dans l'air, et au fond des mers, ont payé de leur vie et de leurs souffrances le salut qu'ils apportaient au genre humain. Saluons encore une fois Roosevelt, ce héros de l'humanité, dont la mort prématurée endeuille la Victoire qu'il a tant contribué à préparer.*

### La solidarité triomphante

*Une fois comprise et mise en œuvre, la solidarité des nations libres triompha. C'est elle qui mobilisa les matières premières, la nourriture, qui œuvra un matériel de plus en plus fantastique, qui équipa, éduqua les hommes, leur inspira la conscience de la nécessité de leurs sacrifices avec la certitude de la victoire finale.*

*Ce qui, de cette abominable guerre, ressortira, grande, vivante et, espérons-le, impérissable, c'est la conscience de la solidarité des peuples géographiquement les plus éloignés, mais moralement unis et tout voisins par leur conception du respect de la personne humaine, et du Droit que tous doivent imposer dans toutes les régions du globe.*

*Churchill, Roosevelt et Staline apparaîtront à jamais comme les prophètes et les réalisateurs de la solidarité des peuples dans la guerre pour la paix du monde.*

*Demain, la dernière tête de l'Hydre, la japonaise, à son tour sera coupée, et c'est à l'échelle du monde entier que la solidarité des peuples libres reconstruira un [illegible] humain dans la sécurité, le droit et la liberté !*

### ÉCRASÉE LA CROIX GAMMÉE!

*Ecrasé, le Svastika magique, le talisman des « Seigneurs » qui devaient asservir la terre entière pendant deux mille ans !*

*Ecrasée, la croix gammée! les forbans « Weltherrn » se rendent à merci, la « race élue » est abattue dans un désastre d'Apocalypse!*

Le général Eisenhower
commandant suprême des forces expéditionnaires alliées

## De George VI à Eisenhower

Londres, 7 mai. — Le roi d'Angleterre a envoyé le message suivant au général Eisenhower :

Il y a onze mois, vous avez envoyé de l'autre côté du détroit une force expéditionnaire, qui emportait avec elle les espoirs et les prières de millions d'hommes et de femmes de nombreuses nations. La tâche d'anéantir les armées allemandes en Europe occidentale et de libérer les peuples réduits en esclavage lui avait été confiée.

Le monde entier sait aujourd'hui qu'après une guerre violente et incessante, cette force a accompli sa mission avec une décision qui n'a été surpassée par aucune autre expédition de ce genre dans l'histoire.

Au nom de tous mes peuples, je vous demande à vous, son commandant suprême, de bien vouloir lui dire combien nous lui sommes profondément reconnaissants et combien notre admiration pour son courage et sa détermination est grande. Sous votre sage direction, ces forces ont remporté une victoire complète et écrasante. — Reuter.

## L'annonce de la reddition inconditionnelle de l'Allemagne

**Londres, 7 mai. — Les Alliés ont annoncé, dans la journée de lundi, que l'Allemagne avait capitulé sans conditions. La reddition a eu lieu à 2 h. 41, heure française. C'est à Reims, dans un petit bâtiment d'école en briques rouges qui constituait le quartier général d'Eisenhower, que l'acte préliminaire de capitulation a été signé.**

**Le colonel général Gustave Jodl, nouveau chef d'état-major de l'armée allemande, a signé pour l'Allemagne, et le lieutenant général Walter Bedell Smoth, chef d'état-major, pour le général Eisenhower, le général Ivan Suslaparoff pour la Russie et le général François Sevez pour la France.**

**Le général Eisenhower n'était pas présent à la cérémonie officielle, mais immédiatement après, le général Jodl et l'amiral Hans Georg Friedeberg ont été reçus par le commandant suprême. Il leur fut demandé sévèrement par le général Eisenhower s'ils comprenaient entièrement les termes de la capitulation imposée à l'Allemagne. Ils répondirent « Oui ».**

### L'ACTE PRELIMINAIRE DE CAPITULATION

Ce n'est que l'acte préliminaire de capitulation qui a été signé à Reims. La fixation du moment de la signature de l'acte de capitulation proprement dit ne peut pas encore être rendue publique et les signataires des deux parties sont également silencieux à ce sujet.

L'acte préliminaire est cependant un document étendu ne comprenant pas moins de quinze pages. Il tient compte de toutes les éventualités qui pourraient se produire à la suite de la reddition des Allemands. Il donne des instructions pour la remise de la marine allemande, notamment de la flotte sous-marine. — Reuter.

## La plus grande CAPITULATION de l'Histoire

### 10 millions d'Allemands prisonniers

Londres, 7 mai. — Les dix années de guerre en Europe se sont terminées par la plus grande capitulation de l'histoire. On estime qu'environ dix millions d'Allemands seront faits prisonniers. Les Alliés occidentaux en auront plus qu'ils n'ont de troupes en campagne. Il se peut qu'ils restent prisonniers pendant des années.

Suivant les lois de la guerre, les prisonniers de guerre sont gardés jusqu'à la signature de la paix, qui pourrait encore se faire attendre pendant un laps de temps considérable. Certains d'entre eux toutefois seront libérés plus tôt pour travailler la terre et soulager les difficultés économiques de l'Europe centrale. Et les Russes ont déclaré à nouveau que les prisonniers allemands devraient être employés à réparer une partie des dégâts qu'ils ont commis.

On croit que le point de vue russe est qu'un triage devrait être fait dans les camps pour sélectionner les hommes convenant à ce travail, mais qu'il n'y aura pas de conscription générale de la main-d'œuvre allemande.

### Et les troupes de Tchécoslovaquie?

Malgré la reddition inconditionnelle de Doenitz, il est probable qu'à la dernière minute le maréchal Ernst von Schoerner donnera l'ordre à ses troupes en Tchécoslovaquie de se retirer et de se rendre à la troisième armée du général Patton et non aux Russes.

Si tel était le cas, le général Patton refuserait probablement d'accepter leur capitulation et leur ordonnerait de se rendre aux Russes. Il reste également à voir si les occupants des poches allemandes sur la côte atlantique française, dans les îles de la Manche et en Lettonie accepteront de reconnaître l'ordre de capitulation de Doenitz. — Reuter.

## LE JOUR V OFFICIEL

Londres, 7 mai. — Conformément aux accords intervenus entre les trois grandes puissances, il a été convenu qu'une annonce officielle sera radiodiffusée par le premier ministre, à 15 heures, mardi.

En raison de ce fait, mardi sera considéré comme jour de victoire en Europe et sera jour férié.

Le jour suivant, mercredi 9 mai, sera également jour férié.

Le roi George parlera à la radio à ses peuples de l'Empire et du Commonwealth britanniques, à 21 heures.

Comme le Parlement siégera mardi, il se peut que le premier ministre fasse en premier lieu une déclaration à la Chambre des Communes. — Reuter.

### A BRUXELLES

Immédiatement après l'annonce de la cessation des hostilités par la radio belge mardi après-midi, les cloches de toutes les églises du pays sonneront pendant dix minutes.

Le drapeau national sera arboré pendant huit jours sur les bâtiments publics. La population est invitée à pavoiser pendant le même laps de temps.

Toutes les sirènes des usines et des locomotives fonctionneront pendant une minute.



## Ceux que nous n'oublierons pas...

*La Belgique va connaître des heures exaltantes ; des heures de joie : d'une joie saine et presque noble. Nous éprouvons le sentiment d'une sorte de rentrée dans la vie. Nous sommes vraiment « les Belges sortant du tombeau ». Nous osons à peine croire à notre bonheur ; et que le cauchemar est dissipé ; et que la mort n'est plus notre compagne de toutes les heures ; et que la terreur n'existe plus ; et qu'il y aura bientôt pour tous — pour tous les survivants — du soleil, de la lumière et la permission de chanter et de rire, et de travailler et de penser librement ; et d'être attentif au chant des oiseaux sans entendre le hurlement des sirènes !*

*Pour les uns cette grande joie sera discrète et intérieure ; pour les autres elle sera sans doute bruyante et explosive. Il est normal qu'il en soit ainsi. C'est la réaction naturelle après l'épreuve. C'est un signe de santé pour le pays. Certes, nous pouvons redouter des temps encore et des difficultés, mais pour le moment nous y penserons peu...*

*Cependant, malgré nos chants et nos rires, une grande ombre s'étendra sur notre contentement ! Combien sont-ils — les meilleurs d'entre nous — qui ne participeront pas à l'aventure de la victoire parce que la mort les a choisis et qu'ils ont fait le sacrifice d'eux-mêmes pour que nous puissions en jour suivre une route moins rude que la leur.*

*Ils sont légion [illegible]. Ils se nomment Franklin Roosevelt ou Arnaud Fraiteur [illegible] de grands noms ou des noms humbles. C'est sur le champ de bataille ou dans les geôles allemandes, dans la sinistre décor du Tir National ou dans la fièvre d'un combat [illegible], attachés au poteau d'exécution ou écrasés sous les [illegible] des bombardements, dans un lit d'hôpital ou sur l'avant d'un navire qu'ils ont rendu leur pauvre et ultime soupir comme le don de leur vie au pays meurtri et souffrant !*

*Il en est chez nous qui tombèrent sous les balles de misérables vendus à l'ennemi : les Petre, les Engel, les [illegible], les Eric Sasse, les Lamquet, les [illegible], les [illegible], les Deberghe, les Braffort et combien d'autres qui furent assassinés parce qu'ils avaient commis le crime d'aimer leur pays et de détester ses oppresseurs et ses tyrans.*

*Pensons à tous ces martyrs ! Et répétons souvent leurs noms aux enfants de la Belgique libérée. — G. W.*

## Bruxelles prend une leçon de bonheur

Je ne sais comment vous avez appris la chose. Par les hurrahs du [illegible], le « God save the King » de la radio ou bien en voyant la laitière qui, d'émotion, tombait dans les pommes. Moi, ce fut autrement. Le hasard m'avait [illegible] dans les couloirs de Shaef, au milieu d'Américains [illegible] et d'interprètes affairés. On savait que l'événement était tout proche, on l'attendait de minute en minute. Il était à peu près cinq heures.

Lors, je vis venir une [illegible] rougeaude avec un chapeau de [illegible], une [illegible] égarée parmi les M.P. ; elle nous embrassa tous à la [illegible]. Je reçus pour ma part trois baisers explosifs, dont un sur l'oreille droite qui en bourdonne encore.

Derrière moi, il y avait le bourgmestre de Schaerbeek, [illegible] lui aussi la joue gauche en [illegible] :

— Je vous dis que c'est fait !

Et c'est ainsi que l'événement le plus formidable de l'histoire fut officiellement porté à ma connaissance.

Dehors, Bruxelles, déjà, me parut rayonnant de bonheur. Le soleil plaquait d'admirables lumières mouvantes et chaudes sur ses façades sympathiques d'un jaillissement des drapeaux et des oriflammes. Le ciel était bleu et tout frémissant du va-et-vient des avions aux reflets d'argent.

J'eus l'impression que les passants, même les plus âgés, avaient adopté une démarche alègre comme si la vie pesait moins lourd sur leurs épaules. Ils se croisaient en souriant et ce sourire était fait de joie [illegible].

La ville savourait, avec la lenteur du gourmet, le plat délectable offert à son impatience de cinq ans ! — G. W.

*Les insignes des différents mouvements de résistance.*

SERVICE

INSOUMIS

LES AFFRANCHIS -I-

OMBR

L
100

NOLA

M
N
B
B
N
B

FIDELIO
WITTE
BRIGADE

# Orientation bibliographique

Mentionner tous les ouvrages traitant de la Résistance et de ceux qui l'ont animée mériterait tout un ouvrage bibliographique. Néanmoins, à l'intention des lecteurs qui désireraient en connaître davantage sur cette importante période de notre histoire que le présent album, dédié autant à la documentation iconographique qu'au texte, a à peine esquissée, signalons quelques titres, parmi les meilleurs que nous avons consultés.


BERNARD, H., *L'Armée secrète 1940-1944,* Paris-Gembloux, Éd. Duculot, 1986.

*Idem, Un géant de la Résistance, Walther Dewé,* Bruxelles, Éd. La Renaissance du Livre, 1971.

*Idem, La Résistance 1940-1945,* Bruxelles, Éd. La Renaissance du Livre, 1968.

UGEUX, W., *Le Groupe G (1942-1944),* Bruxelles, Éd. Elsevier Sequoia, 1978.

WILLEQUET, J., *La Belgique sous la botte. Résistance et collaboration 1940-1945,* Paris, Éd. Universitaires, 1986.

Sans oublier la remarquable synthèse toute récente de E. VERHOEYEN, *La Belgique occupée de l'an 40 à la Libération,* Bruxelles, Éd. De Boeck, 1994.

On lira avec intérêt les nombreux témoignages parus dans la collection *Vécu en Belgique – Vécu par des Belges,* soit 40 titres publiés aux Éditions Collet de 1985 à 1992, ainsi que, chez le même éditeur :

GÉRARD, H., GÉRARD, J. et RENS, G., *Se battre pour la Belgique,* Bruxelles, Éd. J.-M. Collet, 1984.

CRAHAY, A., *20 Héros de chez nous,* Bruxelles, Éd. J.-M. Collet, 1983.

Sans oublier les remarquables *Cahiers du Centre de Recherches et d'Études historiques de la Seconde Guerre mondiale* dont la publication régulière apporte toujours des contributions originales et inédites sur la période 1940-1945 en Belgique.

# *Le musée national de la Résistance*

Le musée national de la Résistance a été créé, en 1971, par quelques anciens résistants en vue de faire connaître à la jeunesse d'abord cette palpitante page d'Histoire de la Belgique et d'ailleurs pour la période 39-45.

Sans être luxueux, ce musée est exceptionnellement riche en documents authentiques et possède, outre les salles d'exposition, deux bibliothèques très importantes sur la Résistance (± 2600 livres) et sur les guerres de 1870, 1914-18 et 1940-45 (plus de 2000 livres).

Diapositives et films complètent les collections de ce centre de documentation qui reçoit la visite, pour études, d'historiens, de professeurs et d'étudiants.

Ce musée se veut un palliatif important pour les omissions volontaires ou involontaires des livres d'Histoire.

On peut y trouver l'Histoire de la Résistance de A à Z sous toutes ses formes.

Consacré « Musée Vivant » par les autorités spécialisées en cette matière, il accueille des visiteurs de tous âges, de toutes opinions et de tous horizons.

Ouvert tous les jours ouvrables (sauf le mercredi) de 9 à 12 heures et de 13 à 16 heures. Il peut être obtenu, par écrit, des rendez-vous pour des groupes organisés, même le samedi.

Un tronc de soutien est réservé au visiteur satisfait de sa visite.

*Renseignements :* avenue Van Lint, 14 – 1070 Bruxelles – Tél. : 02/522 40 41

# *Table des matières*